*Sigfrid Gauch / Sonja Hilzinger /
Anne Stegat (Hrsg.)*

WortBrüche

*Rheinland-pfälzisches Jahrbuch
für Literatur 5*

Der Kunstpreis des Landes Rheinland-Pfalz wurde erstmals seit 1992 wieder im Bereich Literatur vergeben: an den großen zeitgenössischen Autor Ror Wolf. Der 26jährige Marcus Braun erhielt den Josef-Breitbach-Preis und einen der Martha-Saalfeld-Förderpreise. Texte von und über Ror Wolf und Marcus Braun finden sich im Jahrbuch 5; desgleichen Beiträge der Preisträger Sabine-M. Krämer, Ute-Christine Krupp, Wolfgang Stauch, Sonja Röder, Anke Velmeke, Barbara Krauß und Monika Köhn.

Ein Schwerpunkt des Jahrbuchs gilt Georg K. Glaser. Nach ihm benannten Südwestrundfunk (SWR) und Kulturministerium den neuen Georg-K.-Glaser-Literaturpreis. Das Jahrbuch stellt Glaser mit Texten, Dokumenten und Essays vor.

Das Jahrbuch 5 enthält ferner u.a. Gedichte von Ulrike Schuster und Monika Köhn, Prosa von Tobias Hülswitt, Inge Reitz-Sbresny und Eva Weissweiler. Die Essays beschäftigen sich u.a. mit Heiner Goebbels, Stefan Andres und Stefan George.

Das Erscheinen des Rheinland-pfälzischen Jahrbuchs für Literatur wurde gefördert durch das Ministerium für Kultur, Jugend, Familie und Frauen Rheinland-Pfalz.

WortBrüche

Rheinland-pfälzisches
Jahrbuch für Literatur 5

Herausgegeben von
Sigfrid Gauch, Sonja Hilzinger
und Anne Stegat

Brandes & Apsel

Auf Wunsch informieren wir regelmäßig über das Verlagsprogramm.
Eine Postkarte an den Brandes & Apsel Verlag, Scheidswaldstr. 33,
D–60385 Frankfurt a. M., genügt.

Die Deutsche Bibliothek – CIP-Einheitsaufnahme:
Rheinland-pfälzisches Jahrbuch für Literatur. – Frankfurt a.M. :
Brandes und Apsel
(Literarisches Programm;...)
5. WortBrüche. – 1. Aufl. – 1998

WortBrüche / hrsg. von Sigfrid Gauch ... – 1. Aufl. – Frankfurt a.M. :
Brandes und Apsel, 1998
(Rheinland-pfälzisches Jahrbuch für Literatur ; 5) (Literarisches
Programm ; 66)
ISBN 3-86099-466-2

literarisches programm 66

1. Auflage 1998
© Brandes & Apsel Verlag GmbH, Frankfurt a. M.
Das Werk einschließlich aller seiner Teile ist urheberrechtlich geschützt.
Jede Verwertung ohne Zustimmung ist unzulässig. Das gilt insbesondere
für Vervielfältigungen, Übersetzungen, Mikroverfilmungen und die
Einspeicherung und Verarbeitung in elekronischen Systemen.
Umschlaggestaltung: Clas DS Steinmann, Trier
Lektorat: Volkhard Brandes, Frankfurt a.M.
DTP: Elke Daniel, Frankfurt a.M.
Druck und Verarbeitung: Difo Druck GmbH, Bamberg
Gedruckt auf säurefreiem, alterungsbeständigem und chlorfrei
gebleichtem Papier.

ISBN 3-86099-466-2

Inhalt

Editorial 9

Prosa

Marcus Braun
Landmachen 11

Manfred Etten
Kalkmuldenfahrt 22

Simone Frieling
Lüge 32

Tobias Hülswitt
Die Geschichte von Pamela,
Eduard und dem Spiel, das die beiden erfanden 36

Sabine-M. Krämer
Wörter 45

Barbara Krauß
Romanbeginn 47

Ute-Christine Krupp
Mittagessen 54

Inge Reitz-Sbresny
Alwiler 58

Sonja Röder
Film.doc 64

Wolfgang Stauch
Auszug aus dem Kriminalroman »Brubecks Echo« 69

Anke Velmeke
Fische 78

Gabriele Weingartner
Die Überreichung der silbernen Rose 93

Eva Weissweiler
Das Verschwinden der Sprache aus dem Kopf der Autorin.
Ein Text ohne Genre 103

Klaus Peter Wolf
Vivien – die Königin der geschlossenen Abteilung 112

Ror Wolf
Die große Kaltluftglocke über Mainz 122
Im mondlosen Olm 123
Wahrheit und Wirklichkeit in Prüm 126

Lyrik

Ferdinand Blume-Werry
entwegtes land 127

Ursula Heinze de Lorenzo
Vögel aus Gesang 138
Schatten des Winters 138
Umtausch 139

Monika Köhn
schlagende Zweige 140
Die Stimme eines Dichters 140
Geräusche über den Asphalt 141
immer flackert das 141
konturenlos. der Zeit nur 142
Samstag 143
kauernd 144
sieh, ich knüll dir Schwärze 144
sonst sind wir nichts. nur 144

Jürgen Kross
Zwiesprachen 145

Ulrike Schuster
Sommerfrucht 148
Tiefe des Blauen 151
Durch die Seen 152
Altes Leben, geträumt 153

Georg K. Glaser 1910 – 1995

Georg K. Glaser
Die Leute von Worms 155

Georg K. Glaser
Briefe an die Schriftstellerin Anne Duden und seinen Verleger KD Wolff 158

Georg K. Glaser
Meine Tage sind gezählt 167

Michael Rohrwasser
Georg K. Glaser, der Unruhestifter 173

Biographische Daten Georg K. Glaser 180

Bibliographie Georg K. Glaser 182

Essays

Die Jurybegründungen zu den Literaturpreisen 185

Ror Wolf
Schriftsteller sind verdächtige Menschen.
Dankesrede anläßlich der Auszeichnung
mit dem Staatspreis des Landes Rheinland-Pfalz 191

Anne Stegat
»Nur auf dem Friedhof gibt es keinen Disput« –
Wo Gefühle hohe Wellen schlagen. Überlegungen zum Trialog:
Deutsch-Israelisch-Palästinensisches Autorentreffen   198

Sigfrid Gauch
Die Sprache der Heimat   204

Sonja Hilzinger
Anna Seghers und Heinrich Heine: Begegnung im Exil   224

Tobias Hülswitt
Die Totalangelegenheit. Über das Deutsche
Literaturinstitut in Leipzig   230

Cornelia Müller
»Heiner Goebbels – ein international renommierter
Wort-Ton-Künstler rheinland-pfälzischen Ursprungs«   240

Jens Frederiksen
Wilhelm Holzamer und seine Nieder-Olmer Romane   253

Stefan Breuer
Stefan George und der ästhetische Fundamentalismus   261

Alexandra Gerhardy
Die Antwort ist Liebe. Porträt der
Schriftstellerwitwe Dorothee Andres   272

Sigfrid Gauch
Chronologisch-Literarisches. 1997/98 – Ein Rückblick   280

Biobibliographische Angaben   289

Editorial

Rheinland-Pfalz könne nicht unbedingt als »eine Hochburg der deutschen Gegenwartsliteratur gelten, aber in diesem Bundesland wird einiges für die Literaturförderung getan«, schreibt die Deutsche Presse-Agentur in einer Meldung im April 1998 über das vierte Literaturjahrbuch *Unterwegs*. Klingt einerseits gut. Andererseits: was heißt schon *Hochburg*? Wenn man allein die zuletzt erschienenen Ausgaben der Zeitschrift *Akzente* liest, der wohl wichtigsten deutschen Literaturzeitschrift, dann ist innerhalb des dort vorgestellten internationalen Spektrums die Literatur aus Rheinland-Pfalz gut vertreten: in Heft 2/96 Dieter M. Gräf (aus Ludwigshafen), Jürgen Kross (Mainz) in Heft 4/97 und Thomas Kling (aus Bingen) in Heft 2/98. Nur eines von vielen Beispielen. Genügend weitere finden sich im neuen *LiteraturLexikon Rheinland-Pfalz*, »dem Zierden«, das zeitgleich mit diesem Jahrbuch erscheint: fast fünfhundert Autorinnen und Autoren werden auf 360 Seiten mit biobibliographischen Angaben und teilweise sehr umfangreichen Werkanalysen vorgestellt – auf jeden Fall eine »Hochburg« rheinland-pfälzischer Literatur.

Ror Wolf hat das Thema Rheinland-Pfalz Ende 1997 in ganz anderer Weise aufgegriffen und ironisch gespiegelt. In seiner Dankesrede zur Verleihung des Kunstpreises Rheinland-Pfalz, den er aus der Hand von Kulturministerin Rose Götte entgegennahm, sagte der in Mainz lebende und zu den wichtigsten deutschsprachigen Schriftstellern zählende Autor: »Ein regelrechter Heimatschriftsteller bin ich nicht gerade«, um dann fortzufahren: »Immerhin: ich habe über Olm geschrieben, nicht nur über Nieder-Olm, auch über Ober-Olm. Ich habe über Mainz geschrieben, über die große Kaltluftglocke über Mainz...« Seine Rede und einige dieser »Heimat«-Texte kann man hier nachlesen.

Seit der Veröffentlichung des letzten Jahrbuches hat der rheinland-pfälzische Wettbewerbspreis seinen Namen gewechselt: aus dem Joseph-Breitbach-Preis ist der Georg-K.-Glaser-Preis geworden. Grund: Eine Stiftung in Vaduz in Liechtenstein hat, siebzehn Jahre nach Breitbachs Tod, seine testamentarische Verfügung umgesetzt und einen Joseph-Breitbach-Preis gestiftet, der jährlich mit 250.000 DM dotiert ist. Da hatten Spötter schon gemeint, jetzt müsse man den von Kulturministerium und Südwestrundfunk gestifteten Preis in »Schmalbach-Preis« umbenennen, weil er nur mit einem Zwanzigstel dieser Preissumme ausgeschrieben war. Doch mit Georg K. Glaser, der 1910 im rheinhessischen Guntersblum geboren wurde und 1995 in Paris starb, hat der Preis jetzt einen ebenso bedeutenden Namensgeber, dessen *Geheimnis und Gewalt* von Günter Kunert als »Jahrhundertbuch« bezeichnet wurde. Mehr zu Georg K. Glaser im Thementeil dieses Bandes.

Zudem finden sich in diesem Jahrbuch mehr Preisträgerinnen und Preisträger als in den letzten Jahren: Mit Ror Wolf erhielt zum ersten Mal seit 1992 wieder ein Schriftsteller den in den Sparten Musik, Bildende Kunst, Theater und Literatur vergebenen »Kunstpreis Rheinland-Pfalz«. (Erste Preisträger in der Sparte Literatur waren Carl Zuckmayer 1957 und Martha Saalfeld 1963.) Zusammen mit Ror Wolf wurden mit Förderpreisen ausgezeichnet: Sabine-M. Krämer, Ute-Christine Krupp und Wolfgang Stauch. Hinzu kam Marcus Braun als letzter (und zugleich jüngster) Träger des Wettbewerbspreises Joseph-Breitbach-Preis, der unter dem Motto *Small talk* stand – ein Motto, das auch für den Titel dieses Jahrbuches (auf Umwegen) Pate stand; Marcus Braun erhielt zugleich einen der Martha-Saalfeld-Förderpreise. Der Breitbach-Förderpreis wurde Sonja Röder zuerkannt, während mit den drei weiteren Saalfeld-Förderpreisen Monika Köhn, Barbara Krauß und Anke Velmeke ausgezeichnet wurden. Von allen finden sich die Texte nebst den Jurybegründungen in diesem Jahrbuch – und eine Fülle weiterer Beiträge zur Literatur im Land der vielen (Hoch?)Burgen.

Sigfrid Gauch / Sonja Hilzinger / Anne Stegat

Marcus Braun
Landmachen

Da könnte man ja gleich akzeptieren, daß das Leben nur aus höchstens siebzig auch noch aufeinander folgenden Jahren besteht, bevor man wegkippt. Es fällt schwer, soweit in Vorleistung zu treten, aber wem daran liegt, der stelle sich eine S-Bahn vor. Während des ganzen Landmachens bewegt sich das Vehikel von A nach B, von früher nach später. Zartbesaitete setzen sich in Fahrtrichtung. Dennoch kommen sie nicht umhin, den Blick auf die Wasseroberfläche gestützt, eine große rote Plastiktüte durch ihre Augäpfel schwimmen zu sehen. Und da sind auch schon Männer mit langen Stöcken unterwegs, Leichenfischer.

Als dächte man pausenlos über ein Wort nach. Man muß es solange im Kopf hin- und herwälzen, bis es nichts mehr bedeutet; irgendwann springt der Funke (vom Wort zum Ich) über, und man selbst bedeutet auch nichts mehr. Das klingt asiatisch, gehört aber hierher, in die Mitte Berlins, genauer gesagt in irgendeine frühere Fabriketage über der Spree, deren Boden ich mit Betonfarbe traktierte, während Poul an der Bar ein Getränk mixte und über folgenden Satz nachdachte: Am Ende des Satzes herrscht eine andere Dimension, der Satz endet in einer anderen Größenordnung, so daß der Anfang winzig klein erscheint oder das wirkliche Ende sich unserer Wahrnehmung entzieht, wie ein viel zu großer Rahmen, der Anfang ist dann nur noch ein Punkt.

In jungen Jahren schon etwas mürbe im Hirn, hielt die Chefin auch die künstlerische Bemalung der Wände für erforderlich. Ihr Wort wurde Fleisch in Form zweier Kunstmaler, die rücksichtslos durch mein einfarbig abstraktes Bild (Betonfarbe auf Boden) tappten. Möglicherweise waren die beiden Maler von Marinettis Manifest inspiriert, als sie sich entschlossen, Flug Traum Frieden Blumen Menschen an die Wand zu schreiben. Man erreicht diese Eigentore der Moderne, indem man einen jungen Mann in lyrischer Stimmung dazu auffordert, seinen guten Willen zu beweisen. Hinterher streicht man alles, was nicht Substantiv ist. Ich beschwerte mich und wurde mit dem Hinweis auf die von einem Stadtmagazin und einem naturgemäß debilen Liedermacher verbürgte Qualität der beiden Maler abgesägt. Poul tröstete mich mit seiner neuesten liquiden Kreation und erzählte mir, daß die Malergehilfen radikale Zechpreller wären, und er, Poul, würde die beiden nach Beendigung ihrer Scheinarbeiten und Pigmentstörungen zur Rechenschaft ziehen. Die Wände waren jedenfalls geduldig, und ich war es auch. Die Landmaschinen pflügten in der Provinz das Land von unten nach oben. Hier, in der Summe der Provinz, erging man sich im Bauen und Braten von Häusern und Würsten. So bildeten sich an den Wänden Türme, Kringel, Herzchen mit unvorstellbarer Ernsthaftigkeit, blaß und entrückt. Vielleicht verwies die Arbeit der Doppelmaler aber auf etwas ganz anderes, auf etwas Unvorstellbares, auf Alles und Sonstiges, auf an Ufern Gestrandetes, auf irgendwo Zurückgelassenes. Poul ergänzte: Wovon du/als letzter erfährst. Ich beschloß, bei dem Gemisch aus Gin, Sekt, Bananensaft, Grenadine und etwas Verbotenem, das mir nicht bekannt war, das man nicht schmeckte und von dem ich nichts merkte, nachzudenken. Aber vielleicht lag diese idealistische Fehlrahmung an der Zusammensetzung des Getränks.

Poul behauptete, die Lehre vom Satz erlaube es, die Welt zu begreifen, endgültig zu begreifen: Ich bin der einzige, der die Lehre vom Satz wörtlich begreift und im täglichen Leben damit arbeitet. Das ganze Elend der Welt und die maßlose Überschätzung des Individuums in einem Satz: Hier begann der Satz, jetzt dauert er an, und ich bestimme, wann er aufhören wird, jetzt hört er auf. Ich ergänzte: Jetzt hat er aufgehört, gilt nicht.

Poul betrachtete die Wand und sagte: Manchmal, wenn ich meine Gläser spüle oder abtrockne, überfällt mich der Gedanke, daß ich sofort etwas ganz anderes machen muß, etwas viel Wichtigeres als Gläser spülen oder Gläser abtrocknen, etwas, was mir sonst entgeht, etwas, was sonst für immer verloren ist, zum Beispiel einen wichtigen Satz aufschreiben. Und dann nehme ich meinen Block, zücke meinen Kugelschreiber, und mir fällt nichts ein. Wenn man sich dagegen anschaut, mit welcher Unbefangenheit diese Malkretins vorgehen, könnte man Mordgelüste bekommen. Wahrscheinlich haben diese Behelfs- und Gehilfskreaturen, diese Broschenbastler, nicht einmal Angst vor Passagierflugzeugen. Ich widersprach oder ergänzte: Andererseits werden diese Ansichexistenzen nie auch nur den leisesten Abglanz des Landmachens erhaschen. Poul suchte mit seinem Blick die rote Tüte, die sich seit Arbeitsantritt nur unmaßgeblich weiterbewegt hatte, und konterte: Mir ist, als ob es tausend Sätze gäbe und hinter tausend Sätzen keine Welt. Als hätte sie uns belauscht, lagerte die Chefin ihre müden Brüste provokativ auf die Theke. Was das für Geschichten wären. Sie bezahle uns nicht fürs Rumsitzen. Sie wies auf eine Legion neu rekrutierter Gläser und sagte: spülen und abtrocknen. Alles, was nicht Geschäftstrieb war, hatte sie weggekifft.

Nach einer Weile wischte sich Poul die Hände an der Schürze ab, nahm seinen Block und schrieb: Am Ende dieser Geschichte herrscht eine andere Dimension, die Geschichte endet in einer anderen Größenordnung, so daß der Anfang winzig klein erscheint oder das wirkliche Ende sich unserer Wahrnehmung entzieht wie ein viel zu großer Rahmen, der Anfang ist dann nur noch ein Punkt.

Poul fragte mich, ob das Landmachen mit seiner Lehre vom Satz vereinbar sei. In der von mir beschriebenen Form verstehe er nicht ganz, was gemeint sei, das Landmachen erscheine ihm so, als versuche man unentwegt, eine löchrige Pausenbrottüte aufzublasen. Ein gelungener Satz hingegen verherrliche das Scheitern.

Die beiden Maler wanderten wie eine mittelalterliche Sonne um unsere Theke. Ich erkannte die Notwendigkeit, eine kühne Metapher für das Landmachen zu erfinden, die all seinen Dimensionen, all seinen Raumzeitverwicklungen und ganz banalen Alltagsfunktionen gerecht werden mußte. Es war klar, daß so etwas nicht auf Anhieb gelingen konnte. Dieses Bild müßte allgemeine Grundsätze, Haltung und Erscheinung, und das Verhalten des Landmachers mit einbeziehen, so wie Poul bei seinen Erbauungssätzen die kryptischen Malereien der Gehilfen ebenso wie die Physiognomie unserer Chefin zu Rate zog – beziehungsweise diese Gegenstände und Sachverhalte zogen Pouls Sätze mit kleinen, fast unsichtbaren (erst kürzlich nachgewiesenen) Fangarmen oder Signallichtern an. Bei einem Gedankenblitz verhält es sich wie beim Wetterblitz. Es ist nicht

so, daß er aus dem Wolkenhaupt, einem dunstigen Hirn, auf den Gegenstand seiner Begierde (ein Turm, ein übermütiger Baum, ein durch Spruchweisheiten irregeleitetes Kind, eine Metapher) niederstößt. Zwar entlädt sich die elektrische Ladung wie die aus der Idee strömende Wortgewalt in diese Richtung, die Erscheinung des Blitzes, der Blitz beginnt aber unten an der Grenze des Gegenstandes und holt sich dann alle Kraft aus dem amorphen Grau, welches wir Himmel und Hirn nennen. Ebenso funktionierte der Blick, der mich mit der in der Spree treibenden Leiche oder Plastiktüte verband. Die Chefin sprach in diesem Zusammenhang von Ambiente.
Landmachen ist der Versuch, das Nichts zu glasieren. – Als ich das verraten hatte, stieg ungeheure Müdigkeit wie die Kälte des Schierlings von meinen Füßen aufwärts; wenn sie das Herz erreicht, ist es vorbei. Ich bat Poul, mir auf Kosten des Hauses etwas dagegen einzuwerfen. So geschah es.
War dieses Präparat aus Orangen oder Organen hergestellt? Am Anfang war die Zeit süßer weicher Klumpen, nach Papa F., der in die Treppenhäuser rotzte. Poul: Man merkt gleich, darüber kann man nicht reden, man hat ja schon Angst, das Wort Treppenhaus in den Mund zu nehmen; und Angst und in den Mund nehmen erst. Manchmal ist eine Zigarre aber doch eine Zigarre und Kinderkacke Kinderkacke. – Aufgrund dieser Pille schmeckte fünf Minuten lang alles nach Leber, das Bier, mein Mixgetränk, die Luft, selbst ein sechzigprozentiger Wodka. Dann änderte sich die Geschmacksverirrung in Richtung Weihrauch, um über Schinkenspeck, Lady Macbeth und Nadelbaumrinde zur Normalität zurückzukehren.
Vorsichtig schaute der eine Malmann sich um, bevor er eine, wie Poul sich ausdrückte, besonders schwarze Stelle der Wand mit infantilem Hellblau beschmierte. Das Gehilf schien sich des Sakrilegs bewußt. (Die zwei stellten das Gehilf dar.) Das Gehilf starrte der Meisterin hinterher und bewegte seinen Doppelkopf wie Scheibenwischer im Takt ihres Hüftschwungs. Alles zweifelhaft, sagte Poul. Behütet, antwortete ich.
Die Chefin erklärte: Die Forderung aus der Weiterveräußerung der Vorbehaltsware wird bereits jetzt an uns abgetreten, und zwar gleich, ob die Vorbehaltsware ohne oder nach Verarbeitung, Vermischung oder Verbindung und ob sie an einen oder mehrere Abnehmer veräußert wird.

Dieses mit Sicherheit falsche Ungetüm war an Poul gerichtet, der über die Geschäftsbedingungen informiert werden mußte, da schon bald die ersten Gäste zu erwarten waren. Klartext, auch getrunkenes, nicht bezahltes Bier bleibt Eigentum der Heckerin. Das drohende Kaufen und Verkaufen, dieses Herumschieben von Dreck, das man Arbeit nannte, und der Anblick der Wasseroberfläche versetzten mich in eine antizivilisatorische Stimmung. Meine Seele war eine Montagsproduktion.

Poul, dem solch primitive Zustände vertraut waren, riet mir, mich tief in mich selbst zu versenken. So tief, daß sich das Außen nach innen stülpe und umgekehrt. Führe man das unentwegt fort, habe man seine Existenz irgendwann weggestülpt. Übrig bliebe ein krustiges Gestülp, in dem Seher ein Fragezeichen erkennen und welches das Gehilf zum Anrühren der Farbe benützen könnte.

Kaledonisches Gold beflügelte den Wahnwitz meiner Synapsen, die Angst schwand dahin (einer Theorie zufolge geht im Universum nichts verloren, wohin schwand also die Angst?).

Was aber, wenn sich die Masse des Gehirns bei scharfem Nachdenken irreversibel verminderte? Die absolute Erkenntnis markierte das Ende des Bewußtseins. Ich möchte niemals dahin zurückkehren, wo ich herkam. Ich komme aus dem Land, wo die Kreise auf dem Kopf stehen, ich suche das Land, wo es nicht so ist; diesen Vorgang umschreibt das Landmachen. Der geheime Grund für alles bin ich. Ohne mich stehen alle Räder still. Ich bin das Zahnrad, an das der Weltenlauf gekoppelt ist. Wenn ich blockiere, wird die Rotation des Gehilfs aussetzen, die Chefin wird erlöschen, und hinter der Bar wird Poul die letzte Runde ansagen. Es war einmal. Weiter reichen die Geschichten dann nicht mehr.

Die Fußstapfen meines Schattens sind auch meine eigenen, und Poul behauptet, Sätze zu kennen, die von einem Ort zum anderen führen. Mit Hilfe eines Pfundes Mehl, das ich auf der nunmehr trockenen Bodenfarbe ausbrachte, war es möglich, den Weg meines Schattens zu verfolgen, und zwar unabhängig davon, ob der behauptete, aufgrund fehlenden Lichts nicht zu existieren. Der Text des Liedes, das mein Experiment begleitete, ging ungefähr so: Als ich deinen Kopf gegen die Wand schmetterte, klingelte plötzlich das Telefon. Mama rief an, um dich nach Hause zu beordern. Ich sagte ihr die Wahrheit. Ich öffnete mein Fenster und machte einen Schritt in die Luft. Heute sind die Sterne sehr schön, und ich glaube, du hast mich für immer verlassen, um ein wenig schwimmen zu gehen. – Bei diesem Liedtext ging es mir auf: In der Luft hinterläßt man keine Fußspuren, obwohl man einen Schatten wirft.

Poul, wenn du jemals merkst, daß es dunkel wird, und du blickst auf und entdeckst, daß mein Schatten dir das Licht nimmt, dann sei nicht böse und tritt einen Schritt zur Seite. Wenn mein Schädel leck schlägt, rette die verklebten Ameisen und Ohrenschleifer, die in Vertretung von Seevögeln und Robben unter der von Menschenhand herbeigeführten Katastrophe zu leiden haben. Unterrichte die Chefin, die stellvertretend für alle Leerlaufhandlungen der Welt einen Namen hat, aber nichts ist und nichts bewegt außer dem Gehilf in beliebiger Drehzahl bis zum Exitus des vom Getriebe gelösten Motors. Was malten die Gehilfen also über eine Tür? Ein Tor. Ein Tor ist kein Tor, wie alle Malkenner wissen, aber auf der ganzen Erde werden Schädeldecke und Fußsohlen, wenn man im Stehen erschossen wird, nach dem Erdmittelpunkt ausgerichtet. So verhält es sich auch, wenn man in Berlin an einer Würstchenbude steht. Das sind Analogien, wie sie einer Kugel, auf die einer aus reinem Übermut von zwei Richtungen draufgehauen hat, zukommen. Ich sagte, alles falsch. Poul antwortete, behütet. Als Kind hatte ich immer Eisbären und Pinguine verwechselt, das heißt, Nord und Süd. Sollte etwa die Fiktion geschaffen werden, daß man durch diese Tür schreitend einen Palast betrat? So naiv konnten selbst zwei hochdekorierte Maler am Ende dieses Jahrtausends im noch ansatzweise abendländischen Berlin nicht sein. Die Gehilfen verdünnten beflissen ihr Hellblau. Ich betete. O Gott, gib mir in meiner kreisrunden Finsternis, auf dieser von dir stümperhaft inszenierten Straße ein erleuchtetes Fenster, in das ich in all meinen Nächten hineinstarren kann. Ja, sagte Gott, den Himmel wird niemand stürmen, aber nimm dir einen Frisierspiegel und stell eine Kerze davor, so ist dir in meinem Sinne geholfen. Man versteht, warum ich dergleichen Gespräche schnell abbrach. Da gab er mir ein Zeichen, indem ein Radiosprecher folgendes verkündete: Die Lebensdauer der Fruchtfliege wurde genetisch verdoppelt.

Wir tranken auf die glücklichen Fruchtfliegen und die dpa, die uns an dem Fliegenglück teilhaben ließ. Aber was, lieber Poul, fangen die Fliegen nun an mit ihrer Zeit, ein bißchen Musil lesen vielleicht? Doppelt so viel koten und den Genforscher einen guten Mann sein lassen? Poul erklärte, daß es ja tatsächlich unsterbliche Wesen gäbe. Einzeller allerdings, und deshalb, gelinde gesagt, ein wenig hirnlos, bewußtlos, sozusagen im Koma. Tatsächlich gelang es in zwanzig Jahren, eine dieser Zellen zur Rede zu stellen. Ihr Kommentar lautete folgendermaßen: Denn wäre ich isoliert und unabhängig von allem anderen gewesen, so daß ich meinen geringen Anteil an der Vollkommenheit aus eigener Kraft besessen hätte, so hätte ich aus demselben Grunde auch den ganzen Überschuß, von dem ich erkannte, daß er mir fehle, aus eigener Kraft besitzen können und hätte so selbst unendlich, ewig, unveränderlich, allwissend, allmächtig sein und schließlich all die Vollkommenheiten besitzen können, von denen ich einsehen konnte, daß sie in mir sind.

Sie sprach dabei antiquiertes Französisch, und die Wissenschaftler entmündigten sie, schnitten sie in ziemlich dünne Scheiben und stellten hämisch wie sowjetische Kosmonauten fest, daß da nichts war, außer einer zersäbelten Zelle. Die Gehilfen wiederum weinten über das Schicksal der Zelle, leckten sich gegenseitig die Tränen von den Oberlippen. Ihre Hände verschwanden dabei hinter den Gummibünden ihrer Trainingshosen. Kein schöner Anblick.

Poul: Alkohol ist der chemische Kampfstoff, mit dem ich diesen Abend überstehen und die Mutter aller Schlachten gewinnen werde. Man muß sich mit dem Testbild im Fernsehen identifizieren können, dann hat man das erstrebenswerte Stadium erreicht.

Ich schlug vor, eine Fettschmiede aufzusuchen. Ich hatte Lust auf mit zermahlenem Fleisch gefüllten Darm, weil diese Nahrung ein natürliches ewiges Abbild der eigenen Nahrungsaufnahme darstellte und ich, außer der Stillung des Hungers, so auch meine allegorischen Bedürfnisse befriedigen könnte. Aber Poul wollte die beiden Gehilfen nicht mit der Bar allein lassen. Er verkündete ihnen: Wahrlich, ich sage euch, noch heute werdet ihr ohne mich im Himmelreich sein. Doch die imaginierte Chefin hatte durch das Aufhängen der handelsüblichen Schilder Kreuzigungen unmißverständlich verboten. Und was sagt die Scharia über Zechpreller? Soll man ihnen vielleicht die Leber herausschneiden? Es ist klar, daß gewissen Kulturkreisen die Dreifaltigkeit spanisch vorkommt. Auch ich habe es in meinen katholischsten Visionen nur zur Zweifaltigkeit gebracht. Man hält sich ein Auge zu, kann im Jahre 5757 zum wahren jüdischen Gott zurückkehren und darüber hinaus dem Fußballspiel im Fernsehen folgen. Ein Lied im Radio besagte, daß im Englischen nichts immer passiere, und das siebenmal. Die Sieben, erklärte Poul, liefere genug Material, um damit viele Sätze zu bestreiten. Der Volksmund, fuhr Poul fort, kennt zum Beispiel das von sieben Kostgängern zusammengevögelte Familienunglück, sieben Brükken verbinden die Ufer der Mosel von der ersten bis zur siebten flußabwärts oder aufwärts, es gibt von altersher sieben Temperamente, vier bekannte und zwischen jenen drei unbekannte, der gottgegebene Trester trägt in wenig erforschten Eifelgebieten den Namen Siebenbruch oder Frauenprügler, über ihn erzählt man sich sieben Legenden. Ein staubtrockener Wein heißt Siebenwein, weil sieben ausgewachsene Männer vonnöten sind, eine Flasche zu leeren, sieben mal fünf Komma sieben eins Tage verbrachte der Leidensmann in der Wüste, niemand entkommt der Sieben.

Diese reichlich infantile Welt, von einer unbestimmten Anzahl von Zwergen in Pouls Kopf zusammengeschustert, versetzte mich in Angst. Wenn also das Bewußtsein nur sieben austauschbare Dinge faßt, wir mit sieben Buchstaben, Zahlen, Worten oder Menschen unsere Grenzen erreichen, dann sollten wir uns bescheiden und unsere Sätze kurzhalten. Auch vergessen wir alle drei Sekunden unmittelbar vorhergehende Gedanken. Ein Freund von mir hat über dieses Phänomen ein Gedicht geschrieben, es endet mit der Zeile, niemand erinnert sich an die zweite Zeile, die zweite Zeile lautete, das Kurzzeitgedächtnis läßt zuerst nach. Verschärfend kommt hinzu, daß unsere Wahrnehmung der Wirklichkeit eine halbe Sekunde hinterherhinkt. Zumindest wird das behauptet. Der Lieblingssatz Pouls: Was passiert, ist schon passiert, erschiene dann in einem anderen Licht. Das Fleisch klafft unter dem Skalpell des Arztes auseinander, und wir wissen noch nichts davon, und der Arzt weiß auch nichts davon, er glaubt, noch zu schneiden, während er das Skalpell schon abgesetzt hat. Sie glauben, noch diesen Satz zu lesen, Sie lesen diesen Satz in Klumpen von circa sieben bekannten Wörtern, Sie glauben also, diesen Satz zu lesen, indem Lesen und Naturwissenschaft ineinandergreifen, Sie glauben also, diesen Satz zu lesen, kontinuierlich, von links nach rechts, während in Wahrheit Ihre Augen sich ruckartig von einem Wortvorsprung, von einem Gehilfen zum anderen hangeln, Sie glauben also, diesen Satz jetzt zu lesen, aber dieses Jetzt ist schon Vergangenheit, und Ihr Gehirn, behauptet man, betrügt sie, indem es die Ereignisse vordatiert, um eine künstliche Gleichzeitigkeit herzustellen, das Gehirn, behauptet man, betrügt sich selbst, dieses Jetzt gelangt erst jetzt bis zu Ihrem Bewußtsein, das Ihnen vorgaukelt, Sie hätten früher, zum wirklichen Zeitpunkt, miteinander Bekanntschaft gemacht, behaupten die Gehirnwissenschaftler, aber unsere hinkende Wahrnehmung und unser zuckender Augapfel ändern nichts am bezaubernden Augenrollen der Blondine am Steuer des Straßenkreuzers in diesen japanischen Comic-Heftchen, die das Gehilf inspirierte, ein Mädchen zu zeichnen mit unglaublich gespreizten Beinen, die sich zu Seilen verjüngten, die ein Hexer auf einem Spinnrad zusammenführte, das das Hinterrad eines Postautos darstellte, aus dem hinten eine Hand herausschaute, die nur einen Finger hatte, der auf einen Wegweiser zeigte, auf dem das Mädchen mit unglaublich gespreizten Beinen saß, die sich zu Seilen verjüngten, die an einer Stange befestigt waren, die die Hinterachse des Postwagens darstellte, auf der einer der Gehilfen saß und ein Pausenbrot verzehrte, aus dem noch ein Finger herausschaute, der ebenfalls auf den Wegweiser zeigte, auf dem das Mädchen mit den unglaublich gespreizten Beinen saß, die sich zu Seilen verjüngten, an denen ich meine leere Bierflasche mit einem geschickten Knoten befestigte und aus dem Fenster warf, wodurch der ganze Firlefanz auf wunderbare Weise spurlos verschwand, an all dem ändert unsere hinkende Wahrnehmung nichts.

Allerdings: Diese von unter ihren Kleidern völlig nackten Nobelpreisträgern entdeckte Unschärfe nannte ich: das Landmachen oder den Moment des Apfels oder die Zeit, die ein Aal benötigt, eine Sternrampe zu deflorieren. Gerade wollte ich Poul meine Definitionen mit dem von Cortázar ausgeliehenen Fisch, den ich bei Gelegenheit zurückgeben werde, mitteilen, da erlöste uns die Chefin mit dem Vorwurf der Untätigkeit von unserem Hirngerangel. Sie sagte, niemand sei so voll von Sätzen, daß er nicht noch zum Bergen von Leichen tauge. Für ein Wesen, das ansonsten nur von zwölf bis Mittag dachte, kein schlechter Satz. Eine penetrant langsam treibende Leiche störe das Ambiente. Der Anblick ihres aus dem schwarzen Wasser ragenden Posterieurs in roter Trainingshose sei wohl kaum umsatzfreundlich. Das war nicht völlig von der Hand zu weisen. Zumal es zwar langsam dunkelte, aber Scheinwerfer der Wasseroberfläche mit ihrem orangefarbenen Licht drohten.

Also stiegen wir die Treppen hinauf, und auf dem Weg zum Wasser, besonders beim Überqueren der S-Bahnschienen, hegte ich nur den einen Wunsch, Kranführer zu werden, denn über die Arbeit, die jetzt drohte, dachte man besser nicht nach.

Juristisch betrachtet sind Leichen weder Personen noch Sachen. Dennoch verlangt der Gesetzgeber eine leichengerechte Behandlung. Gegen diese Anforderung verstieß Poul eindeutig, indem er einen der zu diesem Behufe alle hundert Meter am Ufer deponierten Enterhaken tief in das Rückenfleisch schlug.

Wasserleichen, sagte Poul, sind ruhige zufriedene Tiere, die an der Luft sterben.

Der Mann war mindestens eine Woche tot. Sieben Tage dieses außerordentlich heißen Sommers hatten ausgereicht, seine Eingeweide in Fäulnis zu versetzen. Diese Fäulnis war es, die ihn auftrieb und ans Licht brachte.

Poul griff nach seiner Hand, um ihn endgültig ans Ufer zu ziehen. Handschuhartig löste sich die Daumenhaut einschließlich des Nagels. Dabei dachte Poul an die Wachsfingerhüte der Kindheit und verfluchte die Geschlechtsteile seiner Mutter.

Die Augenbrauen waren zentimeterdick aufgequollen, und aus dem linken Mundwinkel trat ein kleiner Schaumpilz, ein Gemisch aus eingeatmetem Wasser und eiweißreichem Schleim, der sich in den unendlichen Momenten des Ertrinkens in der Lunge bildet. Das Gesicht sagte nichts aus.

Der Anblick reichte für eine Lebensspanne Traurigkeit, ein Planquadrat voll unbestimmter Geschäftigkeit, gefangen im unsichtbaren Würfel der Bedingungen, dessen hoffnungslos gerade Kanten man niemals erreichen wird, *niemals* bezeichnet

eine nicht zu handhabende Zeit, amorph, aber zielstrebig –
und dann noch etwas, von dem wir nichts ahnen, etwas wie
der Lernbericht einer Wasserleiche, das Landmachen.

Wir befestigten den Körper mittels eines Kabels, das Poul
um den Brustkorb schlang, an einem Anlegering. Von der Diskothek aus war so nichts mehr zu sehen.

Als wir zurückkehrten, saß die Chefin auf einem Barhocker.
Rechts und links standen die beiden Maler und rissen ihr aufgrund einer von ihrer Wahrsagerin prophezeiten Mode die Augenwimpern aus. Mich erinnerte jener Schneefall pensionierter Wimpern an die Geschichte eines Mannes, der so kohärent träumte, daß er verschwand.

Käme jetzt jemand zu mir und sagte, ich sei Kranführer, ich glaubte es. Aber natürlich kommt niemand mit einem derartigen Anliegen. Statt dessen treffen die ersten Gäste ein.
Sie finden alles sehr schön.

Manfred Etten
Kalkmuldenfahrt

A state of abstract perfection would, according to our present weak and inadequate notions of things, be a state of perfect misery.
(Richard Payne Knight)

Aus dem Dorf heraus, das ist das Schwierigste. Hinter den letzten Häusern, am Rand der Ansiedlung, die hier ausfranst, verläuft der Wirtschaftsweg, zunächst noch asphaltiert, er läßt den kleinen eingezäunten Sportplatz unter sich. Ich gehe den Weg in leichter Steigung, es geht über einen Buckel, zumindest will es mir so scheinen, das Dorf im Rücken, ein Magnet, und in den Stiefeln dicke Eisenplatten. Ich mache große Schritte. Der Buckel ist geschafft, jetzt wird es leichter. Sobald das Dorf hinter der Krümmung wegtaucht, kann ich langsam Fahrt aufnehmen. Der Weg verändert hier allmählich seinen Grundcharakter. Kein Asphalt mehr, sondern feste Erde, kleine Steine, es knirscht unter den Stiefelsohlen und könnte flott vorangehen, wenn dieser Mensch nicht wäre. Er hat mir am Ortsausgang offensichtlich aufgelauert. Er stand dort an der Wegespinne einfach so herum. Er hatte wohl nichts besseres zu tun. Vielleicht hat er mein Nicken falsch verstanden. Mein kurzes Nikken, diesen Gruß, den man aus Höflichkeit oder Verlegenheit oder im ersten Schreck erstattet, wenn man im Freien, außerhalb der Ortschaft, hinter einer Biegung plötzlich andere Leute trifft. Nur eine kleine Geste, weiter nichts. Jedenfalls läuft er seitdem mir nach. Er weicht mir nicht mehr von der Seite. Er kommt wohl aus der Landwirtschaft. Die Klamotten lassen darauf schließen. Blaue Hose, blaue Jacke. Dazu die schweren Schuhe. Er war einmal ein großer, gerader Mann, der nunmehr etwas krumm geht. Die langen Arme baumeln. Ob unter seiner Schirmmütze noch Haare sind, ist schwer zu sagen. Er hat sich lange nicht rasiert, soviel steht fest. Hals und Gesicht sind mit weißen Stoppeln völlig zugewachsen. In den Ohren stecken Wattestöpsel. Das hat vielleicht medizinische Gründe. Aber warum die Handschuhe? Sie machen die langen Arme noch ein Stück länger. Handschuhe aus schwarzem Leder. Der Kerl ist mir ein Rätsel. Er schwätzt kein Wort. Wo will er hin? Was hat er hier verloren? Muß er nicht arbeiten wie ein normaler Mensch? Fragen, die ich mit gutem Recht mir selber stellen könnte. Na gut. Sie haben mir das Fax geschickt. Ausgespuckt von der Maschine mit Rattern und mit Zischen, die schwarze Schrift auf das Papier gebügelt, dazu zum besseren Verständnis die ziemlich ungelenke Skizze, wahrscheinlich Kugelschreiber, das kann man im nachhinein nicht mehr eindeutig bestimmen. Der Treffpunkt ist mit einem Kreuz markiert. Ob das reicht, wird sich dann zeigen. Inzwischen geht es ebenerdig weiter, rechts die Streuobstwiesen, vereinzelte Wacholder, erstaunte Kühe mit gelben Etiketten in den Ohren. Dann tritt der Wald zurück, die Gegend streckt sich, hier ist ein guter Platz, hier kann man einen Überblick gewinnen, bevor man ganz ins Offene gerät. Außerdem ist es ein Test. Ich bleibe stehen. Der andere auch. Er wartet stumm. Er sieht gezielt an mir vorbei. Er schaut in die Gegend. Soweit der Test. Jetzt sind wir doch schon etwas schlauer. Was ich brauche, steckt im Rucksack. Das Fax und die topographische Karte, Maßstab Eins zu Fünfundzwanzigtausend auf der Grundlage der Meßtischblätter. Eine Riesenkarte, jedenfalls wenn man sie auffaltet. Mindestens ein Meter im Quadrat. Werfen wir doch einmal einen Blick darauf. Der Punkt, an dem ich mich befinde, ist leicht auszumachen. Dort die Stelle, wo ich aufgebrochen bin. Hier die Waldkante mit den Symbolen, Laubwald, Nadelwald. Direkt oberhalb, in Richtung Norden also, kreuzt der Bach. Das sind die Gegebenheiten. Wobei die Farben auf der Karte täuschen. Die Senkungszonen weiß, obwohl dort Gras wächst. Hellbraune Isohypsen. Da ist in Wirklichkeit ein Rapsfeld, eine schiefe Ebene in Gelb, die zum Bach hin trichterförmig absackt wie Sand in einer Eieruhr. Gut. Mit diesen Differenzen muß man leben. Wo befindet sich der Zielpunkt? Die Zeichnung auf dem Fax ist wirklich keine große Hilfe. Ein ganz anderer Maßstab, sofern überhaupt. Unklare Proportionen. Aus der Hand gezeichnet, wie es scheint. Ungefähr die Route, von Südost nach Nordwest, die kürzeste Verbindung. Kann man von hier aus bis ans Ende sehen? Ob das Auge so weit reicht? Ich sehe: Im Vordergrund der Feldweg mit den eingesägten Radspuren, halbrechts die dunkelgrüne Wölbung, das ist die kleine Insel, die sie Meerbusch nennen, dreihundert Meter weit entfernt, und wenn dann der Blick ein Stück nach links rückt, mehr nach Norden, liegt vor ihm die gescheckte Flur, Parzellenstreifen, lange Äcker, nach rückwärts abgegrenzt von der Geländerippe, wo oben auf dem Grat die Büsche und die Kiefern wachsen, abgestuftes Grün in mancherlei Schattierungen, daneben frisch rasierte Weiden, ebenfalls in Stufen, denn je nachdem das Gras lang oder kurz ist, ändert sich die Färbung, zumal in diesem hellen, etwas schrägen Vormittagslicht. Darüber aber sieht man, in den Hintergrund gestellt, den aufsteigenden Wald, den Höhenzug, er bildet einen fahlen Horizont, ein Tafelberg als auffällige Landmarke ragt heraus, man könnte sich im Notfall nach ihm richten. Soweit die Orientierung und das Inventar. Jetzt gilt es noch, die Landkarte zu bändigen, damit sie in die Westentasche paßt. Der andere guckt immer noch stumm aus der Wäsche in die Ferne. Er wartet, bis ich soweit bin. Dann geht es los. Der kleine Ruck, mit dem man sich von einer Stelle ablöst, ablegt. Der andere kommt ebenfalls wieder in Bewegung. So gehen wir gemeinsam, wohl oder übel, geradeaus in Richtung Meerbusch, und gleich tritt ein, was mir schon früher aufgefallen ist, daß nämlich, sobald man Land gewinnt, die ganze Gegend, Wiesen, Felder, Bäume, Nischen, Buchten, alle Landschaftsteile zusammen mit der Atemluft eingesogen werden in den Brustkorb, wenn man so will, und dann im Atemrhythmus mitschwingen, im gleichen Takt sich dehnen oder krümmen. Das Wetter aber ist ebenfalls ein Faktor, das Wetter und die Tageszeit, beides stiftet günstige Bedingungen, der Himmel spannt sich momentan besonders weit und hoch, dazu ein leichter Rückenwind, der sachte treibt und schiebt, mein Schatten vorneweg huscht durch das Kraut und zieht noch zusätzlich, wenn das nicht reine Einbildung ist. In diesem Sinne geht es fast ohne Anstrengung voran, unter der Stromleitung hindurch. Ich schaue hoch aus der Bewegung, die schwarzen Drähte wandern übers Firmament. Ein Brummen in der Luft, es rauscht in den Ohren, das ist nicht allein der Wind, das sind diffuse Botschaften, denn wer die Stille sucht, Schweigen im Walde und dergleichen, der wird sich wundern, der ist hier am falschen Platz. Ausgerechnet mitten im Gewimmel. Ich rede nicht von Vogelzwitschern oder Grillenzirpen. Ich rede von der großen Klangglocke, die über dem Land liegt, die gestülpte Schüssel, weißer Lärm, ein vielstimmiger Gesang, ein einziges Gewisper, Kauderwelsch, aus dem sich nichts herausschält, keine Einzelstimme, es sei denn, ich entdecke mit dem Auge eine Quelle, wo etwas entspringt, wie jetzt zum Beispiel drüben auf der weit entfernten Landstraße den dicken Lastkraftwagen voller Sprudelkisten, die hinten auf der Ladefläche rumpeln und klirren, es schallt kilometerweit wie Donner, Mineralwassertransport in andere Gegenden, in Ballungsräume, ein Anschluß an die Ebenen im Norden, da ist im Vorgriff auf der Karte schon die Autobahnauffahrt markiert, obgleich die Autobahn noch gar nicht existiert. Oder jetzt das Gurgeln in dem Hohlraum unter mir, das ist der Bach, der durch ein Rohr läuft, unsichtbar, erst ein Meter weiter rechts tritt er zutage, Abflüsse, Leitungen, Drainagen, Einspeisungen, überall Verbindungen auch hier, bloß leiser und diskreter als die oberirdischen Kanäle, höchstens vielleicht ein Zittern, eine kleine Vibration, die in den Schuhen steckenbleibt und gar nicht erst bis zu den Füßen dringt, ganz zu schweigen von den Ohren. Dann ist die Felseninsel auch schon nahgerückt, der Meerbusch, und der Weg, der in die Südwestflanke einschneidet, verläuft im Schatten, den die hohen Bäume werfen. Der Meerbusch war mal ein Korallenriff und ist es immer noch. Er steht als stumpfer Kegel herausgewittert in der Gegend. Graues Geröll, eine mürbe Halde. Oben im Zwielicht waren Arbeiter am Werk, die honiggelben Baumscheiben leuchten, verstreute Holzspäne im Mergel und außerdem ein hochkant stehender Wurzelteller. Darunter sind die nackten Stellen in der Böschung mit den Schnecken aus dem Schelf, das alles war ein großer Ablagerungsraum. Darüber ließe sich vortrefflich klugscheißen. Aber der Meerbusch steht heute nicht auf dem Programm. Der Kurs tangiert die Kuppe nur ein bißchen. Wir müssen seitlich dran vorbei. Jetzt bloß nicht innehalten. Bloß nicht die Nase in die Kleinigkeiten stecken. Der Kopf muß oben bleiben, weit über Grund. Aber von hinten kommt neuerdings ein Schnaufen. Der andere gibt Töne von sich. Sein Kinn, sein Unterkiefer mit den weißen Stoppeln ist dauernd in Bewegung. Nicht daß er etwas sagen wollte. Er ist nur etwas atemlos aufgrund der Anstrengung beim Gehen. Er kaut auf einem Ding herum, das gar nicht da ist, eventuell in seinem Kopf, aber sicher nicht in seinem Mund. Er hält die Klappe. Er hält dicht. Er markiert den stummen Diener. Was denkt er sich dabei? Er muß nicht große Reden schwingen, das verlangt ja keiner. Aber vielleicht die kleine Rede. Vielleicht Anstandsformeln, Konversation. Guten Tag, auf Wiedersehen. Schönes Wetter heute. Gut, reden wir vom Wetter. Weiterhin niederschlagsfrei. Die Sonne klettert langsam immer höher. Das merkt man sogar hier unter den Bäumen, wo das Licht über den Boden splittert, als läge da ein Haufen Spiegelscherben. Staub hängt in der Luft, winzige Partikel, alles furztrocken, ein fortwährendes Rascheln und Rieseln. Höchste Zeit für eine Kurskorrektur. Ich warte nicht, bis der Weg von selber abbiegt. Ich nehme eine Abkürzung. Einfach durchs Unterholz nach links. Die Dornenranken schnappen nach den Hosenbeinen, das Labkraut ist ein klebriger Fliegenfänger. Als letztes Hindernis die Brennesselsperre, dann bin ich aus dem Waldschatten heraus und auf der Wiese. Der andere hat, so scheint es, die abrupte Richtungsänderung nicht mitvollzogen. Also habe ich ihn abgeschüttelt. Doch dann taucht die blaue Jacke beim Hochsitz auf, ich sehe es im Augenwinkel, durch eine Lücke im Gebüsch, wo keine Dornen oder Kletten ihn behindern, kommt er mit seinen langen Schritten ebenfalls ins Freie auf die Wiese und hat mich auch schon wieder eingeholt. Wir stolpern querfeldein dahin. Die Erde hebt und senkt sich. Jetzt nach der ersten Mahd sind die Bodenwellen quasi bloßgestellt. Darauf bilden die Silagewülste ihrerseits ein sauber ausgeführtes Wellenmuster, das sich auflöst, wenn man ihm zu nahe tritt. Der monotone Untergrund ist eine Durststrecke. Darauf läuft es wohl hinaus. Würden sonst im Kopf die Überlegungen gerade hier und jetzt so in die Breite gehen? Bei jedem Schritt fällt mir was ein. Ich kann nicht alles brauchen. Es ist nicht alles neu. Es kommt von ganz allein. Da der Kerl die Rede hartnäckig verweigert, muß ich mich selber unterhalten. Kein großer Bogen, aber Ansätze. Ich nenne sie die kleinen Theorien. Ich sage zu mir: erstens, zweitens, drittens.

(1) Nummer eins hat einen schönen Namen, es ist das Phäno-

men der Pfade: Merkt nicht jeder irgendwann, und woran liegt es eigentlich, daß man draußen keinen Weg verlassen kann, ohne sich gleich wieder in neue Wege einzufädeln, zumal im Wald, wo man der Meinung ist, man schlägt sich in die Büsche, dringt ins Unwegsame vor, in die komplexe Pflanzenwelt hinein, ein Irrtum, eine Illusion, denn kaum ist man vom Waldweg abgezweigt, stößt man im Dickicht auf den Trampelpfad, er ist in Benutzung, wer oder was auch immer läuft hier mit schöner Regelmäßigkeit vorbei, und kaum hat man auch diesen Trampelpfad verworfen, gerät man in die nächste Bahn, es läuft wie auf Schienen, abseits der großen Pfade liegen kleine, und abseits der kleinen noch kleinere, es ist ein ganzes Netz, von unbekannten Vorgängern ausgetreten, manchmal nur Fährten, Spurlinien, Wildwechsel, ein Zickzack zwischen Wurzelstöcken, ein vager Verlauf im Gras, ein Durchlaß in der Hecke, oder, was einen völlig fertigmachen kann, die Sackgasse, der Stichweg, der zu nichts anderem hinführt als zu einem alten Haufen Scheiße im Gebüsch und, schlimmer noch, zu einem Fetzen Klopapier, der reine Hohn, als seien alle Abweichungen schon vorgezeichnet und vorweggenommen, lauter unverschämte Angebote, die man nicht ablehnen kann.

(2) Nummer zwei beschreibt den Unterschied zu früher, beschreibt einen Dreischritt, einen Fortschritt also, obwohl ja nichts endgültig und für immer besser wird, das wissen wir inzwischen, und trotzdem, es ist nicht mehr so wie damals, als ich meinte, man muß nur die Augen weit genug aufreißen, mehr braucht man nicht zum Glück, das Hinschauen genügt, es reicht der bloße Anblick, um das Gelände in den Griff zu kriegen, das sich mir dann auch prompt entzog, sich abkehrte, als wäre es beleidigt, eingeschnappt, bis mir eines Tages, als unten im Tal ein Traktor übers Feld fuhr und ich da oben ganz untätig saß und glotzte, die Einsicht kam, daß man die Gegend nur im Gebrauch erkennt, was mich aber mehr bedrückte als befreite, weil damit, zumindest kam es mir so vor, der Horizont mit einem Schlag zusammenschrumpfte auf ein unliebsames Menschenmaß, und der Blick, anstatt herumzuschweifen, nunmehr in Dienst genommen war für irgendwelche Tätigkeiten, zugeschnitten auf ein Handwerk von geringer Reich-

weite, und überhaupt war damals eine dunkle Zeit, so daß die ganze Sache erst mal ruhte, auf Eis gelegt und zu den Akten, eine abgebrochene Bemühung, unerledigt wie so vieles, eine halb erzählte Story, die erst sehr viel später, unvermittelt, ihre Fortsetzung erfuhr, in einem Winter nämlich, als ich unterwegs war, mit müden Beinen auf dem Bergsattel im Schnee, den der Ostwind hartgefroren hatte, aber im Nadelwald rieselten die Flocken von den Zweigen, als habe mein Atem sie gelöst, und dann auf dem abschüssigen Weg zur Spitzkehre gelangte, wo links in der Böschung durch den Schnee der Fels hervorschaute, genau an dieser Stelle, genau in diesem Augenblick wurde mir klar, ich muß die Gegend abarbeiten, und zwar mit den Augen, in immer neuen Ansichten, und mit den Füßen, in immer neuen Anläufen, zahllose Durchgänge, von denen keiner wie der andere ist und die zusammen erst ein Bild, den Raum, ergeben, das heißt Erfahrung, das heißt auch Vertiefung, indem der Blick die Erdbewegungen leistet, Bewuchs und Bebauung werden abgeräumt, schichtweise abgedeckt, um unter der Benutzeroberfläche die Abfolge der Formen freizulegen, das heißt Geschichte, ein Angriff auf die verfluchte Undurchlässigkeit der Welt.

(3) Wenn es aber schließlich darum geht, Berichte abzuliefern, Rechenschaft zu geben in bestimmten Formen, mir selbst oder den anderen, dann bekomme ich den Widerspruch zu spüren, Nummer drei behandelt ihn, die grundverschiedenen Terrains, auf denen sich das abspielt, einerseits zunächst die Fundsachen, die gespeicherten Daten, meistens unsichtbar im Kopf, man kann sich vieles merken, manchmal auch das eilige Gekritzel, hingeschmierte Anhaltspunkte, Stichwörter, sofern, was seltener der Fall ist, Stift und Papier zur Hand sind, andererseits die Umsetzung in Reinform, die Verwertung, die an einem anderen Ort geschieht und außerdem zeitversetzt, im nachhinein, wenn es vorbei ist, Stunden, Tage, sogar Wochen später, mit anderen Vorzeichen und mit anderem Gerät, diese beiden Arten, die Dinge festzuhalten, sind irgendwie nicht kompatibel, am Anfang geht es noch, du trägst mit einem Gefühl der inneren Befriedigung die Aufzeichnungen heim und setzt dich hin, du machst dich frohen Mutes an die Arbeit, die ersten Lücken werden aufgefüllt, Verschieben, Überschreiben,

das Material kriegt langsam ein Format, eine fortlaufende Ordnung, dieser Teil nach vorne, dieser in die Mitte, dieser als Abrundung ans Ende, oder vielleicht doch besser andersrum, und schon fängt die Misere an, du ahnst es bereits, du wußtest es schon vorher, mit jedem Arbeitsschritt, mit jedem Verbesserungsversuch kommt etwas abhanden, es rutscht dir durch die Finger, die tasten wild herum, das schöne Stückwerk geht entzwei, Sand im Getriebe, du machst eine Pause, vielleicht läuft es danach wieder rund, aber die Zeit vergeht, sie tickt davon, das große Gähnen, du willst rauchen, trinken, durch die Programme zappen, Fahrrad fahren, willst dir einen runterholen oder Zähne putzen, du frißt den Kühlschrank leer, du liest die Kleinanzeigen, du schreibst Briefe, Lottoscheine, Steuererklärungen, egal, bloß nicht zurück, um keinen Preis zurück an diese Trümmerstelle, diesen Kriegsschauplatz, du hockst derweil im Schwätzraum, das ist der Widerspruch zwischen den Notizen und der Textverarbeitung, und du hast keinen blassen Schimmer, wie zum Teufel der zu lösen wäre.

Schon seit zehn Minuten starre ich auf meine Gummistiefel. Plattgeschleifte Maulwurfshügel. Bleiches Gras. Es tut sich nichts. Die Unergiebigkeit. Das Heu scheint in der warmen Luft zu knistern, während andererseits der Wind das Rauschen einstellt. Eben noch waren die Wipfel, die ich hinter mir gelassen habe, in Aktion, ein träges Schwanken im Hinfluten und Rückfluten der Strömung, aber wenn ich jetzt nach vorne schaue, stockt unter einem leergefegten Himmel jegliche Bewegung. Gut, daß die Wiese bald ein Ende hat. Sie stößt an die gestreckte Steinrippe, wo obendrauf die Kiefern stehen. Der andere, ich merke es erst jetzt, klebt nicht mehr an mir dran, er geht nun vor mir her. Als wüßte er den Weg. Ich sehe schräg von hinten sein Profil, die weißen Stoppeln. Auch in den Nasenlöchern wachsen Haare. Er marschiert noch immer unverdrossen. Keine Anzeichen von Müdigkeit. Bestimmt kennt er die Namen. Die sind den Einheimischen geläufig. Die Flurbezeichnungen. Vielleicht sind es die Namen, auf denen er die ganze Zeit herumkaut, die er unentwegt in seinem Mund von einer Seite auf die andere schiebt. Diese kurzen, knappen, einsilbigen Wörter. Hell, Köll, Kopp, Kumm, Dell. Wie die Schläge einer Axt auf Holz. So ähnlich heißt wahrscheinlich auch die Rippe mit den Kiefern, die uns jetzt den Weg versperrt. Wir müssen auf die Trift hinauf. Dazu müssen wir ein bißchen klettern. Zum Glück steht hier kein Zaun. Das hätte noch gefehlt. Beim Aufstieg rückt der Boden nah an das Gesicht. Steinbrech, Mauerpfeffer, Fingerkraut, Schafscheiße, leere Schneckenhäuser. Der Trockenrasen spannt sich als welke Haut, darunter liegen große Haufen von zermahlenem Gebein. Die Luft über dem Karst ist dunkelblau und flimmert. Die Kiefern sehen aus wie abgebrannt. Auch hier oben weht kein Wind. Jetzt wird sichtbar, was danach kommt. Die frisch gemachte Landstraße im Osten, ein Damm aus pechschwarzem Asphalt. Drüben, nicht weit weg, die Aussiedlerhöfe. Und geradeaus der jenseitige Rand, das Ende, wo die Senke ausschwingt, der bewaldete Rücken, wo im Hang der Treffpunkt liegt, die Schutzhütte, jetzt fast schon greifbar nah, nur noch ein kurzes Stück bergauf, am besten nehmen wir den Schotterweg, der sich durchs Grün hinaufwindet. Gerade hier und ausgerechnet jetzt. Dieser vorlaute Dudelton, der sich durch alle Schichten frißt und dabei selber keinen Schaden nimmt. Der überall und jederzeit derselbe ist. Der manchmal scheinbar direkt auf dem Trommelfell entsteht und sich von dort sofort auf kurzem Weg ins Hirn bohrt. Ich reiße mir den Rucksack von den Schultern. Hundert Strippen, tausend Laschen. Ein endloses Gefummel, bis die Klappe endlich aufgeht. Der Ton springt sozusagen mir entgegen. Ich wühle in dem Plunder. Die beiden Schokoriegel, der Apfel, die Banane. Die Sonnenbrille und der kleine Kompaß. Ausgerüstet wie für eine Weltumseglung. Das Ding muß aus den dunklen Rucksacktiefen möglichst schnell herauf ans Tageslicht. Sonst können wir die ganze Kommunikation vergessen. Jetzt noch die Antenne, dieser biegsame Stummel. Ein Knopfdruck bringt den Ton zum Schweigen. Ich horche. Das Gerät liegt warm an meinem Ohr. Es rauscht. Ich warte in gebückter Haltung. Ich drehe mich im Kreis. Vier Himmelsrichtungen. Trotzdem ist da nichts zu hören. Keine Begrüßung, kein Hallo, nur Rauschen. Ab und zu auch mal ein Knacken wie von einem Geigerzähler. Liegt es an der Batterie? Fängt der Berg die Wellen ab? Oder hat der Satellit die Arbeit eingestellt? Was ist eigentlich in dem Gehäuse? Keine schweren Sachen jedenfalls. Keine Schrauben, weder Blei noch Eisen. Vermutlich luftige Strukturen, popcornähnlich, halb gefüllte Kammern, leere Waben, ein vielfach unterteilter Hohlraum, eine Mogelpackung. Merkt das keiner außer mir? Ich steige zu der Schutzhütte. Der Rucksack baumelt offen vor der Schulter. Der Schotter kracht. Ich schwitze. Der andere hat nicht auf mich gewartet. Er ist vorausgegangen und schon angekommen. Er sitzt im Schatten auf der Bank. Es riecht nach Dachpappe und heißem Blech. Die Schutzhütte ist achteckig. Der andere hat endlich seine Handschuhe abgelegt. Er dreht in aller Ruhe eine Zigarette. Mit zwei breiten gelben Zeigefingern drückt er den Tabak aufs Papierchen. Sein Atem pfeift. Er atmet durch die Nasenlöcher. Ich konsultiere noch einmal die Karte. Das rote Piktogramm der Hütte. Die Feldwege sind Rundwege, und jeder Weg hat eine Nummer. Die Karte geht an den Kanten kaputt. Auch das Fax hat unterwegs etwas gelitten. Jetzt bin ich an der Stelle, wo das Kreuz gemalt ist, allein mit diesem Kerl. Er steckt mit einem Streichholz seine Kippe an. Er tut einen tiefen Zug. Er sitzt ganz still. Er sieht zufrieden aus. Die Sonne scheint auf seine großen Schuhe. Er bläst den Rauch ins Licht hinaus. Ich schaue in die Niederung. Die Rippe mit den Kiefern, die große Wiese, Meerbusch und Rapsfeld. Das Dorf hinter der Waldzunge. Ich werde fünf Minuten warten. Höchstens eine Zigarettenlänge. Quer durch den Himmel zieht ein Düsenflugzeug seinen weißen Strich und schließt den Reißverschluß. Die Aussiedlerhöfe sind Festungen. Der Rückweg ist vom Hinweg immer sehr verschieden. Es wird alles anders sein.

Simone Frieling
Lüge

Meine kleine Hand liegt in der Hand meines großen Bruders. Walter ist nicht so groß wie ein Erwachsener, aber so viel größer als ich, daß er, wenn es darauf ankommt, mit mir machen kann, was er will. Jetzt will er Schlittenfahren gehen, und ich soll mit. Mama ist einverstanden, sie will die Böden scheuern und braucht dazu freie Bahn. Sie ermahnt ihn aber, nicht so wild zu sein und an meine kranke Hüfte zu denken. Beim Abschied schmeichelt sie ihm:
SO EIN GROSSER JUNGE.
Sie steht an der Tür und schaut uns einen Augenblick versonnen nach.

In unserer Straße kann ich noch mit ihm Schritt halten, wenn ich meine kleinen Beine wie Speichen eines Rades schnell hintereinander auf den Boden setze. Den steilen Berg hinauf, der zu dem Park führt, in dem er rodeln will, muß er mich schon hinter sich herziehen. Links zieht er den schweren Holzschlitten, rechts mich.

Ich lasse mich absichtlich zurückfallen, biege meinen Oberkörper weit nach hinten, um in die verschneiten Baumwipfel zu schauen und es ihm schwerzumachen. Für die Anerkennung, die Mama ihm im voraus mitgegeben hat, soll er sich anstrengen müssen.

Mein Bruder zieht seinen dicken Fäustling aus, um meine kleine Hand besser fassen zu können, und läßt sie nicht ein einziges Mal los, bis wir die steile Anhöhe erreicht haben, auf der schon andere Kinder in Warteposition auf ihren Schlitten sitzen.

Die Kinder gröhlen ihm einen Gruß zu, er kennt sie alle. Ich versuche, mich etwas hinter ihm zu verstecken. Als ihre Blicke mich trotzdem treffen, schaue ich beschämt zu Boden. Kleine hellblaue Schatten haben sich in die weißen Schneekuhlen meiner Stiefelabdrücke gelegt. Das Muster meiner Schuhsohlen ist so fein und gleichmäßig wie das unseres Waffeleisens. Wie sie wohl schmecken würden: Waffeln aus gepreßtem

Schnee? Als ich den Kopf hebe, sind alle fort, auch mein Bruder. Wieder und wieder ziehen die Kinder um mich herum mit ihren Schlitten eine Wendeschleife und fragen, ob ich dieses Mal mitfahren möchte. ICH MAG NICHT. Ich habe Angst. Bald fange ich an zu frieren, die eiskalten blauen Schatten legen sich auch über mich. Das ewige Weiß bringt meine Augen zum Tränen. Es gibt für sie nichts mehr zu sehen. Ich möchte nach Hause.

Auf einmal verdunkelt sich der Himmel. Über die Schneehänge legen sich graue Netze, es fängt an zu schneien, die ersten Flocken torkeln plump vom Himmel. Dann werden sie kleiner, leichter, fangen an zu tanzen, sich zu überschlagen und wie toll durcheinander zu wirbeln.

Die Kinder schicken sich an, ihre letzte Fahrt vorzubereiten, und dieses Mal soll ich mitfahren. Mein Bruder setzt mich zwischen seine Beine vorn auf den Schlitten und hält mich mit dem linken Arm fest umschlungen. Wir starten als letzte.

Das Schneetreiben wird immer heftiger, tausende Flocken fliegen mir ins Gesicht. Ich blicke mich kurz zu meinem Bruder um und sehe, daß er die Augen geschlossen hat. Die kleinen, weißen Kristalle haben sich überall auf seinem Gesicht festgesetzt. Er lächelt unter dieser zarten Eismaske und sieht so lustig und verwegen aus.

Als ich wieder nach vorn schaue, haben wir schon fast den Weg erreicht, der auf die große befahrene Straße führt und am Ende mit Stacheldraht gesichert ist.

Heiße rote Stiche der Angst wollen in meinen Bauch dringen, aber sie kitzeln ihn nur. Meine Beine haben einem ganz anderen Befehl zu gehorchen: flink und mit aller Kraft sollen sie den Schlitten beschleunigen, damit wir über den bremsenden Schotter des Weges ohne Halt weiter zur Straße hinunter rasen können. Denn einmal, das weiß mein ganzer Körper, möchte ich so verwegen sein wie mein großer Bruder!

Der Schlitten galoppiert über den steinigen Weg, und jetzt erst hat mein Bruder bemerkt, daß wir auf den unteren Teil des Parks zusteuern und der Stacheldraht uns gefährlich nahe rückt. Er schreit und versucht mit aller Macht seines entschlossenen Jungenkörpers, den Schlitten zu bremsen. Ich aber, von einem wilden, rauschhaften Glücksgefühl ergriffen, stemme meine kleinen Stiefel gegen seine Beine, daß er sie kaum bewegen kann.

Stumm und bedrückt machen wir uns auf den Heimweg. Ich darf den ganzen Weg auf dem Schlitten sitzen bleiben, weil ich versprochen habe, Mama nichts von dem Stacheldraht zu sagen. Mein Bruder geht gebeugt, als trüge er eine schwere Last, und nur beim Überqueren der Straße schaut er einmal auf.
Es hat aufgehört zu schneien. Die trübe Januarsonne steht tief. Ich blute nicht mehr, aber die Haut meines Gesichtes brennt, die vielen kleinen Schnitte reißen und pochen vor Schmerz. Ich kauere zusammengesackt auf dem Schlitten und schaue auf die Kordel, wie sie sich spannt und lockert, in einem Rhythmus, den mein Bruder vorgibt.
Im Hausflur lasse ich seine Hand los und fange leise an zu wimmern. Er muß den Schlitten trocken reiben, ich gehe allein auf die Wohnungstür zu und weine immer heftiger. Als ich meine Mutter in der Tür sehe, schreie ich:
ER HAT DAS EXTRA GEMACHT. ERST DURFTE ICH NIE MITFAHREN, UND DANN HAT ER MICH GEZWUNGEN, DIE VERBOTENE WIESE RUNTER ZU RASEN. ER HAT MICH IN DEN STACHELDRAHT FALLEN LASSEN. UND BEINAHE WÄRE ICH VON EINEM AUTO ÜBERFAHREN WORDEN.
Die Lüge kommt mir glatt und geschmeidig von den Lippen, wie eine feuchte Schlange bewegt sie sich durch das Treppenhaus. Ich sehe, wie Mama mich anstarrt und ihr meine Geschichte einleuchtet, als sie die Wunden in meinem Gesicht bemerkt.
Die Wahrheit ist spröde, verschachtelt und unansehlich. Sie ist so uninteressant, oft nicht nachzuvollziehen und für Mama viel zu kompliziert. Die Lüge hingegen habe ich schon so für sie bearbeitet, daß sie den roten Faden sehen kann, der die Geschichte zusammenhält und sie ihr eingängig macht.
Die Wahrheit muß man verstecken wie einen häßlichen schwierigen Verwandten und schützend vor sie die glänzende Lüge stellen.
Mama versteht nichts von der Macht, die mein großer Bruder über mich hat und der ich mich manchmal gern unterwerfe, weil ich feige bin oder weil ich in einem besonderen Mo-

ment seinen Schutz will. Von seinem Machthunger, den ich riechen kann und der mich oft anwidert. Ich würde ihn am liebsten beißen und treten, bis er nachgibt. Noch weniger weiß Mama davon, wie ich manchmal Macht über ihn gewinne. Und warum er mich dann schleppen muß wie der heilige Christophorus.

Tobias Hülswitt
Die Geschichte von Pamela, Eduard und dem Spiel, das die beiden erfanden

Es waren einmal eine Frau und ein Mann, die heirateten und lebten zusammen. Sie liebten sich sehr und hatten große Freude daran, miteinander das zu tun, was sie Pimpern nannten. Und weil ihnen dies so große Freude machte, ließen sie sich stets etwas Neues einfallen, was ihnen ihre gemeinsame Zeit ohne Kleider ein bißchen schöner und noch ein bißchen schöner machte: Sie dachten sich Spiele aus. Aber nicht bloß solche, wie ihr jetzt denkt – solche auch, aber auch solche, paßt auf! Eines davon ging so: Die Frau sollte acht darauf geben, ob sich nicht eine Möglichkeit böte, ihren Mann möglichst mittellos, möglichst weit entfernt von zu Hause und wenn möglich mitten in der Nacht stehenzulassen. Wenn sich eine solche Möglichkeit aber böte, sollte sie sie ohne Zögern ergreifen. Er hätte dann zuzusehen, wie er nach Hause käme, und für jedes auf dem Heimweg bestandene Abenteuer, das er zu erzählen wüßte und das dazu geeignet wäre, sie beide zu entflammen, wollten sie einmal miteinander pimpern. Nachdem sie dieses Spiel erfunden hatten, boten sich der Frau etliche Gelegenheiten, ihren Part in die Tat umzusetzen, und, wenn ich ehrlich bin, schien es sogar, als warte der Mann nur darauf. Sie aber, und da will ich nun auch ehrlich sein, hatte das Spiel schon nach kurzer Zeit wieder vergessen – es mangelte ihnen ja nicht an anderen. So verging einige Zeit. Schließlich vergaß auch der Mann das Spiel wieder. Just in diesen Tagen aber fiel es der Frau wieder ein, und ihr Mann staunte nicht schlecht, das kann ich euch sagen, als er sich in der Dämmerung einer anbrechenden Frühlingsnacht mitten in Regensburg, wo sie einen Besuch gemacht hatten, auf einem Parkplatz fand und in einigen hundert Metern Entfernung die Rücklichter des Autos, in dem seine Frau davonfuhr, um eine Kurve biegen und verschwinden sah.

Er stand einige Sekunden mit offenem Mund da, dann kam

es ihm siedend heiß: das neue Spiel! Ein Fiebern ergriff ihn, und er stürzte sich in die Nacht, aus der die Abenteuer ihn riefen...
Es braucht nicht groß und breit erzählt zu werden, was geschah, als der Mann am Abend des folgenden Tages nach Hause kam: Seine Frau und er sprangen sofort unter die Bettdecke. Aber bevor es nun losgehen durfte, mußte der Mann seine Abenteuer erzählen, wie es die Spielregeln bestimmten.
Und so begann er:
»Ich stand also da in Regensburg, und das einzige, was ich bei mir in meinen Hosentaschen trug, waren mein Autoschlüssel, der mir nichts nutzte, und mein Wohnungsschlüssel zusammen an einem Bund. Selbst mein Geldbeutel lag im Auto, und mit dem warst du ja abgehauen. Ich beschloß, zur Autobahn zu laufen und zu versuchen, per Anhalter nach Hause zu kommen, denn – wovon hätte ich eine Fahrt mit der Bahn bezahlen sollen? Nun, um eine lange Geschichte kurz zu machen: Es war ein ganz schönes Stück zu laufen, bis ich eine Stelle fand, die zum Trampen geeignet war. Ich stellte mich hin, hielt den Daumen raus, und hatte noch gar nicht lange gestanden, da kamen fünf große, dunkle Limousinen mit schwarzen Scheiben herangefahren. Die erste der Limousinen blieb direkt neben mir stehen. Die Beifahrertür öffnete sich, und ein großer, kräftig gebauter Mann stieg aus. Er trug Hemd, Krawatte und Anzug. Auf seiner Nase saß, obgleich es Nacht war, eine stattliche Sonnenbrille mit rabenschwarzen Gläsern. Zunächst sah es im Dunklen so aus, als habe er Schmutz im Gesicht – doch indem ich genau hinsah, erkannte ich, daß er einen Dreitagebart trug. Er versenkte die Hände in die Taschen seiner Anzughose und baute sich vor mir auf. Wenn ich den Kopf gerade hielt, sah ich direkt vor meinen Augen den Knoten seiner Krawatte – um soviel größer war er als ich. Eine Weile stand er da, blickte durch die rabenschwarzen Gläser seiner Brille auf mich herab und schwieg. Ich schwieg auch, und so standen wir und atmeten uns was vor.
›Willst'n hin?‹ fragte er schließlich.
›Richtung Heilbronn.‹
›Weißt du, wer dich hier mitnimmt?‹ fragte er.
Ich sagte ›m-m‹ und schüttelte den Kopf.
Er beugte sich an mein Ohr herab: ›Der Große Knopf, Chef

der Chefs und Boss aller Bosse!‹ Indem er sich aufrichtete, zog er die rechte Hand aus der Tasche und zeigte mit dem Daumen kurz, aber eindringlich auf die Scheibe der Rückbank der Limousine. Dann kam er mit seinem Gesicht ganz nah an meines heran: ›Er ist da drin! Er hat gerne ein bißchen Gesellschaft auf seinen Geschäftsreisen, verstehst du. Deshalb sei artig, steig ein und erzähl ihm ein bißchen was. Und noch was –‹, er zog ein Etui aus der Innentasche seines Jacketts, und aus dem Etui zog er eine Sonnenbrille, und die Sonnenbrille setzte er mir auf, ›nimm die, und setz sie niemals ab, solange du mit dem Großen Knopf unterwegs bist, klar? Sonst...‹, und er machte die Bewegung des Kehledurchschneidens, ›der Große Knopf mag keine Augen.‹

Dann öffnete er die hintere Tür des Wagens und hieß mich einsteigen. Ich nahm Platz, und der Wagen setzte sich beinahe geräuschlos in Bewegung. Ich blickte mich in seinem Inneren um. Auf der gepolsterten Rückbank neben mir saß der stattlichste und bestgekleidete Mann, der mir je im Leben begegnet ist. Auf seiner Nase prangte eine riesige Sonnenbrille aus einem goldenen Gestell und kohlrabenschwarzen Gläsern. An der Stelle aber, an der man die Hose öffnet und schließt, saß ein frühstückstellergroßer, schwarzer Knopf, in dessen einem Loch eine rote Rose stak. Die Erscheinung dieses Mannes flößte mir derart Respekt ein, daß ich es nicht einmal wagte, auch nur guten Abend zu sagen. Er aber grinste mich an, schlug mir jovial auf die Schulter und begann draufloszuplaudern. Er erzählte mir ungeniert und mit viel Gelächter von allerlei haarsträubenden Untaten und Verbrechen, die seine Leute in seinem Auftrag in der gesamten Bundesrepublik begingen. Diese Männer, von denen er sprach, saßen nun in den vier Karossen, die der unseren folgten. Du kannst dir vorstellen, wie mir zumute war!

Nach einer Weile mußte der Große Knopf mal. Der Konvoi steuerte eine Raststätte an, der Große Knopf, sein Fahrer und sein Leibwächter – der Mann, der mir die Sonnenbrille gegeben hatte – und alle weiteren Gangster, die mal mußten, gingen zur Toilette. Sie sahen sich alle sehr ähnlich: Sie waren groß, bekleidet mit dunklen Anzügen, weißen Hemden und dunklen Krawatten, und jeder von ihnen trug eine große schwarze Sonnenbrille. Der Große Knopf aber überragte sie alle um zwei Kopflängen. Daran, daß die Gangster vor der Tür zur Toilette warteten, bis der Große Knopf fertig war, bevor sie selbst zum Pinkeln hineingingen, konnte ich erkennen, was für eine Ehrfurcht sie vor ihm hatten. Mich ließen sie einfach alleine im Wagen sitzen. Sie hatten offenbar keine Angst, ich könnte irgendwas anstellen. Und ehrlich gesagt, obwohl ich mich nicht sonderlich wohl fühlte in meiner Haut, dachte ich daran, daß ich Abenteuer erleben mußte und nicht daran, reißaus zu nehmen.

Als ich so allein im Auto saß, spürte ich, daß mich die Sonnenbrille auf dem Nasenknochen drückte. Ich nahm sie ab und massierte mir mit den Fingerspitzen die schmerzenden Stellen. Als ich wieder aufblickte, sah ich die Gangster zu den Autos zurückkommen, und ich wunderte mich, daß zwischen dem Leibwächter und dem Fahrer ein altes Männlein ging, grau und gebeugt und mit Falten im Gesicht, tief wie Baugruben. Da fiel mir ein, daß ich die Sonnenbrille nicht absetzen durfte, solange ich mit dem Großen Knopf unterwegs war. Durch die getönten Scheiben konnte mich von außen niemand sehen, so daß ich noch genug Zeit hatte, sie mir schleunigst wieder aufzusetzen, bevor die Gangster die Limousinen erreichten. Ich sah einmal hin, ich sah zweimal hin: Kaum blickte ich wieder durch die Sonnenbrille, sah ich anstelle des alten Männleins den Großen Knopf laufen. Nun, es blieb noch genügend Zeit, die Brille noch einmal ab- und wieder aufzusetzen: Erst sah ich auf einen Schlag wieder das Männlein, dann wieder den Großen Knopf. ›Hölle und Arsch‹, murmelte ich, ›Täuschungsbrillen!‹ Und da ich nun immer noch genug Zeit hatte, die Brille noch einmal abzusetzen und mir den echten Großen Knopf genau anzusehen, tat ich es: Statt der riesigen Sonnenbrille trug der Kleine ein rostiges Drahtgestell auf der Nase, dem die Brillengläser ausgefallen waren. In den Furchen zwischen seinen Augenlidern saßen zwei grüne, funkelnde Augen voll Bosheit, Herrschsucht und Verschlagenheit. Anstelle des frühstückstellergroßen Knopfes aber sah ich ein Vorhängeschloß an seinem Hosenschlitz baumeln, und im Schlüsselloch steckte ein Schlüssel. Als der Fahrer dem falschen Großen Knopf die Tür öffnete, trug ich meine Brille wie eh und je und tat so, als hätte ich von nichts auf der Welt auch nur die leiseste Ahnung.

Der Konvoi begab sich wieder auf die Autobahn, und der

Große Knopf begann von neuem, mir die abscheulichsten Greueltaten seiner Leute zu beschreiben. Und er ließ mich raten, welche Summe zusammengeraubten und auf miese und erpresserische Weise ergaunerten Geldes sich wohl im Kofferraum seines Wagens befände. Meine Schätzung lag bei weitem zu niedrig, obwohl ich eine unglaubliche Summe nannte – aber die, die er mir nannte, sage ich jetzt nicht, denn du würdest sie mir nicht abnehmen, so unvorstellbar groß war sie. Da ich nun wußte, was für ein Zwerg er war, überlegte ich, wie ich aus meinem Wissen Kapital schlagen könnte. Die Gelegenheit ließ nicht lange auf sich warten: Kurz vor Heilbronn verließ der Konvoi die Autobahn, um auf dem Land das Versteck der Bande aufzusuchen. Statt mich an der Autobahn aussteigen zu lassen, lud mich der Große Knopf zu einem Drink in seine Gangsterhöhle ein – eine Einladung, die eher wie ein Befehl denn wie eine Geste der Gastfreundschaft klang. Mir sollte es recht sein. An der hauseigenen Bar redete und redete der Große Knopf, so daß sich am Schluß mein rechtes Ohr an der Stelle des linken befand und das linke an der Stelle des rechten. Dann ließ mich der Boss der Bosse wissen, daß ich mich wieder auf den Weg machen dürfe, er selbst werde sich in seine Gemächer begeben. In diesem Augenblick riß ich mir die Sonnenbrille herunter, um zu sehen, wo ich hingriff, packte das Männlein, das der Große Knopf nun wieder war, am Hals und rief: ›Bevor du schlafen gehst, alter Gauner, läßt du mir einen Koffer mit ein paar von deinen soundsoviel Quillionen Mark herbeischaffen, und dann wirst du mir gnädigst einen von deinen Luxusschlitten überlassen – und wenn nicht, wird's dir schlecht ergehen, Freundchen!‹ Sofort wollte sich der Leibwächter auf mich werfen. Ich aber nahm den Alten fest in den Schwitzkasten und befahl ihm, mich vor seinen Leuten zu schützen. ›Laßt ihn in Ruhe‹, krächzte er, ›tut, was er sagt.‹

Entgeistert starrten die anwesenden Verbrecher auf das Bild, das sich ihnen bot, mir aber nicht, denn ich hatte ja meine Sonnenbrille abnehmen müssen – schade, zu gerne hätte ich gesehen, wie ich da den Großen Knopf in seiner vollen Größe in der Zange hielt. Bald kam einer der Männer mit dem Geld. Ich zerrte den Alten zu einer Limousine, nahm den Koffer, ließ in sämtliche Reifen aller anderen Fahrzeuge Löcher stechen und befahl dem Fahrer, mich und den Alten zum Heilbronner Bahnhof zu bringen. Die ganze Zeit über hielt ich das Männlein fest im Schwitzkasten. Als wir ankamen, brach der Morgen an, und ich schickte den Fahrer hinein, mir eine Fahrkarte nach Hause zu besorgen. Dann stieg ich in den Zug, unter dem einen Arm meinen Geldkoffer, unter dem anderen das Männlein, und wartete. Kaum aber hatte der Zug die Stadt hinter sich gelassen und einige Geschwindigkeit erreicht, da versicherte ich mich, daß das Vorhängeschloß am Hosenschlitz des Alten fest eingerastet war, und zog den Schlüssel ab. Man weiß schließlich nie, wozu etwas noch gut sein kann. Dann nahm ich ihm noch seine Brille weg, öffnete das Fenster des Abteils und warf ihn hinaus. Das war gut so, denn kurz darauf kam der Schaffner und wollte die Fahrkarten sehen, und für den Alten hätte ich keine gehabt. Als der Schaffner das Abteil wieder verließ, erlaubte ich mir, durch die Drahtbrille von hinten einen Blick auf ihn zu werfen: siehe da, durch diese Brille gesehen besaß der Mann gerade mal die Größe eines Heinzelmännchens! Ich lachte nicht schlecht! Danach wurde ich sehr müde und schlief ein. Als ich wieder aufwachte, war der Geldkoffer verschwunden, und ich konnte ihn im gesamten Zug nicht mehr finden. Jemand hatte ihn mir gestohlen.«

»Nun«, sagte die Frau des Mannes nach einer Weile, »das ist eine nette Geschichte – und ich bin froh, daß du sie unbeschadet überstanden hat, aber...!«

»Ja«, antwortete Eduard – der Mann hieß nämlich Eduard –, »ich weiß. Bei mir bewirkt sie auch nichts.«

»Hast du nicht noch was erlebt?« fragte Pamela – die Frau hieß nämlich Pamela.

»Doch, schon«, antwortete Eduard.

»Na, dann erzähl schon!« rief Pamela.

»Gut«, sagte Eduard, und er begann zu erzählen:

»Der Zug fuhr schnell. Er überholte die Autos, die neben ihm auf den Landstraßen fuhren, und die Autos konnten ihn nicht überholen. Kurz vor Mittag erreichte er Heidelberg. Den Weg von Heidelberg zu unserem Dorf kennst du ja. Ich fuhr mit dem Bus aus der Stadt, die letzten Kilometer ging ich zu Fuß über die Felder. Ich ließ mir Zeit, denn ich wußte, daß du so früh am Tag noch auf der Arbeit bist, und ich wollte nicht vor dir zuhause sein: das Warten aufs Pimpern wäre qualvoll gewesen. Ich war noch nicht weit gegangen, da sah ich auf einem Feld einen Mann. Er stand mit dem Rücken zu mir, hielt etwas in beiden Händen und fuchtelte in der Luft herum. Er bückte sich und machte energische Bewegungen über dem Stück Acker, das vor ihm lag. Dann richtete er sich langsam auf, und ich glaubte meinen Augen nicht zu trauen: Vor ihm wuchs, Stück für Stück und Ast für Ast, eine Tanne aus dem Grund. Je mehr der Mann sich aufrichtete, desto höher wurde auch die Tanne – ich sah genauer hin und glaubte zu erkennen, daß er selbst es war, der mit Hilfe der Gegenstände, die er in der Hand hielt, diese Tanne schuf. Jetzt wollte ich es genau wissen. Ich lief über den Acker auf ihn zu. Während ich näher kam, ließ er für einen Moment von der halbfertigen Tanne ab und fuchtelte neben ihr in der Luft herum. Es blitzte kurz auf, als ob sich Sonnenlicht in einem Spiegel breche, da hatte er den Spiegel, sofern es einer war, auch schon in die Tasche gesteckt. Er machte sich wieder an seiner Tanne zu schaffen, und inzwischen konnte ich ein unregelmäßiges Zischen vernehmen, das sein Gefuchtel begleitete. In dem Moment, in dem ich bis auf wenige Schritte an ihn herangekommen war, wirbelte er herum, ließ die Dinge, die er in den Händen hielt, fallen – ich sah: es waren Spraydosen –, riß einen riesigen Radiergummi aus einer Jackentasche und fuhr mit diesem zwischen uns über den Acker: sofort tat sich an derselben Stelle ein graues Loch aus gar nichts auf. Dann hielt er mir den Radiergummi entgegen und schrie: ›Stehenbleiben, oder ich radiere!‹

Ich hob die Arme: ›Tschuldigung, ich wollt ja nur mal eben...‹

›Ja, ja – alle wollen immer nur mal eben!‹ Er hob die Spraydose auf – sie war braun –, zog eine zweite aus einer Jackentasche – diese war schwarz –, hielt auf die ausradierte Stelle zwischen uns, sprühte, fuchtelte herum, und schwupp – war der Acker wieder komplett. Dann kam er auf mich zu. ›Überhaupt, wie siehst du eigentlich aus? Du bist ja völlig .... noormaal!‹

›Naja‹, widersprach ich.

›Deine Füße sind platt, dein rechtes Bein ist ein x-Bein, dein linkes ein o-Bein, deine Hüfte ist unten nach hinten und oben nach vorne gekippt. Deshalb läufst du wie eine besoffene Gans. Das ist normal. Du besitzt ein hervorragendes Bäuchlein, dein Brustkorb ist gefaltet wie ne eingebeulte Quetschkommode, und du machst nen Buckel wie ein in Kampfstellung eingefrorener Kater. Alles in allem und in Länge und Breite bist du außerordentlich ekelhaft proportioniert – normal eben. Wie heißt du?‹

›Eduard.‹

›Dacht ich mirs doch! Normal! – Ich werde dich ein wenig herrichten!‹

Ich wollte ›Nein‹ rufen, aber da hatte er mir bereits den Mund ausradiert. So machte er sich an mir zu schaffen, radierte hier einen Arm weg, sprayte da ein Bein hin, und in kürzester Zeit hatte er mich völlig umgemodelt. Er sprühte einen großen Spiegel auf den Acker und ließ mich hineinschauen. In der Tat, ich habe nie athletischer ausgesehn! Trotzdem schmerzte mich mein neuer Körper an allen Ecken und Enden.

›Schön‹, sagte ich, ›und jetzt – mach mich wieder 'noormaal'!‹

›Kommt in gar keine Tüte!‹ rief der Kerl. ›Du siehst bombastisch aus!‹

›Na, dann werde ich es eben selber machen!‹ rief ich und versuchte mich seiner Utensilien zu bemächtigen. Darüber kam es zu einem heftigen Geraufe, in dessen Verlauf mein Gegner wild mit Radiergummi und schwarzer Spraydose hantierte. Und es dauerte nicht lange, da lag die gesamte Umgebung in tiefer Nacht.

Schwer atmend standen wir uns unter den Sternen gegenüber.

›Na bravo‹, sagte ich, ›du hast mir einen guten halben Tag geklaut!‹

›Stell dich nicht so an‹, brummte er, ›du wolltest sowieso nicht so früh zuhause sein.‹ Er zückte erneut zwei Spraydosen, sprüht zwei Taschenlampen in die Luft, drückte mir eine in die Hand und verschwand mit der anderen in der Dunkelheit.

Nun, mein neuer Körper schmerzte immer ärger, und als ich an den Bach kam, der hundert Meter vor unserem Dorf die Straße quert, nahm ich ein Bad. Das Wasser war zwar kalt und die Nacht nicht viel wärmer, doch als ich mich danach mit dem Pullover abtrocknete, stellte ich sehr befriedigt fest, daß mein Bauchnabel wieder in mein hervorragendes Bäuchlein eingebettet lag, und daß auch alles andere an mir wieder stimmte. Es geht eben nichts über unsere alten, heiltätigen

Wasser. Und so kam ich ins Dorf. Die Taschenlampe warf ich ins Gebüsch, sobald ich unter den Laternen war.«
»Pamela lag an Eduards Seite. Nach einer Weile des Schweigens sagte sie: »Schätzchen...«
»Ja«, sagte Eduard.
»Hast du nicht vielleicht noch was erlebt. Irgendwas ... Entflammenderes? Auf dem Weg durchs Dorf vielleicht?«
»Doch«, antwortete Eduard, »schon.«
»Na, dann erzähl halt!«
Und so erzählte Eduard sein letztes Abenteuer. – Ich kann euch dieses Abenteuer jetzt nicht erzählen, denn sonst könntet ihr alle heute nacht nicht schlafen. So viel aber kann ich euch sagen, es war *so* entflammend, daß Eduard und Pamela in dieser Nacht nicht *ein*mal, sondern *zwanzig*mal hintereinander miteinander pimperten.

Diese Geschichte hat sich vor noch gar nicht allzu langer Zeit begeben. Und zwar war es gerade erst heute oder sogar erst morgen.

Ach, da fällt mir eben ein, was ganz zum Schluß noch geschah: Es war schon kurz vor Morgengrauen, und kurz bevor die beiden schließlich eine Weile schliefen, da sagte Pamela: »Deine Geschichten fand ich eigentlich ganz lustig – nur, weißt du was: ich glaub dir kein Wort!«

»Ha!« rief Eduard, »da siehst du, wie gut es war, den Schlüssel vom Großen Knopf zu behalten! Ich werde ihn dir zeigen!« Und er angelte sich seine Hose, die neben dem Bett über einem Stuhl hing, griff in die rechte Tasche, griff in die linke Tasche, und dann sagte er: »Nanu, wo ist er denn?«

Sabine-M. Krämer
Wörter

Ihr habt uns Wörter gegeben. Und Regeln, wie wir sie benutzen sollen. Wir haben die Wörter nicht be-nutzt. Und sie waren glücklicherweise freundlicher zu uns als ihr. Die Wörter haben sich uns angeschlossen. Wir sind Verbündete, und die Wörter fressen uns aus der Hand. Wir geben sie nicht her! – Doch, wir geben sie schon her. Aber sie sind Kinder. Die machen, was sie wollen. Sie suchen sich selbst diejenigen, die zu ihnen passen, und wir mögen die Freunde der Kinder. Spielregeln brauchen wir nicht. Die selbsterfundenen machen viel mehr Spaß und daß die verbotenen Spiele die schönsten und die längsten sind, weiß inzwischen jeder. Die Wörter haben sich uns angeschlossen. Sie und wir zusammen sind viel zu alt zum Gehorchen, und viel zu alt, als daß uns Schulzensuren kratzten. Wir sind überall. Wenn wir blaumachen, fühlen wir uns am wohlsten. Da halten wir uns überall versteckt – und beobachten euch!

Wir sammeln Wörter und Sätze, die sich in allen Ecken versteckt halten. Wenn alles still ist, werden sie zutraulich. Wir schreiben sie auf Zettel und lassen sie wieder frei. – Andere Wörter fliegen im Sommer durch unsere offenen Fenster. Von der Straße her – fallen in unsere Köpfe. Wenn Gewitter aufzieht, weht Wind rein. – Andere Wörter fliegen uns zu über unsere Hecken und unsere Sträucher. Von den Nachbargärten her, wie Insekten. Wir fangen sie auf mit bloßen Händen und stecken sie fest an den Baumrinden, mit Nadeln. Dann geht es uns gut. Dann sind wir Könige und unverwundbar. Wir kleben uns die vollgeschriebenen Zettel auf den Körper und baden in Gedanken.

Das Schlimmste, was uns passieren könnte, wäre, wenn uns unsere Wörter verlassen. Das ist die erste Befürchtung, vor allen anderen. Darum füttern wir sie nur mit dem Besten. Wir lassen ihnen jedes Benehmen; sie begleiten uns überall hin. Selbst bei der Liebe dürfen sie neben uns liegen und uns zu-

schauen. Würden sie uns verlassen, wir würden verzweifelt sein wie Eltern, denen die Kinder gestorben sind.
Wir bewundern sie. Manche so sehr, daß wir sie nicht aussprechen können. Sie sind so schüchtern, daß sie den Weg über unsere Lippen nicht gehen. Aber sie kreisen in unseren Köpfen. Sie gehen uns niemals verloren.

Manche werden unverschämt. Manchmal beschimpfen sie uns, und sie bohren Löcher in unsere Seele. Wir streichen sie durch, und sie schließen sich neu in anderen Gruppen gegen uns zusammen. Sie beherrschen uns, anstatt wir sie. Gnadenlos. Sie bescheren uns schlaflose Nächte und benebelte Tage und im Winter Selbstmordgedanken. Sie passen genau die Zeiten ab, in denen sie uns am besten quälen können.

Zur Versöhnung machen sie sich später selbst zum Geschenk für uns. Dann lächeln sie uns harmlos an, und wir ergeben uns. Wir schreiben sie in heller Aufregung nieder, rennen zwischendurch ständig auf's Klo – wie vor dem ersten Rendevouz. Wir sind erleichtert, daß sie noch da sind, wenn wir zurückkommen.

Sie sind unwiderstehlich! Wir würden für sie alles tun. Wir verlassen für sie den Job, den Liebsten, das Land. Für sie würden wir unsere Großmutter verkaufen.

Sie treiben uns ein verrücktes Grinsen ins Gesicht, und sie malen uns Falten auf die Stirn. Sie lassen uns an Kaffee, an Zigaretten und an allem... er-sticken. Sie sind der Grund, warum uns das egal ist.

Dann sind wir ihnen ähnlich. Dann haben wir es geschafft. Wir können endlich feiern. Wir feiern dann mit ihnen, daß uns Hören und Sehen vergeht.

Barbara Krauß
Romanbeginn

Tagsüber Kinderlachen, Köter, die in Sandkästen schissen, Frauen und Rentner beim Einkauf. Tagsüber Fixer beim Handtauschenklau, Rotznasen, die die Schule schwänzten und die Obdachlosen mit Fußtritten von den Bänken schmissen, Platz an der Sonne oder was? Tagsüber ausgeschüttete Pfützen auf dem Pflaster, von Hunden aufgeleckt, drum herum saßen Punks auf dem nackten Boden im Halbkreis. Auf der Straße einparkende, ausparkende Fahrschüler, rotgesichtig, kaltschweißig, vor und hinter ihnen bildeten sich Staus, hupende, wutschnaubende Autofahrer, Scheiß-Anfänger! Tagsüber dieser verhaßte Straßenlärm, geschlossene Bordelltüren, der Geruch frischer Brötchen, das Läuten der Glocken, das Bürsten der Rinnsteine mit den kreisenden Besen von der Stadtreinigung. Von früh um acht bis nachmittags um vier das Kommen und Gehen der Briefträger, der Fußpfleger, der Hausärzte. Bei Wind vom Norden der Gestank einer Ludwigshafener Chemiefabrik. Tagsüber erschien mir diese Stadt licht und leicht, aufdringlich in ihrer Farbigkeit, ein Spiegelkabinett für die Augen.

Nachts wurde sie dunkler und dichter, die Luft dicker, zum Schneiden, nachts tauschten Akteure und Zuschauer ihre Rollen, Menschen zu Gestalten, zu Schattenrissen. Nachts herrschten Gewaltbereitschaft und Suff. Nachts gehörte die Straße den Männern und Kneipen, man sollte seine Rolle kennen, Frauen auf nächtlichen Straßen waren Nutten oder wurden für solche gehalten, Männer am hellichten Tage für Arbeitslose, Urlauber oder Versicherungsvertreter. Versichert wurde man gegen jede Gefahr, nur nicht gegen Versicherungsvertreter, hier halfen nur Handgemenge auf der Schwelle oder gezielte Tritte.

Kakerlaken in den Großküchen wurden in den Morgenstunden eliminiert, Ratten krochen nachts aus den Gullys, um die Müllsäcke aufzubeißen, der Textilhandel besprühte Kleidung und Schaufenster gegen Mottenbefall. Immer neue Herausforderungen durch zu dichtes Aufeinanderleben, ungehemmter Erregeraustausch, die Anophelesmücke auf internationalen Flughäfen.

Tagsüber dieser ganz normale Wahnsinn einer verschlafenen Kleinstadt, in welcher ich zu Fuß unterwegs bin, völlig übernächtigt, heimkehrend von einer Verabredung, die nicht mir gegolten hatte, die eigentlich Philipps Verabredung war, die er nicht einhalten konnte, denn er war da schon tot.

Ich war ordnungsgemäß auf dem Gehsteig unterwegs, eine zurückstoßende Autofahrerin rammte mich mit der Stoßstange, mein Repertoire an großen Säugern war unerschöpflich. Humpelnd und mit anschwellendem Knie kam ich nach Hause, die Kuh natürlich ohne Entschuldigung davongebraust, und mein Gedächtnis für Kennzeichen schlecht. Ich kochte mir einen Kaffee, er geriet mir zu heiß. Oder ich trank ihn zu hastig. Wenn er stark genug war, konnte er gar nicht richtig heiß sein, die ausgeklügelte Mischung von Wasser und Extrakt. Ich kochte Kaffee immer stark, immer so, daß sich der Blutdruck deutlich erhöhte, eine kleine Blase an der Zungenspitze jetzt, eine unsichtbare Narbe.

Heute stank er nach altem Wasser, denn das, was aus diesen Röhren kam, hatte einen eigenen Geruch; das deutsche Trinkwasser sollte das beste der Welt sein, hier bestimmt nicht, das verhüteten schon unsere Leitungen. Ich hatte mich beim Messen vertan, das muß es gewesen sein, Wasser bis zum fünften anstatt bis zum vierten Strich, darum war der Kaffee so schwach, daß er mich ekelte. Grün sah er aus, auf seiner braunen, milchgeschwängerten Haut, am Rande blasig wie fauliges Wasser, aufgewölbt, wo er mit der Tasse Berührung hatte. So faulte stehendes Gewässer in den Altrheinarmen, das gesamte Rohrsystem in diesem Haus war ein Mysterium, dieses aufsteigende, absteigende, vermuffte, verlötete, sich biegende, windende, an manchen Stellen übers Dach hinaus entlüftende Labyrinth aus Halb- und Dreiviertelzoll, aus achtziger und hunderter Rohr, T- und Übergangsstücken und Blindstopfen. Menschen tranken von diesem Wasser und wuschen sich damit, sie blähten und erleichterten sich, man mußte aufstoßen, wenn man aus dem Hahn trank, und es verging keine Viertelstunde, in der nicht irgendwo eine Flüssigkeit unbeobachtet unterwegs war, angereichert mit Haaren, Exkrementen und Hautschuppen, mit Wäschefusseln und gesättigten Seifenanionen. Die gesammelte Mikrobiologie, die den menschlichen Körper auf- und abbaute, war im Rohrnetz dieses Hauses unterwegs, vermutlich auch Föten von heimlichen Aborten. Oft wunderte ich mich, wenn ich im Bad den geöffneten Mund unter den Hahn hielt, um die Zahnpasta auszugurgeln, daß das Richtige aus der Leitung kam, bei den vielen Menschen in diesem Haus ein kleines Wunder. Ich rechnete fest damit, daß dieser knarrende und klopfende Mechanismus dereinst kollabierte, denn die alten Leitungen machten es nötig, den Druckminderer auf unter drei Atü herunterzuschrauben, und so konnten wir uns gegenseitig über die Druckspülungen unserer Klosette verständigen. Eine Rohrpost in diesem Haus wäre der Gipfel, doch auch so waren mir die Geräusche schon Nachricht genug, das Badewasser nachts um halb drei oder die Frau, die dumpf mit dem Kopf gegen einen Heizkörper schlug; als ihr Mann bleichgesichtig an meiner Tür um Hilfe klingelte, blutete sie schon aus Nase und Ohren.

Nachrichten von außen kamen gebündelt im Erdgeschoß an, als traute sich der Postbote nicht weiter. Als einzige im Haus grüßte er mich mit Namen, und er klingelte stets nur bei mir, wenn er sperrige Sendungen brachte; die der anderen stopfte er mitleidlos in die engen Schlitze. Ist was von den Scientologen dabei! warnte er mich an diesem Tag, als ich ihm mit meinem dick geschwollenen Knie die letzten Stufen entgegenhumpelte, unsere Rechtsabteilung hatte keine Handhabe, wir müssen das austeilen! Ich nahm einen dicken, neutralen Umschlag entgegen, Gebühr beim Postamt bezahlt, Erweitern Sie Ihr geistiges Potential – auch das noch! Ich erweiterte sämtliche vierundzwanzig Briefkästen, um das Rattenfängerschreiben herauszufischen, eine Leichtigkeit, denn die meisten waren ohnehin schon aufgebrochen, und warf das Bündel in die Mülltonne. Mit Mühe erklomm ich die Stiegen in den vierten Stock, kühlte das Knie und trug eine Salbe auf.

Ich haßte freie Tage. Wenn etwas Unvorhergesehenes geschah, dann geschah es stets an einem freien Tag, ich hätte ins Büro gehen sollen oder die Türklingel abstellen. Auch die Schornsteinfegerin hielt sich an mich, wenn sie unters Dach und in den Keller mußte; die alten Leute, die ständig zu Hause waren, machten doch keinem Fremden auf. Vormittags standen die Zeugen Jehovas auf der Schwelle oder buntgewandete

Frauen mit der Bitte um ein Glas Wasser, zwischen zwölf und eins versuchten die Heiligen der Letzten Tage ihr Glück, die Drücker und die fahrbaren Gefriertruhen mit Eiscreme und schockgefrosteten Bohnen. Nachmittags war die erste Spende des Tages fällig oder die Frage: Haben Sie etwas gegen behinderte Kinder? Eine ganze Geldvernichtungsmaschinerie kämpfte sich durch die Etagen, ein Überfall mit Reizgas, der uralte Ich-muß-beim-Nachbarn-was-abgeben-aber-der-ist-nicht-da-Trick. Eine Armee von falschen Namen, falschen Haaren, falschen Bärten bevölkerte die Stiegen, ein Schleichen hinauf, ein Fliehen hinunter, ich komme von der Polizei und muß Ihre Hundertmarkscheine kontrollieren, bleib stehen, du Sau!

Wenn einer redlichen Absichten hatte und von der Stadt kam oder auf andere Art ordnungsgemäß seinen Dienst versah und dazu dieses Haus betreten mußte, klingelte er grundsätzlich bei mir. Irgendwann fand ich heraus, daß es der Name war, der drunten auf meiner Klingel stand, »Abendschein« stand dort, noch von meinem Vorgänger. Jedesmal, wenn mein richtiger Name, Krzyzaniak, dort auftauchte, hörte das Klingeln schlagartig auf. Ich hatte, weil ich die verrosteten Schräubchen an dem Messingschild nicht aufbekam, mit Tesafilm ein Papierschildchen über den alten Namen geklebt, doch das ging immer wieder ab, einerseits wegen des Regens, der ungehindert unsere Haustüre einnäßte, weil das Vordach nach einem Sturm vor vier Jahren noch nicht wieder erneuert war, andererseits wegen der Rotznasen aus dem fünften Stock, die den Klebstreifen abpuhlten. Auf diese Weise wohnte für die meisten Bewohner dieses Hauses ein mysteriöser Herr Krzyzaniak bei der netten Frau Abendschein – allerdings nicht immer –, und vielleicht sollte sie ihn auch nicht zum Bleiben ermuntern, denn es wohnten schon genügend Ausländer in dieser Stadt. Die Hausverwaltung klärte eines Tages das Verwirrspiel um meinen Namen mit zwei neuen Schräubchen und einem eigens für mich gravierten Schild, mit dem man sich Zeit gelassen hatte, weil es möglich gewesen wäre, daß ich bald wieder auszog. So verbrachte ich die nächsten vierzehn Tage damit, meinen Nachbarn zu versichern, daß ich immer noch hier wohnte, und nutzte sie gleichzeitig zu fragen, was für ein Mensch dieser Herr Abendschein denn gewesen sei, was mir verständnislose Blicke eintrug. Diese Wohnung mußte einst ein konspirativer Treffpunkt gewesen sein oder eine Briefkastenadresse, denn niemand konnte mir den Herrn Abendschein beschreiben. In diesem Sommer fand ich eine Patronenhülse in der Regenrinne, die meinen kleinen Südbalkon entwässerte, und sofort vermutete ich, daß in jenen zwei Zimmern mit Küchenschlauch und Duschbad, welches eher eine Naßzelle war, einst ein Mensch ermordet wurde, ein Verbrechen, welches nur deshalb unentdeckt blieb, weil das sommersprossige Mädchen von oben zur Tatzeit Klavier spielte und dem Instrument Akkorde entlocken konnte, die ebenso klangen, als würde geschossen. Die Hülse entpuppte sich später als die einer Leuchtpistole, wie sie zu Silvester abgefeuert wurden, was ich beinahe bedauerte.

Zum Draußensitzen war es zu kalt. Die Eisheiligen hatten uns im Jahr zurückgeworfen, und ich blickte sehnsüchtig auf meine Eins-Komma-acht-Quadratmeter Freifläche, auf der die Geranien vom letzten Herbst wie gebleichte Knochen in den ausgelaugten Blumenkübeln vor sich hindorrten. Die Erde war vom Gießen eingeschwemmt und von der Trockenheit geschrumpft, nichtsdestotrotz aber schwer wie ein Stein, und ich überlegte, die Kübel umzustülpen, um die tote Vegetation durch die Luft zu entsorgen, denn ich sah mich durchs Treppenhaus schnaufen mit den sperrigen Teilen. Ich hätte die Pflanzen leicht auch überwintern können, denn am Fenster im Außenflur war es kühl und licht, doch ich hatte kein Geschick im Erneuern von Sprossen. Die Verminderung von Temperatur und Nahrungszufuhr war mir ein Geheimnis, nie fand ich das rechte Maß, denn so sehr ich den Winterschlaf bei den Tieren beneidete, so sehr ärgerte er mich bei den Pflanzen: sie würden Läuse kriegen. Sie würden ihre vertrockneten Blätter in Bröseln abwerfen, um im Januar, wenn ich noch nicht damit rechnete, unkontrolliert auszuschlagen. Dafür gingen sie mir im März garantiert ein. Ich kannte Menschen, die Geschick hatten im Überwintern von Pflanzen, bei denen kam alles wieder, ein solches Geschick hatte ich nicht. Es war wie das Trocknen von Hortensien, reine Glückssache. Was ich an der Decke zum Trocknen aufhängte, das faulte, und jede Menge Ungeziefer troff daran herab auf den Küchentisch. Lieber ein sicherer, endgültiger Tod, ein Erfrieren im Winter, was ich mir als ein sanftes Einschlafen dachte, ein angenehmes Scheiden.

Ich trank also meinen Kaffee drinnen am Tisch, mit einem Knie, das nicht nur dick, sondern inzwischen auch ganz heiß war – vielleicht sollte ich doch einen Arzt aufsuchen –, und überlegte, was es mit dieser Verabredung auf sich hatte, die Philipp nicht mehr einhalten konnte. Ich war ein allerletztes Mal in seiner Wohnung gewesen, mit seinem Schlüssel, den er nun nicht mehr brauchte, mit Solveighs Wagen, den ich vor der Tür stehen ließ, weil sie ihn ebenfalls nicht mehr brauchte. Ich ließ meinen Blick über die Einrichtung schweifen, die Papiere, die Kleidung, als läge dort irgendwo der Grund für diese abscheuliche Tat. Es mußte ein schwerwiegender Grund gewesen sein, von einem spezifischen Gewicht wie Blei, doch ich fand nur Philipps schlampige Unordnung, noch kein Anlaß, einen Menschen zu töten. Auf dem Anrufbeantworter diese Stimme, die ich nicht kannte, was nicht weiter verwunderlich war, weil ich nichts und niemanden aus Philipps Leben kannte, wir hatten uns fünfzehn Jahre nicht gesehen, eine Ewigkeit für eine so lose Verbindung wie die unsere.

Die Stimme nannte Treffpunkt und Uhrzeit, den Parkplatz eines Supermarktes in der Industriestraße, nachts um halb zwei. Neugierig ging ich hin. Ich war nicht Philipp, ich konnte dort aus anderen Gründen unterwegs sein: weil ich nicht schlafen konnte, weil ich mich verlaufen hatte. In meiner Handtasche steckte ein Messer und ein Stück Wurst. Eine Arbeitskollegin, die in der Betriebsbuchhaltung für die Geräteverwaltung zuständig war, war vor ihrer Garage beim Aussteigen aus dem Wagen von einem streunenden Rottweiler angefallen worden, ihr Arm zerfleischt. Mit einer ungeheuren Anzahl von Stichen konnte man Muskeln und Sehnen überreden, sich noch einmal mit dem Knochen zu verbinden, doch drei Monate Krankenhaus und eine Schmerzensgeldklage mit geringer Aussicht auf Erfolg waren ihr geblieben. Der Besitzer des Hundes, ein arbeitsloser Wig-Mag-Schweißer, war seit dem Vorfall spurlos verschwunden. Sie erzählte mir, daß Schweißer Mitte vierzig allmählich erblinden, ich sagte, vielleicht hat er sich zum Sterben zurückgezogen, wie blinde Löwen, die sich von der Herde absondern. Sie fand das nicht komisch. Eine Wurst in der Tasche! beschwor sie mich – und zeigte mir ihre entsetzlichen Narben. Mit einem Wiener Würstchen zog ich los, erreichte den Treffpunkt eine Viertelstunde vor der Zeit, duckte mich unter den Balkon eines angrenzenden Mehrfamilienhauses ins Kiesbett, ein gemütliches Wort für solch eine harte Sache, und wartete. Punkt halb zwei klirrte ein Scheibe. Zeitgleich schrillte der Alarm. An Philipps Stelle hätte ich jetzt loslaufen sollen, ein netter Plan, der kaum von einem seiner Freunde stammen konnte. Ich blieb sitzen und wartete. Ein privater Wachdienst erschien, ein Streifenwagen der Polizei. Hundegebell. Es dauerte nicht lange, bis ich über den belegten Stimmen der Männer ein Tapsen und Hecheln hörte, dann etwas Warmes, zu meiner Linken. In Augenhöhe blickte mich ein Schäferhund an, doch bevor er anschlagen konnte und mich vermelden, schmatzte er schon und schluckte, ließ sich von mir hinter den Ohren kraulen und sabberte mir die Hosen voll, guter Hund! Nachdem er sich in meine Jacke verbissen und eine Weile mit mir gerauft hatte, denn ich floh nicht und ich tat auch sonst nicht verdächtig, ich saß einfach freundlich auf dem Boden, trottete er mit einem einfältigen Gesichtsausdruck zu seinem Herrchen zurück. Keine besonderen Vorkommnisse, er wußte, was sich gehörte.

An meiner Wohnungstür klingelte es zweimal. Das typische Morgenklingeln der Post. Draußen standen zwei Beamte. Ich hatte sie längst erwartet. Ob ich einen gewissen Philipp Kluge kenne. Natürlich tat ich das. Ob sie reinkommen dürften, denn sie wollten nicht auf dem Flur... Auch das, warum nicht, sofern ihre Ausweise echt waren und die Uniformen nicht vom Kostümverleih. Ich humpelte zur Seite und gab den Weg frei. Sie zeigten mir ein schlechtes Foto. Als ich Philipp ins Krankenhaus gefahren hatte, im Nachthemd, in einem fremden Wagen, sah er noch etwas besser aus. Das Foto zeigte ihn mit geschlossenen Augen. Zweifelsfrei war er tot.

Ute-Christine Krupp
Mittagessen
(Auszug aus der Erzählung »Greenwichprosa«)

Zugezogene Gardinen jetzt, das Leben ein abgeschlossenes Zimmer, stumpfes Licht, das enge Zeitkorsett, mechanische Zeiger, während die Sonne jetzt vielleicht ein breiter orangener Fleck am Himmel ist. Lenes Hände schaukeln über der Tastatur, rechter Fuß, linker Fuß, den Satz nochmal über Kopfhörer zum Mitschreiben. Das Geschriebene auf dem Bildschirm überprüfen, das nächste Blatt einspannen. Dann wird man gemeinsam über den Flur gehen, dann wird man mit dem Aufzug zur Kantine fahren, wird mit dem Tablett in der Hand Schlange stehen. Pünktlich wird dann der nächste Tag wieder beginnen, auf ein Neues, pünktlich werden die Schwangerschaften, die Abmagerungskuren kommen und irgendein Schlager aufheulen, der nach dem Zuklatschen der Autotür wieder verstummt. Herr Werner kam nie pünktlich zu seinen Terminen, der kam immer zu spät, sein stilles Aufbegehren, 9. Stock, er fiel aus seiner Rolle, sagen sie jetzt, zwanzig Minuten nach der vereinbarten Zeit, sagte er, soll er noch gesagt haben, zwanzig Minuten nach der vereinbarten Zeit, dies sei die wahre Pünktlichkeit, 8. Stock, Sie müssen pünktlich sein, Sie haben pünktlich zu sein, er kam stets zu spät, gelbe Karte, verrückte Zeiger, 6. Stock, sie nennen ihn jetzt Hans, doch ihm ist alles Wurscht, wie er jongliert, hört seine Schellen, seht seine Flicken, sein buntes Kostüm, Sie müssen pünktlich sein, 4. Stock, doch er kam stets zu spät, seine Narrenhände, verdrehte Zeiger, sie nennen ihn jetzt Hans, Pickelhering, der tickt nicht richtig, aus dem Takt geratene Zeiger, doch ihm ist alles Wurscht, 2. Stock, abwärts treibt er jetzt, lunatico, 1. Stock, sie nennen ihn jetzt Hans...

Braunes Tablett, darauf ein großer weißer Teller mit der Hauptspeise, daneben zwei kleine Schüsselchen mit Vor- und Nachspeise, dazu Besteck und Serviette. *Lege nicht die Ellbogen auf den Tisch, zeige eine heitere Miene.* Festgelegte Regeln, der durch Hemmung exakt geregelte Takt der Uhren, gezähmte Bewegungen, Savoir diner. Drei Gänge auf Kunststoff, ein dumpfes Klappern, wenn die Schüsseln verrückt werden, gegeneinander stoßen. Sie nehmen den Löffel in die rechte... Frau Keuser reibt den Löffel sauber, nimmt ihn am oberen Ende. Lene will immer doppelt leben, spontan und nach den allgemeinen Regeln. Sie will immer in den abgelegenen Kammern und in den offiziellen Räumen wohnen, so lebt sie tagsüber nach den Regeln: *Mund geschlossen halten beim Essen* (verschluckte Bemerkungen).

Sie löffeln das Schüsselchen mit der Suppe aus, ein leichtes Schmatzen, ein sanftes Schlürfen. Sie löffeln die Suppe, geneigte Köpfe, sie sprechen miteinander, sie sprechen aneinander vorbei, jetzt ist man unter sich, jetzt stochern und tratschen, stechen und aufspießen, einen Mitesser wegdrücken.
– Nächste Woche kommt Orthen wieder.
– Nächste Woche kommt Orthen wieder, igitt, das auch noch.
Gebeugte Köpfe am Tisch, am Umschlagplatz für Klatsch und Tratsch. Ist die Suppe aufgegessen, wird das Schüsselchen klappernd vom Tablett gestellt oder zur Seite gerückt. Es gilt der einverleibte Vorsatz, nur über denjenigen ehrlich seine Meinung zu sagen, der gerade nicht am Tisch sitzt, trübe Gedanken hinter vorgehaltener Hand, Blick zur Uhr. Die Suppe ungesalzen, die Erbsen liegen matschig auf dem großen Teller. *Laß dich nicht bei Tisch gehen, sage nichts Schlechtes über die Gerichte.*
Laufer rückt das Besteck zurecht, reibt es vorher mit der Serviette ab. *Die fettigen Finger dürfen nicht mehr abgeleckt werden, dazu gibt es das Tischtuch oder die Servietten.*
Kanter sticht ins Fleisch, setzt das Messer hinter der Gabel an, schneidet, sie stützt den Arm, der für die Gabel zuständig ist, mit dem Ellbogen ab. Sie bewegt die Gabel vom Teller zum Mund.
Laufer sticht in die Fritten, zieht diese durch die Soße, steckt sie dann in den leicht geöffneten Mund. Sein Mund ist geschlossen und bewegt sich oder sein Mund ist geschlossen und steht still, die Gabel steht senkrecht nach unten oder die Gabel

steht waagrecht, ab und zu ein paar wiedergekäute Meinungen auf seinen Lippen, Lene weiß es im voraus, wo die Nadel einrasten wird. *Schlaf nicht bei Tisch ein.*
Ein paar Gräten fein säuberlich auf dem Tablett. Sie nehmen das Messer in die rechte, die Gabel in die linke Hand, rücken den Teller in die Mitte zu sich hin. Durch einen Spalt sieht man in die Küche, ein versteckter Ort, abgegrenztes Gebiet hinter meist verschlossener Tür, verwehrter Eintritt.

Angelika sitzt Lene gegenüber, zieht die panierte Schicht vom Fisch, schneidet den weißen Rest in kleine Teile, säuberlich schneidet Kanter das Fett vom Fleisch ab, legt es auf den Tellerrand, schält eine Pellkartoffel, befördert die Schale auf das Tablett, wischt sich die Finger mit der Serviette ab.

Und zwischendurch den Becher haben, an den Mund setzen, schlucken, den Becher wieder zurück auf den Tisch stellen. Die Küche durch ein kleines Fenster, das ab und zu geöffnet wird, zu sehen, sichtbar die Mittelteile zweier Körper, weiße Schürzen, die fleckig, die vorne gebunden, ein Sieb, das mit den Fingern gesäubert wird, eine Tätowierung auf einem der Arme, ein überkochender Topf. Lene sieht für kurze Zeit hinter die Kulissen. Der große Zeiger, der das Zifferblatt umkreist, und der kleine Zeiger, der sich mitbewegt, eine Art harmonisches Zusammenspiel. Neben dem Spiegelsaal der Regeln gibt es immer auch die Rumpelkammern mit Ausgemerztem (in der Nase bohren ist das beste).

Es war wohl an einem der Tage, an denen man sich von Pol zu Pol, durch die Mitte der Erdkugel, einen Stab vorstellte, um den sich die Erde innerhalb von 24 Stunden einmal dreht. Es war wohl an einem dieser Tage, an denen man nicht mehr die Sonne betrachtete, sondern den Abstand zwischen Sonne und Erde zu berechnen begann, das Leben an den Fingern abzählte.

Unzerkautes, das sich beim Öffnen der Lippen zeigt. Kurz unter den Tisch sehen, sonst die Ellbogen anständig auf der Tischplatte. Keuser bietet Lene etwas von ihrem Gemüse an, weil Lene ausgerechnet heute so wenig abbekommen habe. Laufer schiebt den nächsten Bissen nach.

Er hält den Kopf gesenkt, schiebt sich das Essen in den

Mund, es gibt den Instanzenweg, und es gibt die plötzlichen Schwenks des Tages, etwas Abwechslung, Dunkles, das kurzzeitig über die Tagesränder schwappt, Grenzen, die porös werden, Fettflecken, die an der Oberfläche schwimmen, für eine kurze Zeit bricht der Krimskram aus den Schränken (ein Sprung zur Seite, geöffneter Mund hochgerollte Pupillen, Knacken im Unterholz, erstens die Vorspeise, verrenkte Arme Beine Knie, ein bißchen Bewegung ins Spiel bringen, Hälften zwei, knabbern, Paarungsblicke, Zeitvertreib, zweitens der Hauptliebesgang, schlecken vorne hinten Zeit verprassen, zwei zugezogene Jalousien, rasiertes Fell, Tempo jetzt ex und hopp die Sau rauslassen, weiter im Programm, die Nachspeise jetzt drittens den Quickfick ausklingen lassen, nochmal löffeln schlecken, geschleuderte Unterhemden jetzt alles wieder glattziehen, Jalousien öffnen, Ventilator abschalten). Frau Meyer hält nun inne. *Sei bei Tisch friedlich, höflich und nicht zu laut.* Laufer säubert sich mit der Serviette die Lippen, fährt mit der Hand über seinen Oberlippenbart, dann hält er das Messer wieder waagrecht, die Gabel senkrecht, stochert in den Erbsen, beim Schneiden der Fritten hält er das Messer leicht senkrecht.

Sie messern und gabeln, ein rhythmisches Bewegen der Eßwerkzeuge, ein rhythmisches Bewegen der Lippen.

Es gibt die offiziellen Wege, Instanzenwege, die offen ausgesprochenen Sätze und die Abweichungen, das Raunen, das Flüstern hinter vorgehaltener Hand (man fand eine schmutzige Unterhose im Aktenschrank).

Inge Reitz-Sbresny
Alwiler

Kennen Sie Alwiler? Alwiler oder Alwire, so hieß der Ort. Sie wissen al geht zurück auf aval, und das ist eine Weiterbildung von ava=Wasser. Danach ist Alwiler ein Gehöft im feuchten Wiesental. Das Wiesental ist heute noch. Und das Feuchte auch. So erkläre ich das, wenn man mich fragt, wieso die Kellerwände feucht sind und schimmelig und die Regale oft morsch und zerfallen.

Und da ist der Schiefer. Wunderschöner, schiefergrauer Schiefer. Im Schieferbruch kauft man es, das in Platten abgespaltene Gestein. Wer aber sehr neugierig ist, der fährt mit einem von der Stadt her geübten Schwellenhoppler ins Land. Am besten vielleicht mit einem Landrover. Aber wer kauft sich nur aus lauter Neugier und dafür, sie zu befriedigen, einen Landrover?

Die Bauern deuten: »Schiefer? Lo liet de Leye!« Sie sagen, daß der Bruch schon Jahrzehnte stillgelegt ist. »Da enuffer!« Und schütteln hinter einem den Kopf. Als ob's eine Irrfahrt wäre.

Zuerst ein befahrener Weg, dann ein Pfad, dann nur noch Vermutungen. Plötzlich ein kahler Berg. Kein Wind, kein Vogel, kein Geräusch. Unheimliche Stille. Wie Friedhof im November. Es ist August. Schiefer. Überall graue Platten. Bruchstücke, geblätterter Stein. Eine Landschaft, wie noch nie gesehen. Hintergrund für einen surrealistischen Film. Eine Landschaft für Christo. Aber ich will Schiefer. So, wie er da liegt. Ich steige in meinen Stiefeln hinauf. Drei Schritte vor und rutsche auf den Platten zwei zurück. Andere Platten geben nach. Glitschig, feucht, wie gewachst. Ich bin keine Gipfelstürmerin. Ich gehe nicht einmal auf einen Berg.

Ich suche mir eine schön gemaserte Platte aus, die auf einer Seite plan ist, hebe sie an und lasse sie liegen. Ich werde bescheidener, hebe eine kleinere, also leichtere, mit beiden Händen auf, drücke sie gegen mich, gehe gebückt und rutsche immer wieder. Bis zu meinem Auto. Jede Platte ein Risiko.

Gehe oft. Auf der Rückfahrt liegt der Wagen tief, und manchmal, wenn ich in alte, verkrustete Furchen gerate, schlägt er auf.

Das ist der Anfang von Alwiler für mich, der Schiefer. Gesehen, wo er liegt, wie er liegt, wie er manchmal steil als Fels aufragt oder am Wegrand in Platten, als Brocken, kaum als Schiefer zu erkennen. Also Schiefer. Selbst geholt, dazu noch viel mehr bringen lassen, eine Terrasse daraus gebaut. Man kann darauf gehen. Wenn es regnet, ist sie tiefgrau, fast schwarz. Im Winter, wenn es friert, ist sie eine kleine Eisbahn. Im Sommer, wenn die Sonne darauf prallt, kann man sich die nackten Füße verbrennen. Und abends sieht man von hier den Himmel. So sieht man in der Stadt niemals einen Himmel. Ich stelle einen Tisch und Stühle auf und ein Häuschen dahinter.

Natürlich kommen Freunde. Ich muß mich nicht anstrengen. Das macht dann schon der Wein. Und ich habe Johannes geschrieben, ob er kommen möchte. Ich ging oft der Briefträgerin an den Zaun entgegen und ging dann langsam zurück. Johannes hatte es nicht eilig. Und als er endlich da war, habe ich ihm das alles gleich erzählt, das mit dem Ausheben, das mit der Wasserwaage, damit die Schieferplatten plan liegen und wie sie zueinander passen müssen. Und wie scharfkantig sie sind, wenn man mit einem Spitzhammer Stücke abschlagen muß, um sie einzupassen. Und daß sie dabei eigenwillig zersplittern, besonders bei dem, der das Schieferverlegen nicht gelernt hat. Ein richtiges Puzzle. Und was man alles darauf sehen kann, Schneckchen und Muscheln. Ein Schiefergebirge von oben.

Aber er will nicht auf der Terrasse knien. Er will lieber durch die Felder gehen. Dabei, Felder gibt es überall. Sie fangen gleich hinter dem Haus an, wo der Schiefer so dumpffarbig dunkelrot, braun und grauschwarz liegt, wie manchmal auf tachistischen Bildern zu sehen.

Johannes macht große Schritte. Ich mache kleine. Zwei kleine auf einen großen. Ich finde meinen Rhythmus. Er schweigt. Ich auch. Aber das halte ich nicht lange aus. Ich überlege, was ich ihn fragen könnte. Wir haben uns lange nicht gesehen. Viel zulange nicht. Vielleicht will er nicht gefragt werden. Er ist so. Er muß selbst wollen.

Wenn der Sommer zu Ende ist, dann weiß ich es gerade nicht, daß der Weizen, der da wächst, ohne Grannen ist, daß der Roggen Grannen hat, aber nur kurze, und die Wintergerste lange. Nur den Hafer kenne ich von dem Haferflockenbild auf der Tüte. Und im nächsten Jahr habe ich alles vergessen. Doch ich sage jetzt nichts davon. Manchmal bewegt Johannes die Lippen. Er macht den Mund auf und zu. Er formt Worte, als wollte er sprechen, aber es kommt kein Ton. Er ist aufgeregt, er ist bewegt, er will etwas sagen. Es kommt nicht heraus. Ich könnte fast lachen, aber es ist unheimlich, daß er etwas sagen will und es nicht laut werden läßt.

Ob ich ihm von den hellgrünen hohen Stengeln erzähle? Mit den fünf zartblauen Blütenblättern? Was weiß ein Städter schon davon? Ich habe das ja auch erst hier gelernt. Sie stehen ganz dicht beieinander und werden bis zu einem Meter hoch. Sie öffnen sich morgens, und ehe die Mittagshitze kommt, sind alle schon wieder geschlossen. Das ist der Lein. Hundert Tage nach der Aussaat wird geerntet. Da wird nicht geschnitten oder gemäht, da wird »gerobbt« mit einer besonderen Maschine. Ich könnte ihm viel davon erzählen. Ich deute auf den Lein und sage: »Leinen ist in.« Er nickt. Als ob er es gewußt hätte. Ich werde ihm nicht sagen, was ich noch alles weiß.

Es rattert ein Bauer mit seinem Traktor heran. Ich habe ihn schon von weitem gehört. Er fährt an uns vorbei und sagt: »Mahlzeit!« Dabei ist es schon bald Abend. Johannes sieht überrascht hoch, als wäre er erschrocken. Er lächelt. Über mich? Über sich? Er hebt einen Stein auf, hält ihn in der hohlen Hand, guckt darauf und daran vorbei, wirft ihn weit weg, sieht ihm lange nach.

Manchmal ist es rundherum gelb. Das ist Raps. Ein andermal ist es violett. Wie Provence. Aber es sind keine Lavendelkissen in Reihen. Blauviolett. Es sind riesige Placken, und die Bauern sagen »Phacelia«, oder auch »Büschelschön«. Und sie sagen: »Wie mer klän warn, hat's des nit gen. Da het mer's brachlieje geloß. Mer hun Mist in die Felder gefahren, da hen mer sunst nit zu dünge brauche. Abber jetzt hammer die Grüdüngung, die Phacelia. Die werd bloß unnergemacht.«

Ich sehe ihn an, ob er lachen muß, weil ich so sprechen kann. Aber er fährt sich mit den gespreizten Fingern seiner rechten Hand durch die Haare. Von der Stirn aus nach hinten. Er schüttelt danach den Kopf. Jetzt stehen sie hoch. Ich kenne die Bewegung. Ist das Verzweiflung, weil er mich nicht versteht oder weil ich ihn nicht verstehe? Manchmal sieht er mich von der Seite an. Spöttisch? Müde? Denkt er, wen interessiert das?

Wir gehen die Apfelallee weiter. Da stehen drei Holunderbüsche. Die Zweige hängen tief herunter mit ihren schweren Dolden. Man braucht sich nicht hochzurecken, wenn man welche pflücken oder abbrechen möchte oder vielleicht einen Korb voll schneiden will zum Entsaften. Der dunkelrote Saft schmeckt herb. Ich werde Johannes ein Glas geben, auch wenn er jetzt so motzig ist. Die Holunderbüsche sehen aus wie drei dicke, alte Bären, die schwerfällig zum Wald hochjappen. Manchmal kommt der zottelige Wind schon vor den Bären, aber heute kommt er erst hinter ihnen und verstrubbelt mir die Haare.

Ich sage, daß hier niemand geht, weil Sonntag ist, weil sie im Dorf die Fenster und Türen zuhaben, und daß, wenn man dort vorbeigeht, man quietschende Bremsen hört, und wenn sie drinnen nicht »Tor« schreien, sie mit ihren Autos unterwegs sind. Irgendwo ist immer ein Fest. In Alwiler auch manchmal.

Warum erzähle ich das? Ich weiß es doch längst. Ich frage, ob er allein weitergehen möchte. Er schüttelt energisch den Kopf. Wir gehen schweigend, heben ab und zu einen Apfel auf und werfen ihn wieder weg, wenn er angestoßen oder faul ist. Wir gehen ja auf der Apfelallee. Er denkt seine eigenen Gedanken. Er sagt: »Rede weiter, manchmal höre ich dir ja auch zu. Ich brauche das im Augenblick. Ich bin ja gekommen, weil ich weiß, daß du mich verstehst.«

Wenn es ihm hilft! Ich sage etwas leiser: »Da, wo der Friedhof ist, haben wir einen Henkelkrug aus dem 1. Jahrhundert gefunden.« Ich wundere mich, daß ich sage »wir«. Gehöre ich schon dazu? Vielleicht denkt er jetzt, wir haben in den Museen hallenweise alte Pötte. Ich sage, daß ich bei jedem Stein, an den ich stoße und der mir gefällt, am liebsten gleich graben würde. Und finden!

Hinter der Gabelung führt ein schmaler Weg in den Wald. Ich habe ihn entdeckt. Zuerst ist es ein normaler Weg, dann wird er immer schmaler, dann Gestrüpp. Kein Weg mehr, Gestrüpp und plötzlich eine Lichtung. Es kommen nur wenig Sonnenstrahlen bis zum Moos. Ich denke, er muß jetzt endlich etwas sagen. Diese Lichtung, dichtes, hellgrünes Moos, muß doch eine Wirkung auslösen. Er steht, als zählte er leise auf Drei: »Du, gibt es auf deiner Terrasse auch etwas zu essen?« Ich stehe wie ein Stock. Dann stürze ich. Lautlos, unmerklich. Hoffentlich schaffe ich es mit normaler Stimme. Leicht habe ich einen falschen Ton. Essen und Trinken war für mich kein Thema. Ich quassele von zartblauen Blütenblättern, vom Lein und der Phacelia, weil ich da ein Loch füllen will.

Ich hätte es mit Wein und Brot füllen sollen. »Esse un Trinke hält Leib un Seel zusamme«, hat meine Großmutter immer gesagt. Das mit dem Leib könnte ich noch schaffen, aber das mit der Seele, die ihn so unredselig macht?

Wir sind auf der Terrasse angekommen. In der Hälfte der Zeit. Wir hatten es eilig. Ich halte ihm den Kellerschlüssel hin: »Unten, rechts im Keller. Such uns eine Flasche aus! Ich hole inzwischen Käse und Brot. Mach schnell, damit du nicht umfällst!«

Er nimmt den Schlüssel nicht. Er bricht langsam und vorsichtig einen Zweig vom Melissenstrauch, reibt Blätter davon in seiner Handfläche, bevor er daran riecht, mich riechen läßt. In Zeitlupe. Er erkennt das Bohnenkraut und den Beifuß, der zäh und dickfellig ist mit seinen langen Wurzeln, den ich nicht aus der Erde bekomme, wenn er sich breitmacht, vor dem ich kapituliert habe. Er lacht ein bißchen, ein bißchen spöttisch. Weil ich dem nicht gewachsen bin? Er geht zu Salbei und Ysop. Herausfordernd langsam. Er holt tief Luft bei Kamille und schnüffelt am Thymian und schlendert ums Haus. Und ich neben- und hinterher. Auf dem Tisch erkennt er gleich den Oregano-Riechestrauß. Er schnuppert an seinen Fingerspitzen, streckt seine Nase nach oben, wo ich Sträuße unter der Decke zum Trocknen aufgehängt habe. Ich bin froh, daß er das alles sieht und riecht, daß er Augen und Nase hat für meine kleine Provence hier.

Es geht ihm besser. Mir auch. Ich halte ihm den Kellerschlüssel noch einmal hin. Er geht hinunter. Ich hole Brot und Gläser und das Brett mit Käse. Wir sitzen am Tisch gleich neben dem Lavendelstrauch. Bei Tag biegen sich seine Zweige unter dem Gewicht der an- und abfliegenden Hummeln. Sie wippen durcheinander. Es dämmert schon, und eine Fledermaus huscht manchmal über uns hinweg. Schneller als ein Vogel. Wir nehmen sie erst wahr, als nichts mehr zu sehen ist. Es ist wie ein Luftzug. Die Augen einer Katze kommen auf uns zu, einer Katze aus dem Dorf. Keine zum Streicheln. Sie ist scheu. Nachts kommen sie und schreien und jammern unter meinem Fenster vor lauter Liebe.

Wir brauchen kein Windlicht. Der Mond ist jetzt da. Er sagt: »Sie hat's getan. Sie hat mich rausgeworfen. Und ich hab das getan, worüber sich die Leute die Mäuler zerreißen, obwohl's nicht ihre Sache ist. Sondern meine. Fast. Ich hab's getan. Die Tabletten waren schon im Glas aufgelöst. Dann hat's geklingelt. War einer vom Studium. Hat's Glas ins Klo gekippt. Hab mir ein Buch gekauft über das Hand-an-mich-Legen. Langsam krieg ich Abstand. Die Augenblicke, wo ich glaube, daß ich über den Berg bin und daß ich über neue Berge gehen kann, werden häufiger.«

Er holt noch eine Flasche, und ich hole Decken. Der Mond glänzt auf dem Schiefer. Er sagt: »Ich war mit ihr viele Wochen in der Provence.« Er steht auf, geht zu dem Lavendelstrauch und drückt sein Gesicht hinein.

Sonja Röder
Film. doc

Das Bier mit letzter Kraft, aber es muß sein, es muß rein. Sie besteht auf dem Vollzug von Ritualen.

Leben und Schreiben aus der Totalen ein Zoom auf die Details, ständige Schwenks rechts oben unten links: wir wollen nichts auslassen. Nichts im Zentrum, alles im Zentrum der Sequenzen: ein ständig verschwommenes Gebildere, Unschärfe ohne Aussage.

Alles aus der Perspektive der einen Figur, die aussichtslos menschendenkbare und bedenkliche Blickwinkel auf sich vereint, die Kamera macht jede ihrer Bewegungen mit, eine holprige Bilderfolge, dazu jump-cuts. Der Zuschauer weiß, da kann doch was nicht stimmen.

Überdimensionale Ausschnittvergrößerungen, gefolgt von weitwinkligen Einstellungen, Wischblenden allerortens und -zeitens: ein fürchterlich verzerrter Blick auf die Welt, der grobkörnig durch den Magen geht.

Sind die Sequenzen abgedreht, leugnet ein jeder eine jede die Urheberschaft des Produkts: wer hat schon Regie geführt bei diesem Film ohne story-board, bei diesem Film, der schreiend tonlos ist.

Weiß-Abgleich vergessen, ausgefallene Röhren, das bunte Material hat einen unerträglichen Stich ins Grüne, der Preis der Rettung der schwarz-weiße Hinschau auf die Welt, grau in grau die Nebendarsteller, die Protagonisten heben sich kaum von ihnen ab. Die Szenerien und -reien begrifflich dargestellt, eine räumliche Schilderung unmöglich, der Kameramann fast blind, Alterskurzsicht, dabei trägt er eine dicke weitsichtige Brille; macht nichts oder und aber wenig, auch das Publikum hat das Sehen längst fast verlernt, und die meiste Zeit schaut es ohnehin weg und ist mit sich selbst beschäftigt und betrachtet angewidert fasziniert seine eigene Filmrolle, weil es der auf dem Monitor ohnehin kaum folgen kann.

Der moderne postmoderne Film verzichtet auf die Orientierungssequenz, baut Konflikte und Spannungsmomente Plural Plural auf, die dann niemals nimmermehr aufgelöst werden, kein Ende finden, sich vielmehr häufen und türmen, bis dem Zuschauer Hören und Sehen und Wahrnehmen vergeht.

Der Film hat Überlänge kommt nie zu einem Ende und wenn doch zu keinem Guten.

Enttäuschung auf allen Gesichtern, das Team bemängelt, eine Geschichte wurde nicht erzählt, kein Anfang, keine Mitte, kein Ende, kein Hand, kein Fuß, kein Sinn, kein Zweck. Drehbuchautor und Regisseur rechtfertigen sich: das Leben halt.

Keine Chronologie, immer wieder brutal harte Schnitte, die Rückblenden massenhaft auf- und wegsehenerregend, die Montage stümperhaft, blackbursts und blackouts, wer weiß, wie die dahingekommen sind, was solln die da sollen.

Symbole, die nichts mehr bedeuten, Metaphern, die keiner versteht.

Die Filmsprache so unverständlich fremdländisch, vollendet mißlungen die Synchronisation. Wimmelnde Zeichen bezeichnen sich oder nichts oder beides. Falsch besetzte Rollen, dilettantisch gespielt, nur ab und an ein Besoffener im Bild: überzeugend.

Der Abspann fehlt, am Ende wills keiner gewesen sein, das Band läuft ins Leere, ins gestochen Schwarze, fast ein Lichtblick das Dunkel.

Die Kritiker bemängeln: alles aus Bauchhöhe gedreht, hier wurde nicht gedacht, nichts bedacht, gefilmt aus den Kniekehlen, und wo will das Ganze hin und hinaus.

Welches Ganze.

Totalverriß der Fragmente, zu Recht, wie wir meinen, der Film eher ein Antifilm denn ein Film, da ist kein Winkel, der stimmt, keine Perspektive, die trägt, die Luftaufnahmen enden mit dem Aufprall der Kamera am Boden, die Aufklärung des Krimis des Falls zerschmetternd findet nicht statt. Am Ende entpuppt sich der Detektiv als Mörder, zuviel Elemente des Horrors der Komik haben Eingang gefunden, da soll sich noch einer zurechtfinden tut sich da keiner. Die Bösen sind gut sind böse, und Gleiches gilt für die Guten, wo ist da die Logik, die Logik ist zwischen den Schnitten, die Handlung gibt es denn eine Handlung am Publikum vorbei, das Publikum aufgebracht aus den Sesseln, verlangt an der Kasse sein Geld zurück. Mißverstanden fühlt sich auch der Autor, der sich von der filmischen Realisierung seines Manuskripts distanziert. Nur die Maske erhält einen Oscar oder sagen wir zwei: die Fassaden der Darsteller sind überzeugend, ein kleiner Trost.

Komödie Tragödie hier geraten sich die Rezensenten in die Haare, wenigstens die Sparte das Fach der Stempel die Lade sollte doch ein-deutig zu benennen sein, aber nein. In Fachkreisen einigt man sich schubladenschließlich auf die Gattung »Tragödie Marke lächerlich«, wobei, klar wird nicht, ob ernstzunehmend und -gemeint, wer weiß.

Ob seiner Selbstverliebtheit erhält der Regisseur lebenslänglich Drehverbot. Seine Zuneigung zum Selbsthaß sei jugendgefährdend, FSK ab 84.

Auch wird der Film zum Buch zum Film low budget und -level ein Flop. Das Buch zum Film zum Buch erscheint sogleich als Remittende in hoher Auflage, ist bald vergriffen, obwohl dies und es niemand begreift. In Verlegerkreisen diskutiert man solch marktwirtschaftliches Phänomen vehement kontrovers, freilich ohne Ergebnis.

Ein Seltenerleser-Brief, anonym in der Times, die Offenbarung eines neuen Interpretationsein-, -an- und aussatzes: das Chaos des bunten tobenden Lebens seis, das hier verhandelt werde, in aller Unklarheit bezichtigt und bezeichnet, identifikatiös wohlgemerkt, da sich das Sichunverstandenfühlen als existentielle Grundbedingung der Zeit sich als solches und überhaupt präsentiere. Verstehbarmachen des Nichtverstehbaren, damit könne man doch was anfangen, nur was bloß. Mit diesen immanenten sozusagen lebensinternen Widersprüchen müsse man leben, das sei ein Präservativ des Lebens vor zuviel un- und bedeutsamen Sinn, von dems bislang nur einen gab, der Rest Sinn war Unsinn angeblich:

Das sei eine Wahrheit von vielen möglichen erfundenen Wahr- und Wirklichkeiten, verstehen müsse man doch das, verstehen müsse man nichts, das sei doch zu begreifen.

Autor und Regisseur fühlen sich zu Recht zu Unrecht rehabilitiert ob solchen Verstandes, die Vernunft tritt hiermit in eine neue vierte oder fünfte keiner hat mitgezählt Dimension die Arithmetik nach Adam dem Riesen vom Tisch und Teller. Produzenten und Verleger, selbstredend die Herausgeber hoffen auf eine Neudiskussion von Buch und Film, jetzt, wo da/ da wo die Logik der Widersprüche entdeckt ist und die bislang herrschende linear-kausale Aufklärungsbotschaftserhobenerzeigefingerdidaxe außer Kraft, Senf und Macht.

Und siehe: da: der Zuschauer/Leser siehts mit anderen Augen, versteht jetzt, was er nicht versteht, das Ruckeln in Gedärmen und Magen nimmt er im Kino in Kauf. Hirnwindungen werden neu verknotet, ein Netz kompatibler nicht kompatibler Verknüpfungen entsteht, kurzzeitig Kurzschlüsse, der Preis neuer Flußrichtungen des Hirnsafts, die Hemispheren vertauscht, wodurch der Kopf immerdar und -fort eine Vielzahl sich überlappender nebeneinanderstehender Bilder Windows produziert, oder nennen wir es Skizzen, Entwürfe. Die Sinne sind leider endlich sind sie ins Hirn gerutscht, das Gefühle kommt zu seinem Recht und Fug. Hirn betrachtets befindets für intelligent, dem Intelligenzium der Gefühle ein Hoch und Ein dreifach kräftiges Tschüß der eindeutlichen Bedeutung.

Verbundkameras sind gleichzeitig live auf Sendung, die Zuschauerin merkt, daß alles eine Frage der Perspektive ist per perspektive ad astra, die Synchronschaltung der Standpunkte verwirrt, verzerrt und entwirrt und entzerrt. Man wird sich an die unmöglichen Bilder, die da zu sehen sind, gewöhnen müssen.

Jetzt sind sich alle einig, alle einig im Widerspruch vereint, der Holzwurm ist drin und knabbert, die Schlieren auf den negativen Negativen sind nicht entfernt gottseidank: der wahrhaft miese Schluß ist in Wahrheit in einer Wahrheit ein happy-end.[1]

---

[1] Wenn auch ein mieses

Wolfgang Stauch
Auszug aus dem Kriminalroman Brubecks Echo

1

Die Farbe des Regens war Rot. Rotes Fleisch, schwarzrotes Blut. Rote Flammen, alle Schattierungen, ein fast schon violetter Wagen. Nasser roter Asphalt, rotbraune Bäume, der kräftige rote Lippenstift Karens. Ihre blonden Haare waren hellrot. Die Nacht war nicht schwarz, sondern rot, dunkelrote Wolkenfetzen. Brubeck hörte einen Schrei, der Schrei eines zwölfjährigen Jungen, er schrie rot. Sein Gesicht war rot, blaßrot, rosa. Es roch rot. Drei rote Männer verschwanden in der Dunkelheit. Brubeck wollte die Hand nach ihnen ausstrecken, aber er konnte es nicht, seine Hand bewegte sich nicht, er war eine Statue, ausgestellt auf dem Marktplatz, reglos, Wind und Wetter ausgeliefert und dem Spott in den roten Blicken der Frauen.

Brubeck öffnete die Augen. Er lag auf dem schwarzen Ledersofa im Wohnzimmer. Seit knapp drei Jahren schlief er nicht mehr im Schlafzimmer. Seither verfolgte ihn dieser Traum. Manchmal träumte er nicht, dann schlief er gut. Manchmal fürchtete er sich davor einzuschlafen.

Brubeck schlief wieder ruhig, er träumte davon, ruhig zu schlafen. Der September neunzehnhundertfünfundneunzig ging zu Ende, heute war Freitag der neunundzwanzigste, und die Meteorologen sagten voraus, daß auch im Oktober das Wetter nicht besser würde. Nebel lag über dem von vierstöckigen Häusern begrenzten Hinterhof, über der Wiese mit dem Sandkasten, den Wäscheleinen, dem Spielzeug und den Fahrrädern der Nachbarn, Brubeck kannte sie nicht und wollte sie auch nicht kennenlernen, jetzt erst recht nicht mehr. Wenn er im Sommer manchmal auf dem kleinen überdachten Balkon stand und rauchte, grüßten sie ihn von ihren Balkonen aus. Er lachte und hoffte, sie merkten, daß er sie auslachte, daß er nicht freundlich lachte.

Auf dem Balkondach landete eine Taube. Sie wanderte hin und her und gurrte und scharrte auf dem durch die Witterung rauh gewordenen Kunststoff – Wellblech aus Plastik, hatte Karen damals gesagt, als sie eingezogen waren, sie war im dritten Monat gewesen. Brubeck hatte die Augen geöffnet und gleich wieder geschlossen; die Taube verursachte ein Geräusch, das viel größer war als das Tier, das es verursachte, die Taubenkrallen scharrten über seine Schädeldecke. Brubeck stand auf, noch immer den Schlaf in den Augen, die Unterhose hing ihm bis zu den Kniekehlen, er zog sie hoch. Zwischen Staub, verdrecktem Geschirr und schmutzigen Kleidern entdeckte er einen Besen, Brubeck hob ihn auf, er ging zum Balkonfenster. Es hing schräg im Rahmen und klemmte, er mußte ein paarmal mit der Faust an den Griff schlagen, bevor es sich öffnen ließ. Er faßte den Besen an der Bürste und ratterte mit dem Stiel über die Wellen des Plastikdaches.

Die Taube flog weg. Es war ruhig.

Brubeck wartete einen Augenblick, es nieselte, die Uhr der Johanniskirche hatte ein paar Minuten Verspätung und schlug acht. Brubeck legte sich wieder aufs Sofa, deckte sich mit der blauen Federbettdecke zu und träumte. Wenig später war Brubecks Traum verschwunden, dafür kehrte die Taube zurück und scharrte, scharrte, scharrte. Brubeck zog die Decke über beide Ohren. Es half nichts, gar nichts. Seine Füße froren. Brubeck stand auf, ging zum Balkonfenster, er hatte es erst gar nicht geschlossen, und fuhr mit dem Stiel des Besens über die Wellen des Plastikdachs. Die Taube flog weg. Brubeck legte sich aufs Sofa. Er schloß die Augen.

Seine Atemzüge waren gleichmäßig, als die Taube zurückkehrte.

Brubeck stand am Balkonfenster und betrachtete den sich durch den Kunststoff abzeichnenden Schatten der Taube. Der Schatten gurrte ausdauernd. Er stützte die Hände in die Hüften und schaute sich im Zimmer um. Neben dem Sofa lag eine Walther P-eins, eine Neun-Millimeterpistole, irgendwo, dachte er, gab es den passenden Schalldämpfer dazu, vermutlich im Wohnzimmerschrank. Er ging zum Sofa, hob die Pistole auf, sah nach, ob sie geladen war, ging zum Wohnzimmerschrank, öffnete gleich die richtige Schublade – »... hoffe ich, daß es Ihnen an einem Tag wie heute leichter als mir gefallen ist, Ihr

Bett zu verlassen...« Der Radiowecker. Acht Uhr neun. Zeit zum Aufstehen. Brubeck warf die Pistole aufs Sofa. Die Taube flog endgültig davon, als habe es nun endgültig keinen Sinn mehr, diesen Radau zu veranstalten.» – lassen Sie sich von diesem Katastrophenwetter nicht abschrecken, nach jedem Regen scheint wieder die Sonne, auf die mageren Jahre folgen die ...« Mit einer Handbewegung, die einem Wischen ähnelte, brachte Brubeck den Moderator der WELLE zum Schweigen, Er rieb sich die Augen, suchte den Boden ab und stieß mit den Zehen die Scherben eines Weinglases beiseite, ein Geschenk von Karens Mutter zu ihrem zehnten Hochzeitstag vor fast zehn Jahren.

Brubeck hatte Karen geheiratet, als sie gerade achtzehn war. Er war dreizehn Jahre älter als sie. Wieder und wieder, auch nun wieder, dachte er darüber nach, wie es wäre, wenn es anders wäre als es war, wenn Karen auf andere Weise gegangen wäre, wenn sie ihn wegen eines anderen Mannes verlassen hätte, zum Beispiel. Wenn. Ein Italiener, sagte man, bringt seine Frau um, wenn er sie mit einem anderen im Bett erwischt. Ein Engländer, sagte man, bringt den anderen Mann um. Ein Deutscher bringt sich selbst um. In diesem Fall wollte er Engländer sein.

Brubecks Anzug lag zwischen einem großen Blumentopf, den er als Aschenbecher benutzte, und einem Stapel alter Zeitungen. Weil er nur selten wusch, zog er die Unterwäsche von gestern noch einmal an. Er zog eine schwarze Hose an, ein schwarzes Hemd hing über dem Fernsehgerät. Es war eine Nummer zu groß, aber noch eins der kleineren. Fast zehn Kilo hatte er in den letzten drei Jahren abgenommen, eine Zeitlang fast gar nichts gegessen. Seit einiger Zeit hielt er sein Gewicht, sechsundsiebzig bei einsneunundachtzig.

Gunther Brubeck ging in die Küche, nahm eine Dose Bier aus dem Kühlschrank und trank sie in einem Zug leer. Er betrachtete seine zitternden Hände. Auf einem hellgrauen Blechregal stand eine Flasche Gin. Brubeck trank einen Schluck davon, wartete, seine Hände zitterten immer noch. Er trank einen zweiten Schluck, wartete eine Minute, seine Hände waren ruhig.

In der Innentasche seines Jacketts fand er eine leere Taschenflasche, er füllte sie mit dem restlichen Gin auf, steckte sie ein und ging ins Badezimmer. Der Spiegel über dem Waschbecken war blind, der Wasserhahn tropfte. Schon oft hatte Brubeck auf dem Badewannenrand gesessen und überlegt, wie viele Tropfen man für ein eigenes Meer benötigte. Gestern abend hatte er den Abfluß verschlossen und die Tropfen gezählt. Man brauchte etwa neuntausenddreihundert, um ein Waschbecken zu füllen. Daraufhin hatte er überlegt, wieviele Waschbecken voll Wasser in ein leeres Meerbecken gingen. Darüber war er eingeschlafen, und dann hatte er von einem Mann geträumt, der wirklich ein eigenes Meer besaß, im Keller seines Hauses. Ein Mann, den es, was Brubeck sehr bedauerte, auch außerhalb seines Traumes gab.

Statt Rasierschaum nahm Brubeck Kernseife. Er rasierte sich nicht sehr gründlich, weil er nicht wußte, für wen, am Kinn blieben ein paar Stoppeln stehen. Dann hielt er den Kopf unter den Wasserstrahl, trocknete sich ab, kämmte die Haare zurück. Er gurgelte mir klarem Wasser, steckte ein Mentholbonbon in den Mund, ging zurück ins Wohnzimmer und suchte seine Zigaretten.

Er fand eine Packung Roth-Händle auf der Ablage des Schrankes unter einem noch in Folie verpackten Lyrikband. Der Autor, Dr. Thomas Drenz, hatte ihm das Buch selbst geschickt, weil ein Gedicht über den Tod von Hermann Brubeck, Brubecks Vater, darin enthalten war. Drenz war noch immer Hausarzt der *Familie* Brubeck, auch Karen war damals bei ihm in Behandlung gewesen. Er war ein guter Arzt. Brubeck wußte nicht, ob er auch ein guter Dichter war, mit Gedichten konnte er nichts anfangen, außerdem hatte er noch kein einziges Gedicht von Drenz gelesen. Aber man sagte, daß Drenz in seinen Gedichten gerne vom Sterben sprach – und Brubeck wußte, daß man nicht Arzt und Leichenredner, Leichensänger, zugleich sein konnte. Drenz hatte, weil der überwiegende Teil seiner Patienten das genauso sah, im vergangenen Jahr seine letzte Sprechstundenhilfe entlassen müssen und arbeitete nun alleine in der Praxis.

Hermann Brubeck war im vergangenen Sommer eine Woche nach seinem neunundsiebzigsten Geburtstag während eines Sprungs vom Fünf-Meter-Turm im Freibad an einem Herzinfarkt gestorben. Schon seit seiner Kindheit hatte er unter fürchterlicher Höhenangst gelitten, es aber nie zugeben wollen – und war, um es allen zu zeigen, zum Trotz Flieger geworden. Als er am zehnten September neunzehnhundertvierzig in die Ju achtundachtzig stieg, um London zu bombardieren, hatte er bereits eine Flasche Wacholderschnaps geschluckt. Nicht, weil er Bedenken hatte, Zivilisten umzubringen, sondern weil er schreckliche Angst davor hatte, zu fliegen. Es war sein letzter Flug. Er geriet, weil er tiefer flog als seine Kameraden, schnell in die Nähe des englischen Artilleriefeuers, seine Maschine wurde getroffen, er sprang mit dem Fallschirm ab. Nach dem Sprung lag sein rechtes Bein wie London in Trümmern, aber der Schnaps betäubte ihn, daß er die Schmerzen erst kaum spürte und im allgemeinen Wirrwarr den englischen Bodentruppen entkam. Abgeschossene Flieger, das hatte der alte Brubeck mehr als einmal stolz erzählt, wurden auf der Stelle erschossen, so wichtig nahm man sie. Er versteckte sich im Keller eines zerbombten Hauses, die Bewohner waren längst geflüchtet oder tot. Vermutlich hatte ihn sein Instinkt, wie er später berichtete, nicht in den Keller irgendeines Hauses geführt, sondern in den Keller einer kleinen Londoner Bar. Mit viel Glück, Beharrlichkeit und den Vorräten des Wirts gelang ihm sogar die Flucht zurück nach Deutschland. Hermann Brubeck erhielt das Eiserne Kreuz erster Klasse, davon lebte er bis zu seinem Tod. Sein rechtes Bein blieb steif, trotzdem kletterte er, um es allen zu zeigen, im Sommer im Freibad Tag für Tag auf den Fünf-Meter-Turm, bis zu seinem letzten Tag. Er hatte schon als junger Flieger davon geträumt, einmal in der Luft zu sterben.

Sie hatten sich selten gesehen, selbst vor drei Jahren hatte sich sein Vater entschuldigt, dafür war Brubeck eine Viertelstunde zu spät zu dessen Beerdigung gekommen.

Dr. Drenz hatte sein Buch *Größer als Gott. Schwarze Zeilen* genannt. Das Gedicht über Hermann Brubecks Infarkt hieß *Die Bombe im Kasten des Herzens*. Immerhin glaubte der Mann an das, was er tat – dachte Brubeck und rauchte. Gunther Brubeck steckte die Pistole in den Gürtel, zog einen Mantel über und verließ die Wohnung. Mit dem Bonbon im Mund, dachte er, schmeckte der Rauch der Zigarette wie der Rauch einer Menthol-Zigarette; im Grunde gesund, wenn man ein ausgeprägtes Vorstellungsvermögen besaß.

2

Brubeck schloß die Tür der Bar, auf die ein blauer Hase gemalt war, und ersetzte die kalte Nachtluft in seinen Lungen durch Tabakrauch. Es regnete. Er stieg in seinen Kombi, er hatte ihn neunzehnhundertachtzig kurz nach Daniels Geburt gekauft, knapp zehn Minuten später war er zu Hause. Rauchend schloß er die Haustür auf, außer Atem schloß er die Tür zu seiner Vierzimmer-Wohnung im vierten Stock auf, die Roth-Händle trat er noch im dritten aus, manchmal kam sogar eine Putzfrau. Eilig ging er ins Bad, noch im Gehen öffnete er die Hosenknöpfe, dann stand er wankend vor dem Toilettenbecken. Karen hatte damals verlangt, daß er sich setzte, erfolglos. Dann hatte sie am Wasserkasten einen großen Spiegel angebracht, so daß Brubeck, während er stehend pißte, das Spiegelbild seines – ihm war nichts anderes übrig geblieben, er hatte sich gesetzt.»Weil ich immer dieses Ding gesehen habe, damals«, brummte er, sein Strahl streute großflächig, während er fast albern lachte.»Ich!« Sein Leben war zwei Leben, was damals ich geheißen hatte, hieß immer noch ich, aber es war etwas ganz anderes geworden. Seit drei Jahren fühlte sich Brubeck wie neugeboren, er spülte ab – auch Mißgeburten mußten sich wie neugeboren fühlen, wenn sie überhaupt etwas fühlten.

Im Wohnzimmer schaltete er den Deckenstrahler ein, zwei von drei Glühbirnen brannten noch. Er nahm die Walther aus dem Gürtel und warf sie auf den Teppichboden. Dann ging er zum Wohnzimmerschrank, strich einem Teddybären aus blauem Frottee über den Kopf und wünschte ihm eine gute Nacht. Er hieß Otto Lotto, Karen hatte ihn so genannt, und hatte bis vor drei Jahren seinem Sohn gehört. Für einen Moment schloß Gunther Brubeck die Augen und sah in die Vergangenheit. Dann öffnete er die Augen, um nichts mehr davon zu sehen. Er ließ sich im Anzug auf das Sofa fallen und schlief sofort ein.

Eine Minute später fing im Hinterhof ein Hund an zu bellen.

Brubeck öffnete die Augen, schloß sie wieder.

Der Hund bellte hartnäckig.

Brubeck richtete sich auf, überlegte, ob er, falls er aufstand und das Licht ausschaltete, auch das Kläffen des Köters ausschalten würde.

Der Hund war still.
Der Gedanke daran schien zu genügen.
Brubeck legte sich hin. Das Licht brannte. Der Hund bellte. Brubeck wachte auf, schaltete das Licht aus, der Hund bellte. Brubeck zog die Decke über den Kopf. Es nutzte wenig, nichts. Er saß aufrecht im Bett, riß Fetzen von einem Papiertaschentuch und stopfte sie in beide Ohren. Es nutzte nicht viel. Eine Zigarettenlänge lang gab er dem Hund Zeit; Brubeck rauchte im Liegen und beobachtete, wie das Licht aus dem Hinterhof den Schatten des Zigarettenrauchs an die Wand warf, der Schatten des Rauchs kroch die Wand hoch, und da der Rauch selbst grau wie sein Schatten war, glaubte Brubeck einen Moment lang, er läge mit Karen auf dem Bett, und sie rauchten eine Zigarette zusammen. Er drückte, den letzten Zug in der Lunge, die Roth-Händle im Blumentopf aus, zur gleichen Zeit hörte der Hund auf zu bellen, in einem Nachbarhaus wurden die Rolläden heruntergelassen. Brubeck nahm die Papierfetzen aus den Ohren und hörte plötzlich, wie der Regen fiel. Der Regen fiel seit Wochen, und seit Wochen hörte sich der Regen gleich an. So gleich, daß Brubeck es die ganze Zeit überhört hatte, als gebe es den Regen gar nicht mehr, als würde man nicht einmal mehr naß von einem Regen, der immer fiel.
Der Hund meldete sich zurück. Er war lauter als der Regen.
Brubeck hörte auf zu denken und schaute sich im Zimmer um. Er entdeckte die Pistole. Sie lag auf dem Boden in Griffweite neben dem Sofa.

Die Autos, die am Morgen des zweiten Oktober neunzehnhundertfünfundneunzig durch die Hauptstraße vor Brubecks Haus rollten, schienen Rinnen im zentimeterhoch auf der Fahrbahn stehenden Wasser zu hinterlassen, der städtische Kanal hatte die Grenze seines Fassungsvermögens erreicht, die meisten Gullys spuckten Wasser aus, statt Wasser zu schlucken. Eine weitere Woche Regen, und man würde die Schlagbäume der Hochwasserumgehungsstraßen öffnen. Die Autobahn trennte den nördlichen Teil der Stadt vom südlichen – und der Fluß begleitete die Autobahn wie ein treuer Gefährte auf ihrem Weg, er floß an manchen Stellen nur knapp einen Meter tiefer parallel zum Autoverkehr und stieg stetig.

Mit einer Hand schob eine Frau, der man ihr Alter nicht mehr ansah, einen Einkaufswagen spazieren, eine nackte Kinderpuppe saß im Wagen, hatte die Arme von sich gestreckt und sah aus wie das Baby von Crash-Test-Dummies. Die Frau hielt der Puppe die freie Hand flach über den Kopf, um sie vor dem Regen zu schützen. Sie lächelten beide. Quer über den Treppenstufen des Hauses mit der Nummer vierunddreißig schlief ein Mann, er benutzte eine Ausgabe des BOTEN als Decke.

Zwei Frauen quasselten unter einem Regenschirm. Acht Uhr dreißig.

Gunther Brubeck stand im Hauseingang, er trug noch die Kleider von Sonntagnacht, einen schwarzen Hut dazu, einen schwarzen Mantel und eine Zigarette im Mundwinkel, er betrachtete den Mann auf der Treppe. Der Mann schnarchte. Die nassen Zeitungsblätter schmiegten sich an seinen Körper, eine dunkelgraue Mumie, dachte Brubeck, verpackt mit den Nachrichten des Tages, an dem sie gestorben war. Brubeck stellte den Kragen, machte einen großen Schritt über den Penner und ging zu seinem Auto.

»Da gibt's Sachen auf der Welt«, schnatterte eine der beiden Frauen, »die gibt's gar nicht – die haben heute Nacht doch tatsächlich den Köter von der alten Gruber umgelegt, weißt du, der nie hat Ruhe geben wollen. Richtig abgeschlachtet, sagt die Gruber. Die Gruber sagt, das wären die Kanaken gewesen, bei denen, sagt die Gruber, weiß man nie, die fressen sowas auch noch, und zum Glück, sagt sie, hat sie gerade noch die Leiche von dem Köter retten können, weil sie hat auch so ein paar Schatten gesehen, als sie ihn hat reinholen wollen« – die Frau hielt inne, sie hatte Brubeck bemerkt: »Ach, der Herr Brubeck, haben Sie schon gehört, was die Kanaken heute Nacht mit dem Hundchen von der alten Gruber angestellt haben?«

Brubeck öffnete die Autotür, stieg in den Wagen, der Lauf der Pistole im Gürtel bohrte sich in seine Leisten.

Die Hausfrau war still, sah ihm nach, schüttelte den Kopf und wendete sich wieder ihrer Gesprächspartnerin zu: »Jedenfalls sagt die Gruber, die Kanaken hätten dem Köter den Bauch...«

Brubeck schloß die Tür und fuhr los.

Er wußte, daß er zu Fuß schneller gewesen wäre – Einbahnstraßen und Baustellen machten den Weg fast doppelt so lang, wenn die Stadt bald wie fast jedes Jahr überschwemmt war, brach, wie fast jedes Jahr, der Verkehr komplett zusammen und man blieb besser zu Hause, wenn man konnte. Brubeck konnte nicht zu Hause bleiben, er hatte sich schon verspätet, aber es war noch nicht zu spät. Er bog zu einem Parkplatz hinter einem Eckhaus ab, parkte, stieg aus und wunderte sich über ein Motorrad, eine alte BMW mit Boxermotor und Beiwagen, sie war mit einer durchsichtigen Plastikplane überzogen.

Er betrat das Gebäude durch den Hintereingang, trank einen Schluck aus der Taschenflasche und ging die Treppe hinauf. Er hörte Schritte weiter oben im Treppenhaus. Die Schritte näherten sich. Ein Polizist bog um die Ecke, eine Tür knarrte in den Angeln, eine zweite wurde ins Schloß geworfen, eine Schreibmaschine klapperte, eine rauhe Stimme schrie, es klang wie *Freiheitsberaubung.*

Der Polizist sah Brubeck direkt in die Augen. Er hob die Hand und faßte sich kurz an die Mütze. »Guten Morgen, Herr Kommissar.«

Kriminalhauptkommissar Gunther Brubeck erwiderte den Gruß, indem er knapp nickte, bevor er hinter einer Glastür im vierten Stock des Polizeigebäudes verschwand.

Anke Velmeke
Fische

Luise war dreizehn, kein Kind, auch wenn dreizehn kein Alter ist. Sie mochte die Luft, draußen vorm Haus, das ihr dunkel und steil im Rücken stand. Die Vordertür fiel ins Schloß, ölig klickend, Luises Kopf in den Nacken: Himmel, Giebel, Haus, hinter ihr und doch sichtbar.

Im März sprach sie zum letzten oder vorletzten Mal mit dem Dachdecker, der unvermutet erschien, wie so oft. Die Haustür schlug zu, er trat hinter der weißen Kante des Nachbarhauses hervor: blauer Ärmel, schwarzes Hosenbein, karges und glattgespanntes Muskelgesicht. Luise begann im Kopf zu zählen, irgendwas, Gesten/Steinchen/Kippen, wich ihm nicht aus. Es war der Weg zum Kiosk, auf dem er ihr entgegenkam, schrittweise ging sie auf ihn zu, 5 Schritte, 6, dabei hatte er schon sein Verbotsgesicht aufgesetzt, die Wangenknochen traten hervor unter der Gummihaut, Sehnen vibrierten, 8, Verbotsvorboten, was würde er heute verbieten, spannend war das, man wußte es nie.

Sie dürfe die Vordertür nicht mehr benutzen, warum, fragte sie, ein Wort, das sie oft zwischen den Zähnen trug, das zahnspangenhaft hervorblitzte. 17. Er schlug sie nicht, natürlich, es war ja auch draußen, direkt an der Straße, eine Einbahnstraße, mit schönen roten Blechkreisen, weiße Streifen darin, wie man sie Leuten, die anonym bleiben sollen, vor die Augen klebt, sie unkenntlich macht. Die Kreise standen auf Stangen, an denen Luise und ihre Brüder emporkletterten, unermüdlich nach oben, wo sie sich vorwärtstasteten, balancierten, auf Mauern, Bäumen, Dächern. Die Dachdeckerfrau konnte nichts dagegen tun, nur zuschauen von innen und sich festhalten an der Fensterbank, bis endlich die Fenster zustaubten: es waren ja Dachdeckerkinder.

Weil ich das sage, sagte der Dachdecker auf Luises warum, 18 bis 21, es war eine Formel, ein Axiom, und: aha sagte Luise nicht, auch nicht haha, und alles mögliche nicht, sondern schwieg, überschritt die Grenze zum nächsten Grundstück, 22, wo sich der glatte nachbarliche Asphalt über den heimischen geschoben hatte, ihn überlappte, vorankroch, millimeterweise, zu den Rosen an der Hauswand, die er umschlang und schwärzte, wie dann auch die Schieferwand selbst und das Haus. Das war abzusehen, und man sprach nicht darüber, eine nachbarliche Übereinkunft, es gab wohl auch einen Vertrag darüber, der irgendwo auf dem Speicher vergilbte.

Der Weg zum Kiosk war unsichtbar, dabei doch vielfüßig begangen, links eine Imbißstube, wo sich hinter Fettglas halbe Hähnchen drehten, gravitätisch, schwitzend. Wenn es kalt war, drückte Luise Hände und Nase an die Scheibe, beruhigender Anblick das, besser als ein Aquarium, die Hähnchen waren ja bereits tot. Rechts eine Mauer, eine Straße, die steil am Berg lehnte. Vorn der Kiosk, grünweiß kariert gefliest, mit einem Fenster für den Straßenverkauf, hinten ein dämmriger Laden, wo sich alles und jedes bis zur Decke stapelte. Als Luise die Glastür hineinschob, fragte gerade eine Lederne nach einer Zündkerze, und: etwa ne Tankstelle hier, brummte Schröter, drängte sich aber schwerfällig an ihr vorbei, stocherte mit dem Krückstock in einem Regalwinkel, bis das Päckchen über die Kante kippte, so daß sie es nur noch zu fangen brauchte.

Schröter hatte ein Bein in Rußland verloren, es lag dort im Straßengraben, gestiefelt und zugeschneit. Das neue zirkelte beim Gehen schöne halbe Kreise, gab ihm auch Wettertips, und wenn jemand ihm in die Quere kam, streckte er es zur Seite, wie um auszuholen und zuzutreten, was niemand riskieren wollte.

Und du? fuhr er Luise an, dabei kaufte sie immer das gleiche, eine Flasche Amselfelder, zwei Veltins und ein paar Camels für die Dachdeckerfrau, die meinte, daß so kleine Mengen nicht auffielen. Heute allerdings noch eine Bravo, was willsten mit dem Schund, abfällig schwang Schröter das Kinn vor, sie schaute beim Zusammenrollen kurz auf: Pubertät, knickte entschuldigend die Ellenbogen, er runzelte zum Abschied die Stirn.

Pu-Pu-Pubertät hüpfte ihr das Wort noch daheim durch den Kopf, als sie sich und die Bravo aufs Bett warf, dann doch wieder mit den Beinen nach dem Boden tastete und sitzend das Heft in der Mitte aufschlug: ein Unterarm, sogar mit Hand, den sie heraustrennte, ausschnitt und an Shaun Cassidys Ellenbogen feststeckte. Kopflos stand der Jüngling vor ihr, in Jeans, sonst nichts. Puuuh. Sie wischte die Haare aus dem Gesicht. Pubertät.

Er: morgens am Küchentisch, 1, Heldenprofil, geschorenes Haar, der wuchtige Unterarm lag vor ihm, 2, in der Steinhand die kleine Kaffeetasse, zerknisterte Zeitung, aß, 3, 4, 5.
Luises Blick glitt von ihm ab, Mor-gen, mußte jetzt gesagt werden, und zwar laut, mit ihrer Stimme, dem eigenen Mund. Der fühlte sich taub an, die Zunge platt. Die Beine: ein Schritt. Der auf dem Stuhl griff nach dem Wurstbrot, hielt es starr in die Luft, ohne zuzubeißen. Luises Lippen schlossen sich leicht: kein Ton. Sie legte die Hand auf die kühle Herdkante, sagte: nichts, null, was leicht war, wohltuend, taschentuchsanft, und auch er: nichts, kein Wort, und immer noch nichts, und das Schweigen, das aus ihrem Mund kam, breitete sich über den Küchentisch, über Anrichte, Spüle und Herd, schwappte zur Decke wie klare Suppe, in alle Fugen, strömte in Fäden aus dem Haus in den brüchigen Morgen.
Luise setzte sich ihm gegenüber: ihr Platz, stand nochmal auf, um Wasser aufzusetzen, Hannes kam in die Küche, der gewachsen war, sie bald überholen würde und immer noch größer werden, ein Mann, schneller, Hannes, dachte sie, was Quatsch war. Immer wenn sie ihn messen wollte, flüchtete er, sie rannte hinter ihm her, den Zollstock in der Hand, über den Hof auf die Wiese, und wenn er stillhielt, dann nur, um blitzschnell an ihren nagelneuen Busen zu fassen, wenn der ohne Deckung war. Idiot. Sie schob das Nutella zu ihm, diagonal über den Tisch, dabei wollte er gar kein Nutella essen, kratzte nur mit dem Daumennagel über die Rillen des Deckels, sah sie verschlafen an, mit seinem Lakritzblick. Damit lockte er sie, mit Lakritz, sie, die eigentlich keine Süßigkeiten mochte, aber Lakritz, schwarz, sie konnte nicht einfach schwarz sagen, mußte es immer zweimal sagen, schwarz, schwarrrz! Keine Farbe. Sie wand sich, schlängelte sich, wenn er unschuldig die Fäuste vor sich hielt, als wisse er nicht, was sie umschlossen, sie dann öffnete und die Schnecken aufblitzten, Lakritzschnecken, doppelte Doppelschnecken, über denen die rauhen Finger sich schlossen. So machte er sie sich gefügig: sie mußte sich auf den Rücken legen, egal wo sie waren, den Pullover hochziehen, sie

sah in den farblosen Himmel, durch den Vögel rieselten, und vorsichtig, mit spitzen Fingern legte er die Rollen auf ihre Brustwarzen, immer gleichzeitig rechts und links, los, mach schon, und Luises Leib wölbte sich unter der kalten Berührung. Erst wenn sie lagen und er die Hände fortnahm, durfte sie sie einfangen, indem sie den Pullover darüberriß, stopfte sich die erste Rolle noch liegend in den Mund, obwohl man im Liegen nicht essen soll, die ganze Rolle, und biß und kaute, bis alle Zähne von Lakritzmasse umgeben waren. Schwarz. Falschrum lag sie auf dem schrägen Dach, kopfunter, spürte das Blut in den Ohren und riß den Arm hoch, führte die Hand mit dem Zeigefinger im Halbkreis herum, bis sie auf den Kirchturm wies, auf die goldene Kirchturmkugel. Den Kirchturm hatte er gedeckt, zu fünf Mann hatten sie die Kugel hinausgetragen, auf fünf Leitern, wohnzimmergroß war sie, sah aber jetzt eher aus wie eine Plastikperle.

Die zweite Rolle dann genüßlich, am liebsten faßte Luise die beiden Lakritzfäden, spreizte sie auseinander, zog rechts und links, während die Rolle sich in der Mitte drehte. Das Dachfenster wurde aufgestoßen, Pauls Kopf erschien. Hannes fiel nach hinten und bekam einen Lachkrampf, bei dem er langsam, sich krümmend, das Dach hinabglitt. Was habt ihr denn, sagte Paul. Er war erst 8. Das Haus war 11 Meter hoch. Den Kopf auf den Arm gestützt, beobachtete Luise, wie Hannes' Körper sich der Dachrinne zuwandte.

Die Frau des Dachdeckers schob ihr Gesicht ans Glas, drückte die Schläfe gegen die Scheibe, in das Rechteck zwischen den Sprossen. Man sah nicht gut durch die Staubschicht, die äußere Welt war zerkrümelt, ein grobkörniges Bild, die Straße, dahinter die Mauer, im Nachbargarten Baumgerüste, triefendschwarz.

Erster Stock: kein Blut in den Spülfingern, weiße Gelenke, so klammerte sie sich an der Fensterbank fest, vermochte den Griff kaum zu lockern. Durchs kühle Glas fiel ihr Blick in die Tiefe und weiter, die Straße hinab, wo der Dachdeckerkopf hinuntergerollt war, langsam, es war kein sehr runder Kopf, und die Nase lenkte die Bewegung zur Seite ab, immer wieder kippte der Kopf, als wolle er den Asphalt aus der Nähe besehen, über Kinn und Nase, die sich schon grau färbten. Kaum

Blut, nur sporadisch getupfte Tröpfchen, die grellrot aufglitzerten und sofort verblaßten bzw. sich mit dem Straßenstaub mischten.

Die Axt, die an der Heizung lehnte, rutschte zur Seite, Heizungsblut gluckerte, wie später das Lachen der frierenden Kinder, die zwischen die Stahlrippen kriechen wollten. Den Kopf? Mit der Axt? riefen sie. Cool. Ihre Lider zerteilten die Blicke; die dünnen Arme zwängten sie hinter den Körper der Heizung. Luise schob eine Hand von unten über die Wange, den Ringfinger eng am Nasenflügel entlang: War es nicht schwer? Obwohl die Frau jetzt auf der Heizung saß, fror sie, schob die Hände zwischen die Oberschenkel. Überhaupt nicht, sagte sie in das Wohnzimmer hinein. Wie Butter. – Warme Butter, warf Hannes ein. Und dann hab ich ihn aus dem Fenster geworfen. – Cool, krähte Paul, und Hannes: Den Kopf? Die Stimme der Frau holperte geradeaus durchs Zimmer. Ich weiß gar nicht warum. Und wieso plötzlich die Axt da war.

Leer lag der Wohnzimmertunnel vor ihnen, von innen gegen die Hauswand gedrängt. Grün leuchteten eckige Sessel; das Sofa spannte zwischen sich und die Schrankwand synthetisch den Teppich: keine Axt, kein Rumpf, und abends kratzte der Schlüssel im Innern der Tür, schwerer als sonst war der Schritt, bevor der Kasten mit Dimple-Flaschen abgesetzt wurde. Dreieckige Flaschen, gleichseitig dreieckig und konkav, unberührbar, innen glitzerte bernsteinfarbene Flüssigkeit. Wer Geld hat, trinkt Dimple, sagte später die Frau in Abwandlung eines Werbespruchs. Logik war nicht ihre Stärke, und Geld: das Wort stellte sich quer in den Ohren, stieß an den Ohrwänden an.

Im Sommer – der Dachdecker war noch ein junger Mann gewesen – hatte er an der Anrichte gelehnt, scharf im Gegenlicht, und in seiner Dachdeckerhand einen 1000-Markschein flattern lassen. Er fuchtelte damit vor Hannes Nase herum, bis der schützend die Hand hob, riß den Schein wieder weg. Willste mal anfassen? Hannes griff mit zwei Fingern danach, dachte vielleicht an Lakritz, und auch Luise berührte das Papier. Tolles Gefühl, was? sagte der Mann, und Luise: Ja. Ihr Hals war aus Blech, zugeschraubt, sie konnte kaum schlucken, aber er lehnte sich zurück, an die Luft, die Arme verschränkt, und in der Küche atmete man. Vielleicht hätte er sie zur Dachdekkerfrau gemacht, sie war ihm am ähnlichsten, aber zu jung. Glück gehabt. Sie ließ ihr Gesicht von einer Kaugummiblase wegsaugen.

Wenn abends das Licht hinter den Horizont kippte, fuhr sie auf dem Rad durch leere Straßen, zögernd drehten sich die hohen Reifen, zerdrückten Asphaltkrümel, Staub; Speiche um Speiche klappte nach vorn, und zwischen den Speichen drehten sich die Zwischenräume mit, die viereckig waren, gekrümmte Trapezoide. 20 Gänge hatte Hannes Rad, ein Rennrad, Herrenrad, chromblitzend, eloxiert. Auf ihm glitt sie zwischen weißen Markierungen, Bürgersteigen, Gullys und Bordsteinkanten, wechselnd zwischen Straße und Rinnstein, sehr langsam, sehr aufrecht, im Gleichgewicht. Kaum hoben und senkten sich die Pedalen, sie ließ sich rollen zwischen Geraden, folgte Parabeln, Tangenten, überall Linien, Striche im Koordinatensystem, der Busbahnhof mit seinen parallelen Plattformen, irrlichternde Ampeln, Schaufenster, Kinos und Männer, deren Blicke sie langzog bevor, hinauszögern wollte sie den Moment, langsam und lange an Häuserfronten entlang, zwischen wunderschönen Hyperbeln, vor den Blicken der Männer und Hunde, immer davor. Immer war sie es, die beobachtet wurde auf dem schmalen Sattel, die Beine beidseits der Stange. Sie strich den verblassenden Farben hinterher, folgte Gerüchen, Geräuschen, fernes Quietschen oder Klappern zogen sie an, schließlich die Ruhr, das Fließen, Strömen, die Wasserlinien, die Brücke, die sie langsam überquerte, ohne anzuhalten. Dort, im Norden der Stadt, jenseits des Flusses, jenseits der Stahlfabrik, hing ein Zigarettenautomat, wo es ihre Marke gab, Dunhill schwarz. Langweilig, dieses klebrige, bittere Schwarz, manchmal wurde sie seiner überdrüssig, schleuderte Packungen gegen Hauswände, von denen sie niemals elastisch zurücksprangen, sondern grundsätzlich schlapp abrutschten. Neulich hatte sie sogar in plötzlichem Widerwillen rot gezogen, rote Dunhills, die nächsten Schwestern und bösesten Feindinnen der schwarzen. Schmeckten süßlich, fad, und die Packung, in glitzerndem Bordeaux und Gold, mußte sie in die hintere Hosentasche schieben, um sie vor sich selbst zu verbergen. Vor niemandem sonst, Rauchen war erlaubt oder vielmehr egal.

Nur einmal, als sie auf dem Fahrrad zurückkam, sie fuhr unversehens schneller, je bekannter, riskanter, heimischer Straßen, Fassaden, Fenster wurden, das Straßennetz, in dessen Mitte das schwarze Haus, Spinnenhaus, wo sie zuhause war und also er, rasch, eilig in die Pedalen, hochschalten, hoch die Gänge, die Häuserketten rechts links grau ernst, ließen sie durch, entließen sie in die Einbahnstraße, wo wie sie wußte oben das Haus, aufwärts jetzt auch noch, stehend die steile Einfahrt neben dem Haus, hastig in die Garage, Fahrrad abstellen, der Ständer klemmte, das Rad schwankte noch, da stand: er. Vor: ihr.

Stand da unbeweglich, ein Dunkelmann, Betonkerl, massiv, konkret, der ließ nichts durch. 1, dachte sie, atmete. Zwischen ihnen 1 Meter, Sicherheitsabstand, magnetische Felder, die sich abstießen. 1, dachte sie, kam nicht weiter. Ihr gegenüber: Ihr Gegenüber, blockierend, sperrend. 1. Was wollte er denn, schnitt ihr den Weg ab, wozu. Was ist denn, fragte sie leise, das also war ihre Stimme. Von ihm nichts, das Schattengesicht unbewegt, ein schwarzer Balken lief quer darüber, daneben der schmale Tenormund, die lächerlich kleinen weißen regelmäßigen Zähne, als er sprach: Hast du gekifft? Eine Frage, wenn auch tonlos, antworten jetzt, aber sie kannte das Wort nicht, zögerte, was ein Fehler war, falscher Fehler, sagte Paul gern, es war das falscheste, falschestmögliche; der Körper des Mannes sackte in sich zusammen, wurde schwerer, richtete sich zugleich auf, der Mund ein Strich, 1, dachte Luise. Die Hände. Gekifft, sagte sie noch, dann: rennen, plötzlich rannte sie, 10, zwängte sich an ihm vorbei, um die Hausecke, 100, Haus oder Garten, die Haustür stand offen, 1000, die Diele, wohin, durch Flure, um Ecken, ihn auf den Fersen, die Wutmaschine, ihr Zimmer, 10000, die Tür. Der Schlüssel, er ließ sich nicht drehen, flatternde Finger, die Tür: sprang auf, er, verzerrt.

Er hatte sie, und dann war es ruhig, sie spürte: nichts. Irgendwann lag sie am Boden, da war es bequemer, er, über ihr, trat auf etwas ein, trat gegen etwas, wogegen, sie schützte den Kopf, er trat, und es wurde ihm gar nicht langweilig, dieses Treten, das konnte er, das ging wie von selbst, und er trat.

Später war all das zum Lachen, das Rennrad, die Dunhills, das

Treten, ihr sei es nämlich langweilig geworden, so erinnerte sie sich, sie sei sich blöd vorgekommen, so am Boden liegend, albern, ihr sei eingefallen, wo der Mann die empfindlichste Stelle habe, seine Schnecke, Nacktschnecke, wo seine Schneckenhaftigkeit zu Tage träte, schutzlos, wunderbar frei, allem ausgesetzt. Sie habe also zurückgetreten, schräg nach oben, mit ihren schon recht langen Beinen, gleiches mit gleichem vergeltend, obwohl man das ja nicht soll, egal, und er sei verschwunden, zumindest nicht mehr dagewesen irgendwann. Das war nun wieder lustig, lachhaft, eine Tat, Luise war die einzige, die sich je gewehrt hatte, ungläubig wurde gelacht, ruckhaft, das Lachen drohte die langen Leiber zu zermürben oder auch nur zu erschüttern, sie bogen sich umeinander im winzigen Bad, zwischen grauen Kacheln, vorm zahnpastafleckigen Spiegel, zusammengedrängt von Waschmaschine, Klo und Dusche, die nie vollständig geputzt wurde von der Frau, sondern von der immer ein kleines Stück schmutzig blieb, zum Vergleich, zwecks gebührender Würdigung. Ein Streifen, handbreit, der umherwanderte, bald vorn war, beim silbrig schimmernden, von winzigen silbern getarnten Fischen bewohnten Abfluß, bald hinten unterm Fenster, auf dessen Fensterbank die Seifensammlung ausgebreitet war, die schlanken, zierlich gerundeten und gebogenen Stücke, in blassen Farben, veredelt durch den Gebrauch. Gern nahm Luise die lichtgebleichten Ovale auf, wog sie in der Hand, steckte die Fingernägel in Ritzen, die beim Trocknen aufgeklafft waren, ließ die Kuppen über die stumpfen Ränder gleiten.

Im Bad wurde gelacht und außerdem und zugleich uriniert, zahngeputzt, herumgestanden, das Bad war ein Ort der Begegnung, hier gab sich jeder gern ein Stelldichein, man zwängte sich aneinander vorbei, streifte Körperteile, ließ sich vom Autogeyser anfauchen, verglich die spiegelverkehrten Gesichter, Hannes hatte den runderen Mund und die Stupsnase der Frau, Luise alles vom Mann, also Pech; unbequemste Plätze nahm man ein: den kantigen Duschrand, das Klo, und genoß die Freuden des Bads, das dazu noch abschließbar war.

Hier erzählte die Dachdeckerfrau vom Blut, Blut hätte der Mann an der Schläfe gehabt nach Luises Züchtigung, dieses Blut jedoch konnte Luise sich nicht erklären, so lang waren ihre Beine nicht, das Blut blieb ein Rätsel, und die Frau hatte es abgetupft mit zärtlicher Taschentuchgeste, peinlich, manchmal tat sie sowas, ohne zu wissen warum. Sie war eine Romantikerin geblieben, trotz allem, aber es war ja auch nicht die Schuld des Dachdeckers, daß er so war, es gab ja Gründe, eine Kausalkette hatte sie aufgefädelt, lückenlos, hübsch, alles war dabei, Hitlerjugend, Nachkriegszeit, schwacher Vater, Internat. Dort hätte einmal ein Schüler im Unterricht an der falschen Stelle gelacht, erzählte die Frau und zog ihren Pullover über den Kopf. Ihre kurzen schwarzen Haare standen durcheinander, spitz zeigten die Brüste nach rechts und links, darüber schnitt das Schlüsselbein scharf durch die Haut. Hannes drückte die Nase auf das kalte weiße Blech der Waschmaschine.

Daraufhin hätten die Mädchen und Jungen sich getrennt in zwei Reihen aufstellen müssen, die Jungen hätten die Hosen herunterziehen müssen und seien der Reihe nach verprügelt worden, während die Mädchen sie auch noch verspottet hätten. Nicht schlecht, fand Luise, die gern zu den Mädchen gehört hätte. Hannes befühlte den Wasserhahn, an dessen Öffnung ein breiter Tropfen hing, dann ging er. Paul blieb, als die Frau Hose und Schlüpfer hinabschob: magere, bleiche Beine, der Po flach, sie fand sich zu dünn, und der Mann stimmte ihr da zu. Knochenfüße hob sie ins Duschbecken, auf die stumpfblaue Rubbermaid-Matte, die Matte des Rubbelmädchens, das sich nachts mit dem Alibert vergnügte. Wasserstrahlen trafen auf die milchige Haut, Strichstrahlen aus dünnen Düsen, die Kuhlen hineindrückten. Luise, die auf dem Klodeckel saß, lehnte sich zurück, ihr Blick zog die Tropfenbahnen nach, hinterm Ohr, im Nacken und unter den Achseln, wo in fließender Linie die Brüste begannen, tropfengeschmückt wie die Ohrläppchen, Nase und Kinn. Die Haare wurden vom Wasser verdünnt, verschwanden fast ganz, der Kopf schien skalpiert, die Schamhaare: karges Gestrichel, das beim Trockenrubbeln kräuselig wiedererstehen würde.

Die Hände im Nacken gefaltet, spreizte Luise die Beine, ließ die Fersen über die Bodenfliesen gleiten, kleine weiße Quadrate, schieferfarbene Trapeze, die sich gegenseitig in den Vordergrund drückten. Pfützen dehnten sich bis zu Paul, der immer noch still vor der Waschmaschine kauerte, Wasser lief auch über die steinernen Wände, den Spiegel, floß durch die

Luft, eine Überschwemmung, das Badezimmer würde zum Schwimmbecken werden, wenn die Frau so weiterduschte und immer nur duschte, ein Aquarium, mit Fraufisch und Paulfisch und Luisefisch, die sehr heiter und geradezu fröhlich, seepferdchengleich, durcheinanderschwämmen, sich gegenseitig mit dem Duschkopf besprühten und im letzten und allerletzten Moment, kurz bevor der Mann die Tür aufbräche, durch den Abfluß in kühle Kanäle entkämen.

Die Frau war eigentlich gern zuhaus. Schräg floß der dunkle Amselfelder ins Glas, Gluckermusik, runde Töne mit durchscheinenden Rändern, unterm Strahl flogen schwarze Vögelchen durch und segelten über die Spülberge, überflatterten zwitschernd die Fußbodenlinie, die die Frau von der Spüle trennte. Meine Herren, heute sehn Sie mich Gläser abwaschen, sang die Knef. Rot fiel auf alles, denn die Frau hatte die Gardinen zugezogen. Sie mochte das Licht nicht. Mittags stand sie immer erst auf, wenn es Zeit war, für den Mann und die Kinder eine Dose Bami oder Nasi Goreng zu öffnen, mit Händen, dünn wie die Zigaretten, nach denen sie griff. Der Ehering fand längst keinen Halt mehr, manchmal wirbelte sie ihn wie einen Hulahuppreifen um den Ringfinger, schleuderte ihn irgendwohin, ließ ihn am Ende aber doch in ihr Necessaire klirren. Es gab nicht viel zu tun. Die Knef sang, und die Frau riß der Camelschachtel ihr goldenes Halsband ab, zerknisterte die Plastikfolie: da lagen sie wieder, die lieben Zigaretten, Filter an Filter, brav, starr, ganz anders als die biegsamen Finger der Frau, die sie zurückklappen konnte, bis sie senkrecht zum Handrücken standen, auch sich selbst bog sie manchmal nach hinten, so daß der Kopf auf der Höhe der Kniekehlen hing, nur um etwas aufzuheben oder die kichernden Kinder von unten zu besehen, die blauäugigen Monster, die nacheinander aus ihrem Bauch geploppt waren. Nein sie mochte sie ja, sogar den Mann eigentlich sehr, was aber nicht ganz reichte, und sie trank das Glas leer und schlug ein Rad in der Küche, nur um zu sehen, ob es noch ging. Sowas konnte man draußen nicht tun, wurde angestarrt, schlimmer noch angesprochen, von Mündern, Sie sieht man nie sieht man Sie, und die Augen stellten sich scharf, Lichtaugen, Münder voll Licht, dagegen half auch die lila Sonnenbrille nicht, die das Gesicht fast zur Gänze bedeckte und sie wie eine sehr große Fliege aussehen ließ, eine Stubenfliege, verirrt.

Ein Ohren-Wackler war er übrigens auch, der Dachdecker, manchmal beim Mittagessen baten sie ihn darum, ihnen etwas vorzuwackeln mit seinen Ohren, und gern willigte er ein, mit sehr knappem Lächeln. Dann schauten seine babyblauen Augen zwischen der Frau und Luise durch, durchs Küchenfenster, vielleicht sogar durch die weiße gedellte Wand des Nachbarhauses und weiter, in die Ferne, ein Hitlerjunge, schnurgerader Blick. Der ganze Kopf verhärtete sich, und wundersam begannen die Ohren sich zu bewegen, vor, zurück, vor, zurück, sie wackelten nicht wirklich, die Ohren dieses Kopfes, der Muskeln hatte, wo andere nichts hatten, schwenkten nur langsam, fast knarrend, herum. Torflügel. Die Frau und die Kinder starrten die Ohren an, ihre eigenen Ohren taten ihnen weh beim Zuschauen, trotzdem fragten sie immer wieder danach, denn sie schien ihn zu befriedigen, diese Ohrenshow. Wahrscheinlich trug er deshalb auch die Haare so kurz, zum Ohrenvorführen. Mit dem Lachen mußten sie allerdings aufpassen, manchmal war es erwünscht, dann wieder strikt verboten, und wenn der Ohren-Wackler zuschlug, konnte mitunter eine Suppenschüssel zu Bruch gehen, was nun wirklich niemand wollte. Suppen konnte sie nämlich kochen, die Frau, obwohl sie so mager war. Wenn der Mann etwas an ihr mochte, dann ihre Suppen, dicke, deftige Linsen- und Graupensuppen, die flossen zwar nicht so schnell vom Tisch, aber wenn man die Pfützen von der Tischdecke kratzte, hatten sie einiges von ihrer Würze verloren. Auch die Scherben, das konnte einem schon den Appetit verderben, besonders der Mann war da sehr empfindlich. Er brauchte manchmal nur Paul beim Essen zuzusehen, dann verschlug es ihm schon den Appetit. Paul konnte nicht richtig essen, winzige Fehler machte er beim Essen, die allein der Mann bemerkte, und er, der Mann, konnte das nicht mit ansehen, wenn Paul aß. Lieber sah er die Wand an, die direkt neben ihm war, wandte ihr das Gesicht zu, der Tapete mit dem Mauermuster, den Suppenteller in der Hand, während der ganzen Mahlzeit ruhte sein Blick auf der Mauertapete, erholte sich vom Anblick Pauls, der außerdem blaß war und Schatten um die Augen hatte, der eigentlich gar nicht wie ein Kind aussah. Dann lieber die Tapete, die naturgetreu wirkenden Steine, dazwischen die Fugen, in die der Mann sicher gern hineingekrochen wäre, wenn sie nur echt gewesen wären.

Hannes war am Freitag dem dreizehnten geboren, deshalb wurde er am meisten geprügelt und hatte auch sonst oft Pech. Beim Menschärgerdichnichtspiel verlor er und war außerdem der Junge, im Gegensatz zu Luise, die das Mädchen war. Der Mann fand, er müsse regelmäßig übers Knie gelegt werden, er brauche das, und dazu schlug Hannes sich auch noch selbst, aus Versehen, mit dem Hammer auf den Daumen, der platt und flächig wurde wie der Pfennig, nachdem sie ihn auf die Schienen gelegt hatten. Hannes war noch vor dem warnpfeifenden Zug herumgehüpft, der ihn beinahe auch überfahren hätte. Die Frau hatte oft Angst um ihn, aber auch vor ihm, weil er ja auch eine Art Mann war. Deshalb ließ sie ihn nicht gern ins Haus, wenn der Prügler gerade nicht da war. Stundenlang drückte Hannes den Klingelknopf, dingdong, manchmal auch nur ding perlte es durchs Haus, Schallwellen sickerten durch Türen, schwappten über Scheitel, dingdong, doch es war verboten, ihm zu öffnen. Dong, ganz selten einfach dong. Sie gingen durch die dröhnende Wohnung, die Flure, getrieben vom elektrischen Gong, und dachten an Hannes, der draußen fror, und drückten den erlösenden Türöffnerknopf nicht, warum eigentlich nicht, die Verbote der Frau galten sonst nicht viel. Nur Luise entriegelte manchmal heimlich, es gleich wieder vergessend, das Fenster einer winzigen, bis auf Schulterhöhe mit Plunder gefüllten Kammer, die Kabäuschen hieß, die Frau hatte das Wort für die Kinder mit Kreide auf die Straße geschrieben. Hannes machte draußen einen Klimmzug, um zuerst die Ellenbogen auf die innere Fensterbank zu stemmen, schob den Oberkörper ruckweise vor, bis er die Knie zwischen sich und den Rahmen klemmen konnte. Dann sprang er auf den Lumpenberg, dessen Weichheit ihm in die Knie fuhr, und mußte jetzt nur noch zu seinem Bett gelangen, das im Flur hinter einem Raumteiler stand, und in das die Frau hoffentlich nicht wieder den Kehricht geschüttet hatte. Sowas machte sie gern oder kam ihm auf dem Weg zum Bett entgegen, Satansbraten nannte sie ihn bei solchen Gelegenheiten, auch Göttersöhnchen, er sei wie er, der Mann, den sie längst nur noch er nannte. Später war Hannes auch ein er, dann Paul und andere, alle verschmolzen zu einem vielköpfigen er-Kollektiv, die einzelnen Namen vergaß sie.

Abends gossen sie Wasser in den Dachdeckerbauchnabel. Sie beugten sich über den großen und noch immer weiterwachsenden Bauch des Dachdeckers, der, wie der Dachdecker selbst, weithin ausgebreitet auf dem grünen Sofa lag. Der Fernseher lief, niemand sah hin, alle hielten die Köpfe über den Bauch und den tiefen und runden Bauchnabel: Lust des Darüberbeugens, kugliges Aneinanderstoßen der Köpfe, scharfer modriger Bauchnabelgeruch, während eine ihrer Hände einen mit Sprudel gefüllten Sprudelflaschendeckel über den bebenden Bauch balancierte. Kichern, Luftanhalten, aber nie schlug der Mann plötzlich los bei diesem Balanceakt: die Hände auf der Brust gefaltet, bot er ihnen den Bauch dar, seinen Schwerpunkt, seine mittigste Mitte und noch deren Zentrum, das zum Fokus wurde, auf den sich aller Aufmerksamkeit konzentrierte. Wenn aber am Ende der Zitterpartie der silberne Deckel vorsichtig, auch beherzt ausgekippt wurde und das sprudelnde Wasser den Bauchnabel bis zum Rand füllte, wo tropfenbehangen die Bauchnabelhaare standen, jubelten sie immer ein bißchen, nicht viel, und stoben doch schnell auseinander, zu ihren Fernsehplätzen zurück, obschon der Dachdecker weiterhin reglos dalag, um das Wasser im Nabel zu halten, das aber irgendwann durch ein Beben, ein Zucken überschwappte und unbeachtet in dünnem Rinnsal über den Bauch floß, in dessen Weite es sich verlor.

Geheiratet hatten der Mann und die Frau auch irgendwann, wußten aber später nicht genau warum. Vielleicht weil sie beide wie Filmstars aussahen, das gab es sonst kaum auf dem Land. Fotogesichter, bewegliche Körper, Anzug, Petticoat, Sonnenbrillen. Gern flanierten sie Arm in Arm auf der Ruhrpromenade, bei jedem Wetter, beugten sich abwechselnd vor, um sich in den Schaufenstern zu sehen: ein schönes Paar.

Das Hochzeitskleid reichte nur knapp übers Knie, war aus Plastik, weiß, die Haut darunter naß. Die Frau wußte nicht, wo ihr der Kopf stand. Der Mann trug sein bestrasiertes Lächeln. Als sie nach der Trauung zum Haus kamen, war die Straße naß, Bäche flossen ihnen entgegen. Babywäsche flatterte auf dem Dach, blaß vor dem grün getürmten Himmel. Feuerwehrmänner in dunklen Anzügen zielten mit Wasserbögen nach dem lächelnden Paar, das den Strahlen auszuweichen versuchte. Vor den Füßen prasselte das Wasser auf die Straße, sprang sternförmig hoch. Die Spritzer trafen die Nylons, sprangen der Frau unter den Rock und auf seine blanken Schuhe. Das Paar trippelte seitwärts, vor, zurück, als tanze es. Die Frau sah in den Wasserstrahl, der alles rundum reflektierte und abwies, gern hätte sie ihn an ihrem Kleid zerren lassen, das ohnehin wasserdicht war, wollte aber die Frisur nicht gefährden. Los, zum Haus, kommandierte der Mann, und warf ihr sein Jackett über. Im Laufen lächelten sie immer noch.

Auf dem Eiffelturm hatte die Frau ihre Handballen gegen das Geländer gestemmt und den Oberkörper vor- und zurückwippen lassen. Die hellen und dunklen Dächer verschränkten sich, ihre Schattierungen schoben sich in der Ferne ineinander. Die Frau dachte, daß dies der Anfang von etwas sei, nur wußte sie nicht wovon. Der Mann sah ihr Gesicht von der Seite an, die schwarzen, das Ohr berührenden Locken, aus denen der Bügel der Sonnenbrille trat, auf der Nase die ungleichen Sommersprossen. Er zündete sich eine Zigarette an. Weil die Frau ihm immer noch nicht ihr Gesicht zuwandte, kletterte er aufs Geländer; das war nicht gefährlich, weiter unten gab es noch einen Vorsprung. Als er freihändig stand, rief er sie. Sie sah ihn, wie er lachte, die Arme ausgebreitet, überm Abgrund, um ihn herum viel Licht, das ihr in die Augen strömte, und ihre Hände flogen vom Geländer weg, vor die Brille und weiter, rissen den Kopf nach hinten, auch den Oberkörper und alles. Sie fiel, sie lag auf dem eisernen Eiffelbodenturm. He, rief er und stand noch auf dem Geländer, und nochmal: he. Sie lag auf der Seite, die Gliedmaßen nebeneinandergefächert. Jetzt kamen schon Leute, die hockten schon bei ihr und redeten auf französisch und richteten sich auf und suchten mit Blicken die Plattform ab. Er sprang, ging zwei Schritte zur Seite. Sie sahen ihn, aber er machte noch einen Schritt.

Dann bekam sie Kinder und er die Firma. Die Kinder waren klein und laut. Der Mann saß über den Wohnzimmertisch gebeugt und hielt sich die Ohren zu, er brauchte Ruhe: vor ihm ein Blatt voll von Unterschriften, d.h. mit einer, nämlich seiner Unterschrift, die von oben nach unten immer größer und unleserlicher wurde und am Ende der Seite nur noch eine Reihe paralleler Striche war: die Chefunterschrift. Die Frau kam herein, ein weinendes Kind auf dem Arm, und trat auf ihn zu, indem sie mit dem Fuß zerknülltes Papier beiseiteschob. Was machst du denn, fragte sie lächelnd. Das Kind schrie, und sie nahm das Blatt hoch und lächelte nicht mehr, sah lange das Blatt an, dann den Mann, dann wieder das Blatt. Er saß auf dem Sofa, breitbeinig, geduckt, und schaute zu ihr auf. Schließlich hob er die Schreibmaschine auf den Tisch. Du weißt doch, daß ich Ruhe brauche, sagte er.

Gabriele Weingartner
Die Überreichung der silbernen Rose

Der Blitz sei in den Zug gefahren, sagte der Dichter zum Taxifahrer, der ihn die letzten hundert Kilometer zu seinem Ziel transportieren sollte. Mitten auf der Strecke, wie im Film, bloß ohne kriminalistischen Hintergrund, habe er angehalten, der ICE, sei sanft und als ob es hätte so sein müssen, ausgerollt auf den Schienen, so daß niemand etwas Böses dabei dachte, trotz des herrschenden Gewitters. Und die wenigen über die Waggons verteilten Karten-Telefone seien im Nu belagert gewesen. Daß auch diese eine Zeitlang nicht mehr funktionierten, stellte sich dann bald heraus.

Nur weil sein Abteilnachbar ein Handy besessen habe, sei er überhaupt in der Lage gewesen, sich mit seinen Geschäftspartnern in Verbindung zu setzen, die es sich in den Kopf gesetzt hätten, die Ausstellung seines grafischen Werkes mit einer Lesung zu eröffnen. Doppelbegabungen seien ja so selten. Er selber hasse zwar derlei Apparate und würde bis an sein Lebensende standhaft bleiben in seiner Ablehnung. In diesem Fall aber sei die moderne Technik wohl doch von Nutzen gewesen, weil es der drahtlose Anruf ermöglichte, mehr als tausend Leute, die seit über einer Stunde auf ihn warteten, bei Laune zu halten. Sie aufzufordern, sich doch bitte einstweilen die Bilder zu betrachten. Oder zum Bücherstand zu gehen, wo sich die Werke des Schriftstellers bereits stapelten.

Daß er mitten in der Rush-hour das einzig noch vorhandene Taxi ergattern konnte, ließe sich jedenfalls als das reine Glück bezeichnen, führte er seine Rede fort, die er schon begonnen hatte, als er kaum den Wagenschlag öffnete, so daß die Hälfte seiner Worte in den Wind gesprochen waren. Auf diese Weise entwickle sich der Kontakt mit dem ungewohnt direkt erfahrenen Alltag am Ende nicht ganz so bedrohlich, wie es noch vor ein paar Stunden geschienen habe. Und selbst wenn die Lautsprecheranlage streike heute abend oder ihm die Anordnung seiner Aquarelle und Zeichnungen – entgegen den Fotos, die ihm ja schon vorlagen – vielleicht doch mißfiele: innerhalb einer knappen Stunde befände er sich vor seinem Publikum, hätte einen Schluck Portwein zwischen den Kiemen und seine ureigenen Worte im Maul. Mehr könne man nicht verlangen in dieser entfremdeten Welt.

»Tut mir leid, auch Sie nicht. Wirklich. Auch Sie nicht«, hatte der Taxifahrer abgewehrt, als der Dichter begann, sich seine Pfeife zu stopfen, und gab damit zu erkennen, daß er sehr wohl wußte, um wen es sich handelte bei diesem etwas näselnd sprechenden neuen Fahrgast, den er so schnell wie möglich an seinen Bestimmungsort bringen sollte. Er machte dennoch nicht den Eindruck, als ob er dessen Worte wie Perlen empfand, die da unverhofft über ihm ausgestreut wurden. Im Gegenteil. Der Mann am Steuer, an dessen asketisch langen, fast haarlosen Kopf sich die kleinen Ohren so dicht anlegten, als ob sie schon im Mutterleib das Wachstum eingestellt hätten, drehte sich nicht einmal um, als er losfuhr. Er begann sofort, an den Knöpfen seines Funkgeräts zu hantieren und gab seiner Zentrale das Fahrziel an. Dabei knatterte und knisterte die Apparatur so laut, daß der Dichter nicht verstand, was der Fahrer in sein Mikrofon bellte.

Das eben erst so entzückt beschworene Alltagsglück blieb nicht von Dauer. Alles wies darauf hin, daß auch die letzte Etappe der Reise nicht reibungslos vonstatten gehen sollte. Zwar fuhr kein Blitz in das Taxi, obgleich es im Schatten der Kathedrale vernehmlich donnerte. Aber es goß in Strömen, und das Gebläse des keineswegs neuen Automobils kämpfte vergeblich gegen die sich mit weißem Nebel beschlagenden Scheiben, so daß sich die beiden Männer in einer gläsernen Dunstglocke befanden, die sie mit ihrem eigenen Atem immer undurchdringlicher machten.

Zudem hatte der Wagen das Bahnhofsareal längst nicht verlassen, weil es dem Chauffeur nicht gelang, von der äußersten rechten auf die äußerste linke Spur zu wechseln. Es würde also noch lange dauern, bis er die Autobahn erreicht hatte und endlich in Fahrt käme, zwangsläufig müßten sie wahrscheinlich doch noch das eine oder andere Wort miteinander wechseln. Aber der Mann am Steuer blieb weiterhin störrisch und abweisend und war nicht einmal bereit, die Verkehrslage zu beklagen; blickte nur ein- oder zweimal gleichgültig in den Rückspiegel und sagte kein einziges Wort. Und selbst seine in der Mitte zusammengewachsenen schwarzen Brauen, die der Dichter in ihrer ganzen Länge darin sehen konnte, kräuselten sich nicht. So zog der Fahrgast, der ja nur freundlich hatte sein wollen, eine Zeitung aus seiner prall gefüllten Aktenmappe und beschloß, den Mund zu halten. Nur so ließ sich die Beklemmung vertreiben, die sich einstellte, wenn Menschen in seiner Umgebung ihm allzu demonstrativ das Gespräch verweigerten. Da mochte sein Analytiker lange behaupten, dies sei nichts anderes als die infantile Angst vor Liebesentzug. Er selbst beharrte darauf, solch grobes Verhalten als schlechte Laune zu interpretieren, der er nur zufällig als Zielscheibe diente. Wie käme er auch dazu, wildfremden Menschen ein Gespräch aufzudrängen?

Durch die Tropfen auf der Frontscheibe, die der Scheibenwischer hektisch auseinanderpflügte, schimmerte noch immer der Dom. Zu seiner Erleichterung entdeckte der Dichter, daß auch sein unhöflicher Chauffeur einen jener handlichen Apparate besaß, mit welchem man die Veranstalter vom Auto aus anrufen könnte, um die Besucher ein weiteres Mal hinzuhalten oder sie womöglich endgültig nach Hause zu schicken, wenn es nichts mehr werden würde mit der Lesung aus dem umstrittenen, aber bisher gut verkauften Roman. Höchstens auf seinen Namenszug müßten sie dann verzichten, den sie in ihren dort gekauften oder mitgebrachten Büchern mit nach Hause hätten nehmen können. Seine Stimme aber wäre ohnehin flüchtig geblieben, einmal abgesehen vom Genuß bringenden Wiedererkennen aus Radio oder Fernsehen. Die Kundigen unter den Lesern hörten sie ja schon, wenn sie nur das Buch aufklappten. Sonor und souverän. Und bloß gelegentlich etwas heiser, wenn er allzuviel geraucht hatte von den starken französischen Zigaretten, die es offiziell gar nicht mehr gab in seinem Leben.

Warum bloß konnte der Fahrer seinen Wagen nicht zügig aus der Bannmeile des Bahnhofs wegbewegen? Im Schrittempo fuhren sie, in einem lächerlichen Autokorso, und der Dichter sah durch die beschlagenen Scheiben, daß die Menschen draußen viel schneller vorwärtskamen, obgleich sie sich mit ihren Regenschirmen gegenseitig behinderten. Zu allem Überfluß machte sich der Fahrer nun auch an seinem Handy zu schaffen, als fühlte er sich gedanklich dazu aufgefordert. Und sich steigernd in der Lautstärke und öfter wiederholend begann er mit gräßlich überkippender Stimme einen offenbar schwerhörigen Menschen zu beschimpfen, der sich am anderen Ende der Leitung wohl gleichfalls irgendwann entschloß zu schweigen. Worte wie Fleisch und Waschmaschine, Kühlschrank und Wäsche verstand der unfreiwillige Zuhörer auf dem Rücksitz und akzeptierte die vier Begriffe als unauflösliche Bestandteile eines einzigen Zusammenhangs, wenngleich er ihn nicht verstand. War es nicht klar, daß man Wäsche in die Waschmaschine tat und Fleisch in den Kühlschrank? Gab es daran etwas zu deuten?

»Nun will sie partout wieder tanzen«, sagte der Taxifahrer zu seinem Fahrgast und betätigte nach einem kurzen Blick in den Spiegel den kleinen Knopf auf der Klaviatur des Geräts, der die Leitung unterbrach. Auch der Dichter kannte mittlerweile dessen Funktion. »Nun will sie wieder tanzen, die blöde Kuh«, wiederholte der Fahrer lauter, obgleich er nun gut zu hören war, »den roten Schleier hinter sich her ziehen und behaupten, sie sei Salome, die Jochanaan küssen will. Ihre Schlüpfer legt sie in den Kühlschrank und das Gehackte in die Waschmaschine. Und für ihren Schleiertanz braucht sie keinen Plattenspieler, weil sie selber schreit. Den Propheten findet sie nie, aber sie hüpft und springt. Ist das nicht zum Verzweifeln?«

Natürlich gab der Dichter darauf keine Antwort. Zur Verzweiflung brachte ihn eher, nachdem wenigstens die Silhouette des Doms aus dem unmittelbaren Blickfeld verschwunden war, daß der Wagen nun schon zum dritten Mal vor einer allzu kurz eingestellten Ampel halten mußte. Zum Verzweifeln erschien ihm auch, daß sein Körper, seit er hier saß, von einer geradezu unbändigen Lust nach Nikotin überschwemmt wurde, ohne die mindeste Aussicht auf baldige Befriedigung. Das war immer so, wenn man ihm das Rauchen verbot, und brachte ihn stets aus der Fassung. Die Alzheimer Krankheit jedoch, unter der die Tante oder Mutter des Taxifahrers offensichtlich litt, besaß für ihn ungefähr soviel Bedeutung wie der Dadaismus in der Literatur, weswegen er es erst einmal ablehnte, auf jene die Dinge so grausam verwechselnde Dame einzugehen. War es nicht vielleicht so, daß der Chauffeur froh darüber sein konnte, daß diese wie auch immer mit ihm verwandte Person die Salome tanzte, anstatt die Gläser aus dem Fenster zu werfen und zu behaupten, es regnete? Mit ihm telefonierte, anstatt den Fön in die volle Badewanne zu schmeißen? Oder Frau Holle spielte und die Kissen im Schlafzimmer aufschlitzte, weil sie das Märchen mit dem Leben vertauschte? Das Wort Verzweiflung erschien dem Dichter genauso relativ wie jedes andere auch, blähte sich auf und fiel in sich zusammen, wirkte am Ende zerstörerisch oder nicht, ganz wie es eben bestellt war um die Selbstdisziplin eines Individuums. Die Alzheimer Krankheit dagegen, von der man vor dreißig Jahren noch nichts wußte, obgleich sie doch auch damals schon existierte, nahm einen schleichenden Verlauf, oft sogar ohne daß die Betroffenen etwas davon spürten. Er, der zu seiner eigenen Lesung reiste, besaß derzeit jedenfalls nicht das rechte Gespür für die Wildwüchse grassierender Zivilisationskrankheiten. Bei allem berufsbedingten Interesse. Und begann statt dessen an seiner Pfeife zu nuckeln, fand den kalten Sog widerlich, spuckte in sein Taschentuch und beobachtete entsetzt, daß der Fahrer schon wieder das Handy hervorholte und eine bestimmte Taste drückte.

Dieses Mal aber meldete sie sich nicht, wenn es denn seine Mutter war, die er anrufen wollte. Und einige Minuten lang schob sich das Auto vorwärts durch den Verkehr, während sie und sämtliche Apparate schwiegen. Wenigstens ein bißchen voran ging es jetzt. Sie hatten die Kreuzung passiert und befanden sich auf einer dreispurigen Straße, die hoffentlich auf direktem Weg zur Autobahn führte. Ein Blick auf die Uhr belehrte den Fahrgast allerdings, daß die annähernd tausend auf ihn wartenden Besucher mittlerweile wohl nicht nur den Büchertisch gestürmt und seine Radierungen betrachtet hatten (viel zu oberflächlich, wie ihm schwante, weil sie an die kurzen Bilder aus dem Fernsehen gewöhnt und nicht willens waren, länger hinzusehen), sondern die Auserwählten unter ihnen bereits auch gierten, das kalte Buffet zu erobern, wo sich die Krebsschwänze krümmten und das Spanferkel auf silberner Platte lag mit dem Apfel in der aufgeworfenen Schnauze. Der Zeitpunkt rückte näher, wo selbst der letzte Fan keine Lust mehr haben würde auf die Worte eines Dichters. War es nicht zum Verzweifeln, daß jetzt überdies die Gefahr drohte, nicht einmal jene besondere, lang verheimlichte Sucht besänftigen zu können, die darin bestand, seinen Lesern all jene Sätze ins Gesicht zu schleudern, die er sich täglich abrang in selbstverordneter, jahrelanger Einsamkeit?

Der vormals so ablehnende Taxifahrer, welcher ihm vor kaum einer halben Stunde unwirsch das Rauchen verwehrt und ansonsten das Gespräch verweigert hatte, begann nun in schrecklicher Ausführlichkeit vom Leben seiner Mutter zu erzählen. Berichtete von der Kindheit und Jugend einer alten Frau, der man das Tanzen verbot, weil sie einen Klumpfuß hatte. Weswegen sich die Hopserei ja eigentlich von selbst erübrigte. Dagegen bereitete es auch mit einer Gehbehinderung keine Probleme, Jahrzehnte lang, jedes Wochenende und so, wie das Abonnement es eben vorsah, ins Theater oder in die Oper zu gehen und dort bei »Aida«, »Nußknacker« oder »Dornröschen«, »Dreispitz« oder »Feuervogel« die neckischen Tänzer und Tänzerinnen zu bewundern, die ihre strammen Hinterteile reckten und die Muskeln spielen ließen an ihren durchtrainierten Oberschenkeln beim Pas de deux. Oder Pas de trois.

Für die Opern von Strauß und Wagner sei seine Mutter glatt gestorben, lamentierte der Taxifahrer, weil sich dort ständig jemand zu Tode tanzte oder singe. Und noch vor wenigen Wochen, als die Städtischen Bühnen ihren Fundus ausmisteten, habe sie sich das Glitzerkostüm des Rosenkavaliers gekauft, weil sie Hosenrollen liebte. In die schrägsten modernen Stücke sei sie gegangen, wenn sie nur sicher war, daß man dort mit dem Arsch wackelte und die Beine warf.

Sein Erzeuger und er, beide von ausgesprochen friedlichem Naturell, hätten angenommen, daß die Tanzerei, diese Gier nach dem optisch immer wieder aufgefrischten körperlichen Dreh, diese unstillbare Sehnsucht nach dem besinnungslosen Ringelreihen, im Alter von annähernd achtzig eigentlich hätte ausgestanden sein müssen. Aber nachdem der Vater endgültig unter der Erde war und er selbst vor lauter Verzweiflung seinen Doktor in Chemie gemacht hatte, ein Umstand, der ihm, nebenbei gesagt, den Job als Taxifahrer eingetragen habe, kenne seine Mama kein Halten mehr. Die Hölle auf Erden sei es, die sie ihm nun bereite. Und die Liebe zur Musik, die doch auch ihn einmal beseelte, sei ihm inzwischen gründlich abhanden gekommen.

Nein, nein, schüttelte der Chauffeur seinen kahlen Kopf und tat so, als ob er sich im anregendsten Gespräch mit dem starr dasitzenden Dichter befände. Nicht mehr nur in die Oper oder zu den sündhaft teuren Gastspielen des Bolschoi-Balletts wolle sie nun gehen oder sich wenigstens die Videos mit den Kessler-Zwillingen anschauen, die er ihr besorgt habe. Nein. Nur noch selbst tanzen wolle sie, selbst tanzen. Und während die Scheiben vibrierten an den zwei sich gegenüberstehenden Vitrinen im Wohnzimmer, worin sich außer den angeschlagenen Sektgläsern ohnehin nur noch die Tänzerinnen aus Porzellan befänden, wisse er manchmal kaum mehr, wie er seine tobende Mutter in Schach halten könne. Auch ein Schriftsteller würde wahrscheinlich leiden, wenn er vor seinen weißen Blättern sitze, oder jetzt, im Stau, nicht wüßte, wie und ob er überhaupt noch zu seinen Lesern käme. Aber eine Mutter mit Alzheimer! Die treibe einem den puren Wahnsinn ins Gehirn.

Keine vollständige Schicht habe er ihretwegen in den letzten Monaten fahren, nie mehr richtig durchschlafen können, da sie inzwischen auch nächtliche Konzerte gebe, all jene Arien singe für Sopran oder Alt, die sie ihr ganzes Leben lang in sich hineingelassen habe, so daß es kein Wunder sei, wenn sie jetzt auch wieder aus ihr herauswollten. Eine so alte Frau brauche wenig Ruhe, so gut wie gar keine. Und wenn er früher schon, in den Bombennächten, als kleiner Junge mit gepacktem Köfferchen auf der Besuchsritze im Ehebett, sich habe quälen lassen müssen von ihrem Gesang, er gezwungen gewesen sei, sich anzuhören, wie sie Zarah Leander imitierte beim Korsettzuhaken, so sei dies doch nichts gegen den Terror von heute, wenn sie mit ihren Tüchern durch die Wohnung fege.

Neulich habe sie sein Abendessen, eine Schüssel mit dampfenden Ravioli, glatt vom Tisch gefegt. Zu schweigen von all den entsetzlichen Irrtümern, die ihr immer wieder unterliefen. Solle er dem Schreibtischtäter hinter sich erzählen, wie lange er brauchte, den infernalischen Fleischgeruch zu orten, der bis ins Erdgeschoß gedrungen sei? Oder ihm schildern, wie er eines nachts mühselig und nur mit einem einzigen Putzlappen bewaffnet den Boden des unter Wasser stehenden Badezimmers aufgewischt habe, nur weil seine Mutter dort rosa Lokkenwickler schwimmen ließ? Am schlimmsten aber sei, daß seine Mama seinen Papa jahrelang mit einem jüngeren Liebhaber betrogen habe, dessen glühende Briefe er erst kürzlich sorgsam gebügelt unter ihrer Wäsche fand. Kaum älter als er selbst sei er gewesen, ein entfernter Verwandter sogar, dessen rötliche Haare und gelbgesprenkelte Fischaugen ihn schon immer maßlos gereizt hätten. Ob er seine Briefe lesen wolle, herrschte er den Dichter an, er trage sie immer bei sich. Auch wenn darin nur zweideutiges, widerliches Zeug stünde, das die Frau seines Vaters wohl kaum je verstanden hatte.

Gott weiß, warum der Taxifahrer der Meinung war, daß man einen Schriftsteller, auf dessen Konto mehrere dickleibige Romane gingen, nicht schonen müsse. Vielleicht hatte er ja sogar das eine oder andere Buch von ihm gelesen und war zu der Erkenntnis gekommen, daß seine detailreichen Ausführungen ihm nur nützen könnten. Weil er Geld verdienen müsse, fuhr er jedenfalls ohne Atem zu holen fort, allenfalls die Stimme senkend, da er den Literaten nun doch ein bißchen schockieren wollte, nur weil er Geld verdienen müsse, sei er seit einigen Tagen dazu übergegangen, diese Furie, die sich seine Mutter nannte, aber doch nicht mehr wußte, daß sie es war, in ihrem Sessel festzubinden. Natürlich mit dem Telefon immer in Reichweite. Und über die längsgestreifte Sitzgarnitur habe er weiße Tücher gehängt, damit es ihr nicht vor den Augen flimmerte, ja sogar einen Zehn-Disc-Player habe er angeschafft, worauf er seinem musikalischen Quälgeist täglich ein neues Programm zusammenstelle, damit es ihm nur ja nicht langweilig werde. Jeder Mensch müsse fähig sein, irgendwann in seinem Leben für ein paar Stunden stillzusitzen, als Kind habe er dies oft genug trainiert. Außerdem führe er die alte Dame vor seinem Weggang stets auf Toilette und gebe ihr nie zuviel zu trinken. Daß sie jetzt allerdings den Hörer nicht abnahm, fände er sehr merkwürdig. »Gelinde gesagt«, schrie der Chauffeur, »gelinde gesagt.« Und riß das Steuer herum.

Kannte er nun doch einen schnelleren Weg zur Autobahn? Oder hatte ihn nur das schlechte Gewissen gepackt? Der Dichter wußte es nicht. In rasender Fahrt, so kam es ihm vor, schoß der Wagen durch etliche kleine Gäßchen, bevor er für einige Minuten auf einer breiten Allee fuhr, um sogleich wieder in ein Gewirr krummer Wege und kurzer Straßen einzutauchen. Wurde er etwa entführt? Nach seinen Informationen hatte man Schriftsteller noch nie gekidnappt, selbst wenn sie Bestseller schrieben. Dem aus dem Ruder gelaufenen Taxifahrer aber war offenbar alles zuzutrauen, jedes Klischee stimmte, das sich zaghaft in des Dichters Kopf traute, auch wenn es sich bei der gerade erlebten Geschichte, jetzt und in dieser Sekunde, wohl eher um ein TV-Drehbuch handelte als um einen feingefügten Roman. Die Reifen quietschten, und der Regen prasselte, und selbst das unselige Funkgerät begann wieder zu knarren wie ein Maschinengewehr, obgleich es doch niemand angerührt hatte. Bestimmt sah das rasende, dampfende Taxi von außen aus wie ein fahrender Waschsalon. Und der Dichter beobachtete sich überdies dabei (letztlich war er ja doch von reflexivem Gemüt), daß er den Fahrer an den Schultern rüttelte, gar versuchte, ihm mit beiden Händen von hinten ins Steuer zu greifen.

Aber es half alles nichts. Sie erreichten am Ende eine Gasse, die mitnichten aussah, als ob sie zu irgendeiner Schnellstraße führte. Und der Taxifahrer stürzte aus dem Wagen, ohne die Tür hinter sich zuzuschlagen, seinen Fahrgast auf dem Rücksitz sitzen lassend wie eine mitgeschleppte Puppe, die nur zufällig aussah wie ein berühmter Mensch. Also war die Story mit der alzheimerkranken Mutter doch keine Erfindung, wie der Dichter während der Irrsinnsfahrt geargwöhnt hatte. Die tanzende und singende Mutter existierte wirklich, und der Sohn hatte sie mit dicken Tauen an einen Sessel gefesselt, auf daß sie sich nicht mehr rühren konnte. Er hatte unrecht gehabt vorhin mit seinen arroganten Gedanken. Seine innere Abwehr hatte ihm nichts genützt. Gegen diese Art von Wirklichkeit war Dada einfach nur Dada und sonst nichts. Dada ließ sich nicht steigern. Dada herrschte oder herrschte nicht. Aber Alzheimer barg immer noch Überraschungen und konfrontierte ihn unvermittelt mit einem richtigen Drama. Bouletten in der Waschmaschine oder Seidenstrümpfe im Kühlschrank, war dies hier wirklich nur die Frage?

Er ließ noch ein paar Minuten verstreichen, bevor auch er das Auto verließ, sich aufmachte, die schmale Stiege hochzuklettern, die sich gleich hinter der weitgeöffneten Haustür eines schmalbrüstigen Wohnhauses emporwand. Er war Treppensteigen nicht mehr gewöhnt und geriet prompt ins Schwitzen. Oben aber bot sich ihm eine großartige Sicht, gar nichts Gewalttätiges oder Ekliges, wie er gehofft oder befürchtet hatte, nichts auf Leben und Tod. Eine grazile alte Dame mit blauschimmernd gelocktem Kopf schwebte leichtfüßig wie Lilian Harvey durch ein vollgestelltes kleines Wohnzimmer und hieß ihn mit einem gickelnden hellen Ton in der Stimme herzlich willkommen. Keine Spur von einem Klumpfuß. In der Hand hielt sie einen Kompottlöffel, an dessen Ende sich eine versilberte Rose befand. Den wollte sie ihm überreichen, und er nahm ihn galant entgegen. Die Haut an ihrem ausgestreckten Arm flatterte. Und ihr taxifahrender, in Chemie promovierter Sohn saß in einem Sessel mit zwei zerwühlten Kissen und rollte sorgfältig, wenn auch mit zitternden Händen, ein langes Tau zu einer immer größer werdenden Schnecke auf. Er rührte sich nicht, als ihn sein schwer schnaufender Fahrgast am Ärmel zog, ihn sogar heftig in die Wange kniff, weil er sich nicht mehr zu helfen wußte.

Man muß ihm unbedingt das Seil wegnehmen, murmelte der Dichter, während er langsam und mühsam, auf das schadhafte Treppengeländer gestützt, nach unten ging. Es regnete noch immer, und der mit billigem Kunststoffell überzogene Fahrersitz war inzwischen feucht geworden, so daß er sich in die Nässe setzte, als er nach dem Handy griff. Zuerst wählte er die Nummer des Kunstforums, aber da meldete sich keiner mehr. Wahrscheinlich befanden sich die rostroten Schalen der Krebsschwänze längst in den vorgesehenen grauen Abfallsäkken. Anschließend tippte er die dreistellige Nummer der Feuerwehr. Oder war es die der Polizei? Er wußte es nicht mehr genau. Erst als eine Stimme im Apparat ertönte, merkte er, daß er keine Ahnung hatte, wo er sich befand. Mit dem kleinen Ding am Ohr ging er bis ans Ende der Straße und las vom Schild ab. Es war der Name desjenigen Mannes, den er vor Jahren im wöchentlichen Fragebogen einer deutschen Zeitung als seinen liebsten Helden in der Wirklichkeit angegeben hatte. Als er dies später überprüfte (weil er alles prüfte, was er je beschreiben würde), mußte er feststellen, daß ihn sein Gedächtnis betrogen hatte. Es war nicht jener, sondern ein anderer. Ein Held jedenfalls ganz gewiß nicht.

Eva Weissweiler
Das Verschwinden der Sprache aus dem Kopf der Autorin.
Ein Text ohne Genre

Eines meiner Hörspiele handelt von einer Frau, die sich mitten in Köln hinter ihrem Computer verschanzt. Sie wird von niemandem festgehalten, sondern isoliert sich selbst, sei es aus Schüchternheit, Pflichtbewußtsein oder weil sie noch immer um ihre gescheiterte Ehe trauert. Sie ist Musikwissenschaftlerin, Pianistin, schreibt gelegentlich Hörspiele. In ihrer Einsamkeit kommuniziert sie nur mit ihrem Metronom, ihrem Klavier, ihrer Vergangenheit und dem Geist Clara Schumanns, die vor hundert Jahren gestorben ist und durch ihren unerschütterlichen Mythos dafür sorgt, daß sie auf Vortragsreisen gutes Geld verdient.

Manchmal, wenn das Gefühl der Sinnlosigkeit besonders groß ist, wagt sie sich kaum hinaus auf die Aachener Straße und läßt sich ihr Essen vom Pizzataxi ins Haus bringen, als hätte sie Angst vor den Kindern, Touristen und Rosenverkäufern da draußen, den vielen Obdachlosen und Heroinsüchtigen, der immer im Kampf mit rangierenden Autos befindlichen Straßenbahn, dem kurdischen Reisebürobesitzer, der ihr eine Pauschalreise nach Rom verkaufen will, ja sogar vor den sizilianischen Pizzabäckern, die sich quer über die Fahrbahn Grußworte zuwerfen, und den Betreibern des gut florierenden türkischen Büdchens, denen ihre deutsche Kollegen von gegenüber nachsagen, sie handelten unter der Theke mit Crack.

Es wohnen viele wildfremde Menschen in dem großen Altbau, eine Witwe, die seit dem Tod ihres Mannes nicht mehr spricht, eine Schauspielerin, die so schön ist, daß sie mit niemandem ein Wort wechselt, Studenten, die ein- und ausziehen, ohne Gestalt anzunehmen, eine Volkshochschuldozentin, die, immer in Eile, ihr Gesicht hinter einer schwarzen Hornbrille versteckt, Pawel, der tschechische Wirt, der, obwohl verheiratet und vielfacher Vater, einmal heftig in sie verliebt war, aber nun schon seit langem böse an ihr vorbeisieht, weil sie nicht wollte, daß seine Gäste ihre Toilette benutzen.

Wieviele Obdachlose hat es vor diesem Haus schon gegeben, seitdem sie bzw. Hans-Joachim und sie, hier einzogen! Zuerst Philipp mit den beiden Beinstümpfen und den erfrorenen Händen. Er sprach fast nie, selbst dann nicht, wenn er betrunken war. Manchmal fütterten ihn Kinder, die selbst noch nicht sprechen konnten, mit Nutella. Nur ein einziges Mal hörte sie, wie er sich mit einer sozialpädagogisch wirkenden Dame unterhielt, ihr seine blauroten Hände zeigte, die Ekzeme auf seinem Bauch, über die Höhe seiner Sozialhilfe und die Arroganz seines Sachbearbeiters sprach, und sie wunderte sich, daß aus dem Mund dieses Mannes Sprache kam, klare, wohlgeordnete Sprache in schönem Bariton, daß er in all den Jahren der Stummheit und des ihm entgegenschlagenden Ekels das Sprechen über sich selbst nicht verlernt hatte.

Natürlich hörte sie nicht lange zu, nur gerade so viel, wie es das Eiltempo ihrer Schritte zuließ. Wenn sie das Haus verließ, war sie immer in Eile, eine echte Preußin. Stehenbleiben und Zuhören war Müßiggang und außerdem indiskret. So hatte sie es von ihrer Mutter gelernt und so hielt sie es aus Überzeugung noch heute.

»Ich bin kein écouteur«, sagte sie sich. Das Pendant zum voyeur war ihrer Ansicht nach der écouteur.

Bei der Arbeit an einem Hörspiel über Obdachlose, das sie schon lange schreiben wollte, aber nie zu Ende brachte, weil ihr immer wieder ein Vortrag über Clara dazwischenkam, versuchte sie sich manchmal zu erinnern, wie Philipp, der offenbar längst tot war, eigentlich ausgesehen hatte. Sie hatte nur noch die anatomische Verstümmelung in Erinnerung, das, was bei preußischem Vorbeimarsch sofort auffiel. Hätte sie seine Kleidung beschreiben müssen, den Stoff seiner Hemden, die Farbe und Qualität seiner Jacke, ganz zu schweigen von seinem Gesicht, das ihr nur noch als versunkene Landschaft vor Augen stand, ihr Gedächtnis hätte versagt wie eine defekte Festplatte.

Philipp war tot. Ihm konnte sie nicht mehr zuhören. Aber der norddeutsche, aristokratische Obdachlose war noch da, verschwand nur in den Wintermonaten im warmen Gefängnis. Er war sehr modisch und hanseatisch korrekt gekleidet, dozierte einmal, als sie es wagte, ihm deshalb ein lobendes Wort zu sagen, über die Relativität des Schönheitsbegriffs unter Obdachlosen, faßte Vertrauen zu ihr, dem sie sich aus Sozialekel entzog, indem sie die Straßenseite wechselte, wenn er sie winkend begrüßte, so daß ihr wieder ein Kapitel ihres Hörspiels entgangen war.

Der Bärtige im rotweißkarierten Hemd war ein Hörspiel an sich. Er schwieg entweder tage- und wochenlang oder redete ununterbrochen, von morgens bis in die Nachtstunden, so laut, daß sie ihn noch in ihrem Bett im geschützten Hinterhaus hören konnte. Seine Sprache war sehr monoton, wechselte fast nie die Tonlage. Es war mehr Krächzen als Sprechen, wobei dieses Krächzen weniger von Alkohol und Zigaretten als von physischer Deformation herzurühren schien. Kehlkopfkrebs oder Mißbildung der Stimmbänder vielleicht. Dabei hatte er erstaunliche Kraft und Ausdauer. Das Sprechen, seine einzige Beschäftigung, schien ihn nie zu ermüden. Spät abends sah sie ihn in der gleichen Stellung sprechend auf seinen Supermarkt-Einkaufswagen gestützt stehen, wie er schon morgens, wenn sie ihre Zeitung kaufte, gestanden hatte. Er stand meistens vor dem Eingang des »Theater im Bauturm«, von dessen Betreibern, ein paar jungen Linken, er natürlich nicht verjagt wurde, denn er hätte ein Gag, ein Regie-Einfall sein können, Teil eines Ein-Mann-Stücks mit dem Titel »Dreck« von Robert Schneider, das die Innenwelt eines orientalischen Rosenverkäufers schildert und es an wohlgesetzter Sprache nicht fehlen läßt: »Nicht wahr? Sie sind auch allein. Sehr allein. Einsam, um es hart auszudrücken. Sie leben im Dunkeln. Angst nennt man das. Angst.« Dies hier war das genaue Gegenteil. Sprache, wie sie nicht im Buche steht. Durch keine Kunst, keinen literarischen Realismus nachzuahmen. »Ihr werdet alle verspeist werden, alle, alle! Die Tierwelt verspeist die Menschenwelt! Amen!«

Schade, daß man das nicht ins Radio bringen konnte. Aber hätte sie sich wirklich mit ihrem Sony-professional-Walkman vor ihn hinstellen sollen, ihm das Mikro vors Gesicht halten, ihn ansehen, riskieren, daß er sie zum erstenmal wahrnahm und womöglich angriff, eine Angst, die wahrscheinlich unbegründet war, da er niemanden hörte oder sah außer den Tierstimmen, die sich laut brüllend in ihm erhoben und wegen des Völkermordes an ihrer Spezies um Rache schrien?

Weibliche Obdachlose waren seltener, aber es gab sie, und sie waren das Gegenstück zum züchtigen Geist Clara Schumanns, denn sie führten unentwegt Selbstgespräche sexueller, ja obszöner Natur, während die betrunkenen Männer meistens politisch wurden. Ob es die magere, teuer gekleidete Ex-Intellektuelle, die Mutter von fünf Kindern oder die wahnsinnige Greisin war, sie waren alle vergewaltigt, mißhandelt und getreten worden und rächten sich nun, indem sie ihr Elend auf die Straße trugen.

»Und da hat er mich von hinten, und da schrie ich: Blut!«

Unmöglich, das elektromagnetisch aufzuzeichnen, nicht nur aus Anstand und Pietät. Kein Sender hätte diese Frauensprache der Gewalt je akzeptiert. Nachzuahmen war übrigens auch sie nicht. Jeder Versuch, Kunst daraus zu machen, wäre zynisch gewesen, und das Konzept einer bearbeiteten O-Ton-Version am Genrekonflikt zwischen Hörspiel und Reportage gescheitert. Schnell lief sie weg. Nur nicht hinhören. »Weißt du, wieviel Kinder ich hab, junge Frau? Fünf!«

Diese Frauen, die übrigens niemand außer der Polizei weiter zu beachten schien, wären ein Sujet für die Jelinek gewesen. Aber auch die hielt sich lieber an Kunstfiguren wie Clara Schumann.

Zum Einkaufen ging sie meistens in den Supermarkt. Es war dort billiger als im Tante-Emma-Laden, und es war schnell und sprachlos. Kein Klaaf in den Gängen zwischen den Regalen. Alle hatten es eilig. Selbst die paar Hausbewohner, die sie sonst grüßten, schienen sie zwischen Weichspüler und Waschmittel nicht mehr zu kennen. Auch die Frau an der Kasse wollte nicht, daß man sie ansprach. Reagierte zickig, fast böse, als sie es einmal versuchte.

»Haben Sie eine neue Haarfarbe?«

»Ja. Wieso? Würden Sie bitte Ihr Leergut nächstens saubermachen?«

Damit war klar: Sprechen im Supermarkt war verboten. Es wäre eine Störung des Betriebsablaufs gewesen, eine unziemliche, fast unsittliche Annäherung, ja, meine Heldin wunderte sich manchmal, daß an der Kasse kein Schild angebracht war: »Während des Bezahlens ist das Gespräch mit der Kassiererin strikt untersagt!«

Manchmal wurde ihr ihre Sprachlosigkeit so schwer, daß sie

beim Schreiben keine Worte mehr fand und das Gefühl hatte, die deutsche Sprache zu verlieren. Stundenlang grübelte sie dann über ein bestimmtes Wort nach. »Hinlänglich« zum Beispiel, oder »indessen«, Wörter, die in musikwissenschaftlichen Texten öfter vorkamen. »Wir haben uns über Claras Verhältnis zu Brahms hinlänglich geäußert, müssen indes noch hinzufügen, daß...« Wer war »wir«? Zu wem sprachen »wir«? Was bedeutete eigentlich »hinlänglich«? Wer hatte ein Wort wie »indessen« überhaupt erfunden? Klang es nicht scheußlich? Benutzte man es überhaupt noch? Sollte man es nicht streichen und statt dessen »aber« schreiben? Sie schrieb und löschte »hinlänglich« und »indessen« so lange, bis kaum noch etwas von ihrem Text übrig war. Kopfschmerzen stiegen auf. Das Bedürfnis, gegen den Bildschirm zu schlagen, und diesem sturen, stummen, schwarzweißen Ding etwas anderes zu entlocken als ein »hinlänglich«.

Dann ging sie in den türkischen Imbiß auf der Händelstraße, der eigentlich nicht türkisch, sondern kurdisch war, immer gerammelt voll von Gästen aller Sprachen und Hautfarben. Öl zischte, Kebabs brutzelten, und immer lief auf Deutsch oder Türkisch der Fernseher. Hinter einem Plastikvorhang, der abends zum Schutz vor dem Gewerbeaufsichtsamt zugezogen wurde, versteckte sich ein Laden, in dem man vom Haarfärbemittel bis zur Lammkeule alles kaufen konnte, rund um die Uhr, so lange wie Kunden kamen, Schwarze, die Besuch aus der Heimat hatten, Linke, die Asylanten bewirteten, berufstätige Mütter oder Lebenskünstler, die um ein Uhr nachts plötzlich Appetit kriegten. Dann wurde auf Arabisch, Türkisch, Kurdisch, Deutsch, Französisch und in Zeichensprache über die Qualität der Koteletts und den Preis der Zucchinis verhandelt, einer schimpfte über das Wetter und ein anderer über den dänischen Schafskäse, die Verkäuferin telefonierte gerade mit ihrem Freund, und die Chefin war sichtbar schwanger, sehr zum Ärger ihres Mannes mit einem Mädchen, wie sie seit kurzem wußte und meiner Heldin vertraulich erzählte.

Wie schön klänge dieses Zischen, Spritzen und Feilschen, dieses Fernsehgedudel und Durcheinander vertraulicher Geschichten als Hörstück, als multikulturelle Raumsymphonie. Doch noch ehe sie diese Idee zu Ende denken konnte, bekam sie von einer Musikredaktion den Auftrag, ein Stück über Richard Wagners Enkelin Friedelind und ihre Kindheit im Bayreuth der dreißiger Jahre zu schreiben und machte sich »hinlänglich« mißvergnügt an die Arbeit. Da es sehr heiß war und der Müll in den Papierkörben anfing zu stinken, packte sie ihren Computer ins Auto und fuhr in ein Eifeldorf hinter den Sieben Bergen und den Sieben Maaren, wo sie den ganzen Tag arbeitend am Fenster saß, vor sich einen grauen, blitzblank gefegten Hof, auf dem eine blonde Ex-Bäuerin mit einem Putzlappen hin- und herwirbelte. Sie hatte immer gedacht, auf dem Land sei es ruhig, ruhiger zumindest als auf der Aachener Straße. Davon konnte in der Realität keine Rede sein. Morgens um sechs läuteten zum erstenmal die Glocken, mittags um zwölf und abends um sieben noch einmal, schöne, große Glocken aus der benachbarten Glockengießerei, die in jedem Eifelführer stand, das volle Baritonbimbam ließ jeden angefangenen Satz verstummen. Aber sie sprach ja nicht. Sie dachte nur. Sie konzipierte die erste Szene ihres Hörspiels.

Tristan-Vorspiel auf dem Klavier. Cosimas Salon. Vogelgezwitscher und Hundegebell durch geöffnete Balkontür. Im Zimmer Tuscheln und Lachen von Kindern.

Cosima: Wie alt bin ich?

Friedelind: Fünfundneunzig, Oma.

Cosima: Wer bist du? Bist du der Wolfi?

Friedelind: Nein, die Friedelind.

Cosima: Gib mir meinen Fächer, Wolfi!

Friedelind: Darf ich dich im Rollstuhl fahren?

Autoreifen auf knirschendem Kies. Der Hund bellt lauter. Eine Türe wird geöffnet und wieder zugeschlagen. Jemand steigt aus.

Cosima: Wer ist da?

Friedelind: Adolf Hitler, ein Schwarm von Mama!

Es machte ihr Spaß, über etwas anderes zu schreiben als über

Clara. Sie vergaß die Aachener Straße und entspannte sich langsam. Da es kein Telefon im Haus gab, wartete sie auch nicht auf den Anruf ihres Ex-Mannes. Niemand und nichts würde sie hier stören. Nicht einmal die Glocken. Sie schloß die Augen, lehnte sich zurück und sah alles vor sich: Haus Wahnfried, den Bayreuther Hofgarten, das markgräfliche Schloß, den kleinen, peinlich gepflegten Park der Familie Wagner, Wagners efeuüberwuchertes Grab, Putzi, den Skye-Terrier, die dicke, blonde, sommersprossige Friedelind und die bleiche, alte, hakennasige Cosima, die chintzüberzogenen Sessel und die Büste Wagners auf dem Kaminsims, ja sogar Hitler selbst in kurzen, bayrischen Lederhosen und einer blauen Joppe, die ihm viel zu groß war.

Die Augen konnte man zumachen, aber die Ohren nicht. Kaum meinte sie, das Freudengebell des Skye-Terriers Putzi zu hören, wie er am Auto hochsprang und den Führer begrüßte, legte Lassie, der Nachbarshund, los, laut und wehleidig, weil man ihn nicht mit aufs Feld genommen hatte, und kaum schwieg Lassie und Putzi setzte in ihrer Imagination wieder ein, stellte der Nachbar die Motorsäge an und zerkleinerte Brennholz für ein Leben nur aus Wintern. Dann krähten die Hähne, gackerten die Hühner, donnerten die Tiefflieger der nahen Kampfbomberschwadron, jemand, der gerade sein Auto wusch, ließ deutsche Volksmusik laufen. Lassies Herrchen kam mit knatterndem Traktor vom Feld zurück und wurde freudig bellend begrüßt, und zu allem Überfluß saß im Computer ein Geist, der bei jedem längeren Zögern meiner Heldin zuerst klingelte und dann vorwurfsvoll »Ja?« sagte. Scherz beiseite. Es war gar nicht zum Lachen. Der Kampf der tatsächlichen mit den imaginierten Geräuschen lähmte ihr den Kopf und ruinierte ihre ganze Geschichte. Nur abends, unter unbeschreiblich schönem, klaren Sternenhimmel, wenn es bis auf ein sanftes Grillenzirpen ganz ruhig war, hätte sie ungestört denken und phantasieren können, aber diese Abende verbrachte sie lieber draußen als am Schreibtisch.

Am nächsten Tag versuchte sie es noch einmal. Es ist Festspielsaison. 1938. Hitler, sein Bediener und die Wagners sitzen beim Mittagessen. Es gibt Brotsuppe, Eier und Gemüse, Hitlers Lieblingsgerichte. Hitler trinkt Bier, die anderen Wein, bis auf Friedelind.

Hitler: Kannenberg, noch ein Bier!

Männliche Schritte. Eine Bierflasche wird mit einem Flaschenöffner geöffnet. Geräusch des Eingießens in ein Glas.

Bedienter: Zum Wohl, mein Führer!

Jemand nimmt vorsichtig einen Schluck Bier.

Hitler: Sind Sie ganz sicher, daß das mein Bier ist?

Bedienter: Aber ja, mein Führer!

Jemand nimmt vorsichtig noch einen Schluck Bier.

Hitler: Ist das mein Holzkirchener Dunkelbier?

Bedienter: Ich schwöre, mein Führer!

Jemand schlägt wütend auf den Tisch.

Hitler: Friedelind, man will mich vergiften!

Aber es wollte nicht gelingen. Denn immer, wenn sie versuchte, sich auf Hitlers formelhafte Sprechweise einzulassen, die sie aus Chaplins »Großem Diktator« gut im Ohr hatte, kam die blonde, mit dem Putzlappen herumwirbelnde Ex-Bäuerin an ihr Fenster und sagte:
»Immer noch fleißig?«
Oder:
»Schon wieder fleißig?«
Oder:
»Noch kein Feierabend?«
Oder:
»Ich hab auch viel geschafft heute!«
»Na, dann wolln wir mal wieder schaffen!«
Es war unerträglich. Schlimmer als Hundebellen, Glocken und Tieffliegen. Sie dachte an sprachliche Formelhaftigkeit ohnegleichen und wurde mit sprachlicher Formelhaftigkeit ohnegleichen konfrontiert.
»Schönes Wetter heute.«
»Der Salat ist verfault.«
»Ich hab schon Gurken eingeweckt und dicke Bohnen.«
Das war der längste Satz, den die Nachbarin jemals zu ihr

gesagt hatte. Ohne Nebensatz zwar, aber mit Subjekt, Prädikat, Objekt. Leider erheischte auch er keinerlei Antwort, ließ kein Gespräch zu, stand als bloße Tatsachenfeststellung im Raum. »Nein, wirklich?« hätte sie höchstens erwidern können, oder:˙»Ach, wie schön?« oder, den Duktus der Sprechenden aufgreifend: »Sind Sie aber fleißig!«

So ging es geschlagene vierzehn Tage lang. Tage, an denen sie nicht mehr schreiben konnte und ihr Kopf nicht weniger brummte als in Köln. Sie hörte auf, an ihrem Hörspiel zu arbeiten, und zählte nur noch, wieviele Vokabeln ihre Nachbarin beherrschte. Siebzig, maximal achtzig mochten es sein. Und wie ein Leitmotiv tauchte immer wieder der Satz auf: »Das muß auch mal sein.« Er war auf jede Lebenslage, jede Art von Tätigkeit zu verwenden. Schlafen, essen, sonnenbaden, zum Friseur fahren, putzen, heiraten, sich trennen, wieder versöhnen, über Friedelind Wagner, Clara Schumann und das Schweigen im Supermarkt schreiben, alles mußte irgendwann »auch mal sein«. Sogar sterben. Man konnte sich das ganze Ringen nach dem richtigen Ausdruck sparen und das Leben auf diese fünf Worte reduzieren.

Sie wußte natürlich, daß sie arrogant war. Daß diese Frau nie richtig gelernt hatte zu sprechen. Feldarbeit, Kinder und Haushalt. Abends fernsehen. Ein vom Fließband nach Hause kommender Mann, der auch nicht sprach. Die Zeitung, der »Trierische Volksfreund«, hatte ihren Weg in dieses Dorf nie gefunden. Und der Bus von der Stadtbibliothek kam schon lange nicht mehr.

Doch was half ihr das alles? Sie mußte weg von hier. Oder zumindest mit jemandem reden, der sprechen konnte. Eine Freundin, die in der Nähe wohnte, fiel ihr ein. Sie ging aus dem Haus, die Bergstraße hinauf, an den alten, geraniengeschmückten Bauernhäusern vorbei bis zur Kirche, wo immer ein Telefonhäuschen gestanden hatte. Es war nicht mehr da. Ersatzlos gestrichen? Vielleicht hatten sie es ja woanders aufgestellt. Da kam gerade der Pfarrer mit seinem Gebetbuch. Sie würde ihn fragen.

»Entschuldigung, wissen Sie, wo das Telefonhäuschen ist?«
»Das Telefonhäuschen gibt es nicht mehr. Es hat niemand mehr gesprochen.«

Klaus-Peter Wolf
Vivien – die Königin der geschlossenen Abteilung

1

Für die meisten Menschen ist Vivien einfach nur verrückt. Für Professor Ullrich ist sie ein Lichtwesen. Nur daß bei ihrer letzten Wiedergeburt auf der Erde etwas schiefgelaufen ist. Ihr Gedächtnis wurde nicht vollständig gelöscht. So kam sie nicht wie andere Neugeborene aus dem Nichts, in das wir alle immer wieder kommen und gehen, sondern sie begann ihr Leben mit Erinnerungen an eine schreckliche Vergangenheit, die es eigentlich gar nicht gegeben haben dürfte. Zumindest nicht auf diesem Planeten.

Professor Ullrich hat ein besonderes Interesse an Kindern, die in einer anderen Welt zu leben scheinen. Er sammelt sie wie andere Wissenschaftler Krebsgewebe oder Schlangengifte. Er studiert sie. Er hofft, dabei mehr über sich selbst zu erfahren.

Vivien ist schon seit drei Jahren bei ihm im Landeskrankenhaus. In der geschlossenen psychiatrischen Abteilung. Hier ist Professor Ullrich ein Gott, und er wird Vivien nie, nie hier herauslassen. Denn ihre Erinnerungen sind klarer als bei allen anderen Patienten, die er bis jetzt gehabt hat. Sie ist für ihn wie eine gigantische unterirdische Bibliothek, für die nur er einen Leihausweis besitzt.

Bisher zog er fast wahllos Bücher heraus, schmökerte darin herum und las sich irgendwo bis zur Erschöpfung fest. Am anderen Tag entdeckte er ein paar andere Buchregale, wieder mit ein paar tausend Bänden. In jedem weitere neue, aufregende Aspekte des Seins. Doch egal, wieviel Zeit er in der Bibliothek verbringt, sein Leben wird nicht ausreichen, um alle Bücher zu lesen, geschweige denn zu speichern und auszuwerten. Er muß systematisch vorgehen. Er sagt es sich jeden Tag. Aber bei jeder neuen Begegnung mit Vivien erliegt er der Faszination von Thara sofort.

Schon ein paarmal war er kurz davor, eine Kollegin hinzuzuziehen. Er hatte die bekannte Reinkarnationstherapeutin

Zablonski sogar schon zum Gedankenaustausch ins Da Capo eingeladen. Doch im letzten Moment schreckte er eifersüchtig vor der Vorstellung zurück, jemand anderen in seiner Geheimbibliothek lesen zu lassen. Vielleicht würde sie sich für immer verschließen, oder, das fürchtet er noch mehr, Vivien könnte plötzlich nicht mehr ihm allein gehören, sondern *wissenschaftliches Allgemeingut* werden. Also widerlegbar. Kein gutes Haar würden die Kleingeister an ihrer Glaubwürdigkeit lassen. Die ziehen doch alles in den Schmutz, was nicht in ihr engmaschiges Weltbild paßt. Die erkenntnistheoretischen Dünnbrettbohrer sind doch kaum in der Lage, ihre eigene Existenz hier und jetzt zu begreifen. Wie sollen sie akzeptieren können, daß es ein Wesen wie Vivien gibt, ohne dabei wahnsinnig zu werden?

Denn eines steht für Professor Ullrich fest: Wir sind alle Lichtwesen wie Vivien, nur, wir erinnern uns kaum an etwas und wenn doch, dann nennen wir die Erinnerungen an unser vorheriges Leben Träume oder Phantasien und, falls die heftiger werden, Wahnvorstellungen. Es gibt Tabletten dagegen und ausgefeilte Behandlungsmethoden. Statt die Chance zu ergreifen, die in den aufblitzenden Informationsstückchen unserer Vergangenheit liegen, werden ihre Träger hospitalisiert, oder man banalisiert alles. Oh, wie sehr er den Ausdruck *Träume sind Schäume* haßt!

Professor Ullrich hat Vivien schon so oft hypnotisiert, daß sie manchmal schon in den Zustand versinkt, wenn sie nur seine Stimme hört. Er kann sehr großzügig sein. Zum fünfzehnten Geburtstag hat er ihr eine wunderschöne chinesische Kladde geschenkt. Jetzt muß sie nicht mehr die kleinen Schulhefte vollschmieren. Den neuen Kolbenfüller mit Goldfeder benutzt sie fast nie. Dafür schreibt sie mindestens einen Filzstift pro Woche leer. Professor Ullrich unterstützt ihren Wunsch, Schriftstellerin zu werden. Er lobt ihr Talent. Er liest jeden Satz, den sie schreibt. Besonders ihren Thara-Roman mag er.

Aber manchmal macht der Professor Vivien auch angst. Sie hat die Putzfrauen belauscht. Sie unterhielten sich über Professor Ullrich. Die Putzfrauen dürfen Viviens Papierkorb nicht in den Müll ausleeren. Alles muß dem Professor gebracht werden. Die dicke, alte Martha mit den rosigen Wangen, die von sich behauptet, hier im Landeskrankenhaus zum Inventar zu gehören, spottete lauthals über ihn. Er habe doch selbst einen Haschmich, wie alle Psychologen. Sie sagt, sie könne sich ein Urteil erlauben, sie habe schließlich viele kommen und gehen sehen, aber keiner sei so abgedreht gewesen wie Professor Ullrich. Trotzdem nennt sie ihn, wie die meisten hier, nur respektvoll den *Chef*.

Einmal hat Vivien in seinen Akten einen Zettel gefunden. Ein aus dem Schulheft herausgerissenes, zerknülltes Stückchen kleinkariertes Papier. Es war auf ein vollständiges DIN-A-4-Blatt geklebt und unter Klarsichtfolie abgeheftet. Die roten Kringel und Pfeile waren von ihm. In seiner verkrochenen, krakeligen Schrift hatte er ein paar Bemerkungen hinzugefügt. Er mußte diese Fetzen tatsächlich aus ihrem Papierkorb haben. Vivien stellte sich vor, wie er sie bügelte und zu entziffern versuchte. Sie versteht nicht, was sie so interessant macht. Aber manchmal genießt sie es. Sie hat so etwas wie Macht über ihn. Je mehr sie schreibt und erzählt, um so glücklicher macht sie ihn. Wenn sie sich ins Schweigen zurückzieht, kann er seine Verzweiflung nur schwer verbergen. Sie ist seine auserwählte Prinzessin und seine Gefangene zugleich. Vivien. Die Königin der geschlossenen Abteilung.

Natürlich hat sie ein Einzelzimmer. Eine bunte Oase in diesem grauen Trakt des Landeskrankenhauses. Sie besitzt einen Fernseher mit Kabelanschluß und einen Videorecorder. Sie darf gucken, was sie will. Allerdings gibt es eine kleine, merkwürdige Besonderheit. Die Schwester hat die Fernbedienung, und manuell kann Vivien den Kasten nicht bedienen. Die Knöpfe sind blockiert. Sie muß jedesmal, wenn sie in ein anderes Programm umschalten möchte, die Schwester rufen. Sie kommt immer bereitwillig. Sogar nachts.

Die Schwester muß genau Protokoll darüber führen, welche Sendungen Vivien sich wann ansieht. Niemand versteht es. Aber es ist eine Anweisung vom Chef persönlich. Und der muß sich nicht erklären.

Wenn Vivien die Schwester ärgern will – und Schwester Inge ärgert sie besonders gern –, dann ruft sie zehnmal an einem Abend. Sie läßt Inge durch die Programme switchen und genießt das Gefühl, der blöden Ziege viel Arbeit gemacht zu haben. Denn auch darüber muß Inge genau Protokoll führen.

Vivien kann ruhig eine schiefe Schnute dabei ziehen oder patzige Bemerkungen machen – Schwester Inge tut, was Vivien verlangt und schreibt es auf, denn es macht keinen Sinn, sich gegen Professor Ullrichs Anweisungen aufzulehnen. Zumindest nicht, wenn man seinen Job behalten will. Und Schwester Inge ist als alleinerziehende Mutter auf diese Stelle angewiesen. Einmal, ein einziges Mal, hat Schwester Inge gewagt, eine spitze Bemerkung zu machen. Sie baute sich breitbeinig vor Professor Ullrich auf, stemmte die Hände in die Hüften und sagte: »Wenn Sie mich fragen, die Göre braucht keine Therapie. Was die nötig hat, sind ein paar Ohrfeigen.«

Professor Ullrich sah Schwester Inge mit einem Blick an, der so kalt war, daß sie ihn wie Eis auf der Haut spürte.

»Sie fragt aber keiner!« zischte er. Er tat so, als sei die Sache damit für ihn erledigt. Doch Schwester Inge weiß, er wartet nur darauf, daß sie einen Fehler macht. Sie steht jetzt auf seiner Abschußliste. Er wird gnadenlos dafür sorgen, daß sie ihren Job verliert, wenn sie ihm auch nur den kleinsten Anlaß dazu gibt.

Sie hofft, sich vielleicht wieder bei ihm einschmeicheln zu können. Sie sieht dafür nur einen Weg: Er führt über Vivien. Irgendwann wird sie – und sei es nur im Rahmen eines pubertären Hormonschubs – versuchen, sich der absoluten Kontrolle von Professor Ullrich zu entziehen. Auf diesen Moment wartet Schwester Inge. Sie wird Vivien bei ihm verpetzen. Damit hofft sie, alles wieder ins Lot zu bringen. Wenn es ihr gelingt, ihm ein Geheimnis über Vivien zu verraten, ihm eine Information zu geben, die ihm bisher nicht zugänglich war, dann, ja dann könnte sie sogar die Stationsleitung bekommen...

Alles hängt also von Vivien ab.

Schwester Inge haßt dieses unmögliche Kind. Sie ist genauso alt wie ihre Tochter. Aber Vivien beherrscht sie. Wieviele Ohrfeigen, die eigentlich Vivien gegolten haben, mußte Doro in den letzten Jahren einstecken?

Den Gedanken, sich über Professor Ullrich zu beschweren, hat Schwester Inge längst aufgegeben. Sie hat Frau Dr. Sabrina Schumann, die Verwaltungsdirektorin, nur einmal in seiner Gegenwart erlebt. Das reicht ihr, um zu begreifen, daß diese Frau ihm auf eine irre Art verfallen ist. Für Schwester Inge steht fest, daß er die Verwaltungsdirektorin hypnotisiert. Jedenfalls kann man von ihr keine Hilfe gegen den allmächtigen Professor erwarten.

2

Auf Professor Ullrichs Schreibtisch liegen grob geknetete Figuren aus Ton. Sie sehen aus wie weggeworfene Föten. Jeder Besucher, der diesen Raum betritt, geht automatisch davon aus, es handele sich um tönere Geschenke eines Patienten. Mißglückte Versuche einer gequälten Seele aus der Beschäftigungs- oder Spieltherapie.

Professor Ullrich läßt die Menschen in dem Glauben. Aber er hat die Figuren selbst geformt. Er erschrickt jedesmal, wenn er sie ansieht, und fühlt sich ihnen doch vertraut. Vorsichtig berührt er eine gekrümmte, aufgeplatzte Gestalt. Sie kommt ihm bestürzend lebendig vor. Wie eingefroren. Etwas Böses geht von diesen Figuren aus. Er hat sie geschaffen, doch sie hassen ihn. Wenn sie aus ihrer Erstarrung auftauen könnten, würden sie ihn angreifen.

Ullrich zieht den Finger zurück, als hätte er sich an ihrer Kälte verbrannt. Er wagt es nicht oft, eine der Figuren anzufassen. Er bewahrt längst nicht alle im Büro auf. Ein paar von ihnen, die schlimmsten Fratzen, liegen zu Hause in der Tiefkühltruhe neben den kopflosen Hechten und aufgeschnittenen Forellen.

Er sieht seinen Fingern gern beim Kneten zu. Sie sind dann wie selbständige, von ihm unabhängige kleine Wesen. Sein Kopf steuert sie nicht. Er registriert lediglich ihr Tun, als sei alles ein wissenschaftlicher Versuch. Eine interessante Testreihe: Was machen die Hände von Professor Ullrich, wenn er sie einfach sich selbst überläßt?

Seine Fingerkuppen kommen ihm empfindlicher vor als seine Lippen oder seine Eichel. Sein Tastsinn ist so ausgeprägt, als habe er ewig lange in völliger Dunkelheit und Stille verbracht. Ganz auf Berührung angewiesen, um die Welt zu erfahren. Wie andere Zigaretten oder Lutschbonbons bei sich tragen, hat er immer Knetgummi in der rechten Westentasche. Sie ist ausgebeult davon. Wenn er nichts knetet, hat er etwas anderes zwischen den Fingern. Kronkorken. Büroklammern.

Bleistifte. Papierkügelchen. Mit irgend etwas muß er immer spielen. Es ist kein nervöses Herumfingern. Mehr ein meditativer Akt. Als könnte er aus den Dingen Ruhe und Kraft saugen. Als würde er sich mehr durch seine Fingerkuppen ernähren als durch Mund und Speiseröhre. Hinter ihm an der Wand hängen Vergrößerungen seiner Fingerabdrücke in schwarz, blau und rot. Als hätte Andy Warhol keine Gesichter von Marylin, sondern Daumenabdrücke von Professor Ullrich gemalt. Sie sind fußballgroß. Es hat etwas von Kunst an sich und etwas von Fahndungsakte.

Er dreht oft seinen Ledersessel und betrachtet die zerklüfteten Landschaften. Wie ausgetrocknete Flußbette, verschlungen und labyrinthisch. So ähnlich stellt er sich Thara vor. Den Ort, von dem Vivien kommt und über den sie mehr weiß als irgendein anderes Lebewesen im Jetzt.

Professor Ullrich schaltet mit der Fernbedienung den Monitor an. Da sieht er sie: Vivien. Sie liegt nicht mehr auf dem Bett. Endlich schreibt sie wieder. Ihr Körper krümmt sich über das Papier, als müsse sie die Sätze aus sich herauspressen. Dort auf dem Bildschirm gleicht sie auf fatale Weise in Größe und Form den tönernen Figuren auf dem Schreibtisch des Professors. Sie sieht genauso gequält aus, nur hält ihre Haut sie noch zusammen. Das Innere platzt nicht einfach aus ihr heraus.

Er drückt auf *Maximale Lautstärke*. Vivien atmet schwer. Wenn sie über Thara redet oder schreibt, wird sie oft asthmatisch. Ihr Blutdruck steigt auf 180 zu 220. Der Puls rast in schwindelerregende Höhen. Professor Ullrich hat es oft gemessen. Besonders nachts. Er konnte sie auch wecken, wenn sie wieder in Thara war. Doch ihre Berichte waren dann zu verworren, die Angst zu groß. Heute verzichtet er ganz auf solche Messungen. Was sagen sie schon aus? Körperreaktionen, mehr nicht.

Er switcht auf *Bildausschnitt*. Am liebsten würde er direkt mitlesen, was sie da schreibt, aber ihre vorgebeugte Schulter verbirgt den Text.

Die Sprechanlage auf seinem Schreibtisch knistert und piepst. Frau Dr. Sabrina Schumann will ihn sprechen. Es sei dringend.

Professor Ullrich grollt. Alles ist immer dringend. Wahrscheinlich will nur irgendein Krankenhausfuzzy die Belegdaten diskutieren. Wie sehr er diese Typen mit ihrem Halbwissen und ihrer Macht haßt! Statt sich seinen Patienten zu widmen, muß er mit diesen Trotteln Smalltalk halten, damit die Mittel nicht gekürzt werden. Wieviele Stunden seines Lebens hat er damit verbracht? Wenn einer von denen auch nur erahnen könnte, welch bedeutende Forschungen mit ihrem Geschwätz unterbrochen werden. Sie müßten sich vor Angst und Scham die Pulsadern öffnen.

Das alles sagt er natürlich nicht. Er hat sich im Griff. Er ist freundlich wie immer. Doch Frau Dr. Schumann erkennt trotz allem den unlustigen Tonfall seiner Stimme.

»Bitte«, sagt sie, »hier ist Vivien Schneiders Vater. Er will sie...«

Professor Ullrich reagiert, als habe die Sintflut in seinem Büro die Wände eingedrückt. Er springt zum Fenster und reißt es auf. Er wählt den kürzesten Weg zum Verwaltungsgebäude. Quer durch den Garten.

Schwester Inge sieht ihn, wie er aus dem Fenster in das Blumenbeet steigt und losrennt. Sie stößt Martha, die dicke Putzfrau, an. Sie nicken sich zu. Der hat sie nicht alle. Das ist für sie sonnenklar. Inge regt sich noch auf über ihn. Für Martha steht längst fest, daß er bald sein Büro gegen ein Zimmer in der Geschlossenen eintauschen wird, wenn er so weitermacht.

Ullrich ist ein kleiner, drahtiger Mann. Hinter seinem Schreibtisch wirkt er feingliedrig und vergeistigt. Und gar nicht wie Mitte 50. Eher wie jemand, der ohne ersichtlichen Grund aufgehört hat zu altern. Er kann zwischen 35 und 60 sein. Wie er jetzt mit vorgerecktem Kopf über die Wiese jagt, hat er nichts Akademisches mehr an sich.

Vor der Tür zum Verwaltungsgebäude stoppt er abrupt und walkt sich das Gesicht durch. Die Bartstoppeln erinnern ihn daran, daß er letzte Nacht nicht zu Hause verbracht hat, sondern über Viviens Aufzeichnungen. Ein Ruck geht durch seinen Körper. Er macht sich gerade und versucht zu lächeln. Dann erst tritt er ein. Er begrüßt die Verwaltungsdirektorin, Frau Dr. Schumann, mit einem kurzen Kopfnicken. Sie federt sofort von ihrem Stuhl hoch und überprüft mit einem raschen Blick in den Spiegel den Sitz ihrer Frisur. Der Professor be-

merkt nicht einmal, daß die grauen Strähnchen getönt sind. Er taxiert Viviens Vater.
Schneider hat einen laschen Händedruck. Kraftlos hält er die Hand hin wie ein totes, feuchtes Stück Fleisch. Professor Ullrich packt extra energisch zu. Schneider soll gleich merken, mit wem er es zu tun hat. Der Mann ist emotional aufgewühlt und unsicher. Eine explosive Mischung aus Tatendrang und schlechtem Gewissen. Als Professor Ullrich seine Hand zurückzieht, glaubt er das Nikotin zu spüren, das zwischen Schneiders Zeige- und Mittelfinger die Haut gelb gefärbt hat. Ullrich holt sein Stofftaschentuch aus der Hosentasche und wischt sich damit die Finger ab.

Frau Dr. Schumann versucht zu vermitteln, bevor der Streit beginnt. »Herr Schneider möchte seine Tochter gerne sehen und, wenn es geht, übers Wochenende mit nach Hause nehmen.« Sie versucht, verbindlich zu lächeln. Keiner der Männer reagiert darauf. Sie fährt ohne Luft zu holen fort, als könne sie mit ihrem Redefluß die drohende Katastrophe aufhalten: »Herr Schneider wohnt jetzt nicht mehr so weit weg wie früher. Er ist in unsere Nähe gezogen, damit er den Kontakt mit Vivien in Zukunft besser halten kann. Wie wir alle wissen, war Herr Schneider in letzter Zeit beruflich und familiär in einer angespannten Lage und konnte sich leider nicht so intensiv um seine Tochter kümmern, wie vielleicht aus therapeutischer Sicht nötig gewesen wäre.«

Herr Schneider kaut schuldbewußt auf seiner Unterlippe herum und schaut auf seine Schuhspitzen. Professor Ullrich dreht das Taschentuch zu einem Strick zusammen. Die Schlinge zieht sich um seinen Daumen fest. Frau Dr. Schumann kann den Blick nicht von dem geknebelten Daumen nehmen. Am liebsten würde sie *Aufhören!* schreien. Sie hat Angst, Ullrichs Finger könne gleich brechen. Sie kann das Knirschen schon hören. Sie versucht, das Geräusch mit ihrer Stimme zu übertönen. Sie will es nicht hören, wenn es kommt, und es muß kommen. Ihr hysterisch heiserer Redefluß wird durch Professor Ullrichs schneidende Stimme unterbrochen: »Nein, das kommt überhaupt nicht in Frage!«

Frau Dr. Schumann stöhnt und sieht den Professor flehend an. Schneider schaut auf, tut, als hätte er nicht verstanden. »Wie?«

119

Professor Ullrich läßt das Taschentuch los. Es kräuselt sich gegen die Drehung wie eine Schlange, die sich in dem Daumen festgebissen hat. Bevor es auf den Boden fallen kann, knüllt er es zusammen und steckt es ein. Er hat dabei Blickkontakt mit Herrn Schneider. Sie sehen sich direkt in die Augen. Es ist wie ein Duell. Wer zuerst wegguckt, hat verloren.

»Wie lange haben Sie sich nicht um Vivien gekümmert? Ein Jahr? Zwei Jahre? Drei?«

Professor Ullrich weiß es genau. Er hat jeden Tag gezählt, und es sind bisher 992 seit dem letzten Kontakt. Schneider ahnt, daß der Professor es weiß, und der Professor weiß, daß Schneider ahnt, daß er es weiß. Trotzdem antwortet Schneider: »Jaja, Sie haben recht. Es waren fast drei Jahre. Aber es hat sich viel geändert. Ich habe mich gefangen. Ich...«

»Herr Schneider hat eine Therapie gemacht...«, wirft Frau Dr. Schumann ein. Unter ihrem Mieder beginnt die Haut zu jucken. Sie würde sich jetzt gerne kratzen oder, besser noch, heiß duschen.

Professor Ullrich nickt Schneider zynisch zu. »Wie schön für Sie. Herzlichen Glückwunsch.«

»...hat wieder geheiratet und...«

»Und jetzt fehlt ihm zum Familienglück nur noch ein Kind, was?«

»Ich bin ihr Vater«, stellt Herr Schneider fest, als hätte das irgend jemand bezweifelt. Er hält dem Blick nicht länger stand. Mit einer so schnellen Kapitulation hat Professor Ullrich gar nicht gerechnet. Er setzt sofort nach: »Guter Mann, ich muß Ihnen zugute halten, daß Sie keine Ahnung haben. Vivien ist in einer psychisch äußerst labilen Situation. Das schöne Familienwochenende könnte anders verlaufen, als Sie es planen. Vielleicht ißt sie mit Ihnen zu Abend. Scherzt, lacht – und dann verändert sich plötzlich ihr Blick.« Professor Ullrich macht es vor, während er redet. Unwillkürlich weicht Schneider zurück. »Sie denken, daß ihr etwas angst macht oder etwas sie geärgert hat. Aber das stimmt nicht. Sie hält Sie für einen Zonker. Sie schreit Sie an, Sie sollen sie nicht anfassen. Dann nimmt sie das Brotmesser vom Tisch und sticht auf Sie ein, bis Sie sich nicht mehr bewegen.«

Die Stille im Raum ist jetzt beängstigend. In der geschlossenen Abteilung brüllt ein Verzweifelter. Der weit entfernte

Schrei von außen macht das Sprechen im Verwaltungstrakt wieder möglich.

Mit belegter Stimme fragt Schneider: »Was ist ein Zonker?« Professor Ullrich wendet sich ab und macht eine wegwerfende Geste. Sein Gesicht deutet an *Das kapieren Sie sowieso nicht,* doch er sagt: »Eine Art Teufel.«

Schneider fingert die letzte Zigarette aus seiner Packung und faltet die leere Schachtel zusammen wie ein gebügeltes Hemd.

In diesem Raum ist es nicht gestattet zu rauchen. Zwei Schilder weisen darauf hin. Aber Frau Dr. Schumann sieht jetzt darüber hinweg.

»Was Vivien braucht«, erklärt Professor Ullrich mit einem Tonfall, der keinen Widerspruch duldet, »ist die Stabilität einer kontinuierlichen Beziehung. Das ist für sie so etwas wie eine Rettungsboje auf hoher See. Wenn sie aus dem Dunkel auftaucht, muß jemand da sein. Immer. Diese Sicherheit haben wir ihr in den letzten Jahren gegeben. Heute Hüh, morgen Hott und übermorgen Mal-gucken-wie-ich-so-drauf-bin, das ist schon für normale Kinder schlecht. Für Vivien ist es unerträglich! Sie hat Sie vergessen. Zumindestens versucht sie es. Ihr plötzliches Auftauchen könnte sie in eine Krise stürzen. Das können Sie doch auch nicht wollen.«

Viviens Vater hält die Zigarette wippend zwischen den Lippen. Mit beiden Händen tastet er seine Taschen nach Feuer ab, findet aber nichts. Er gibt auf, nimmt die Zigarette aus dem Mund und zeigt mit dem Filter auf Professor Ullrich. »Ich will meine Tochter. Sie können mir das nicht verbieten!«

Professor Ullrich wirft Frau Dr. Schumann einen Blick zu. Sie nickt resigniert.

Ror Wolf

Die große Kaltluftglocke über Mainz

Um zu erfahren, wie das Wetter ist, warf ich am 13. März des vergangenen Jahres einen Blick durch das Fenster. Natürlich hätte ich, ohne hinauszublicken, einfach darüber nachdenken können, ob es regnete oder nicht, aber ich wäre niemals zu einem wirklich gesicherten Eindruck gekommen. Also sah ich hinaus: der Regen hing wie ein Lappen vom Himmel, es war nichts zu sehen, als dieser dicke herunterhängende Lappen, hinter dem nichts zu sehen war, kein Haus, kein Hund, keine Hand. Und dennoch hatte ein ziemlich bekannter Mann bei diesem Wetter Gelegenheit, sich von seiner charakteristischen Seite zu zeigen. Eine ausführliche Beschreibung des Mannes erscheint mir seiner Berühmtheit wegen kaum nötig, sie läßt sich zumindest auf wenige Worte beschränken. Es ist der Naturkundelehrer Moll, der die Ansicht vertritt, daß der ganze menschliche Körper angefüllt ist mit Tieren, daß der Mensch nicht viel mehr ist als ein gewaltiger Infusorienhaufen; eine Behauptung, die in den letzten Jahren etwas von ihrer ursprünglichen Ausdehnung eingebüßt hat, aber noch immer dem augenblicklichen Stand der Wahrheit entspricht. Das wird durch ein Beispiel veranschaulicht, das seiner Eigenart halber und im Hinblick auf den Umstand, daß die Werke von Moll längst vergriffen sind; wie überhaupt Molls Werke als kaum mehr auffindbar, als verschwunden, als nur in meinem Kopf vorhanden gelten, und von Leuten wie Noll oder Schwill verhöhnt und belächelt werden; frei wiedergegeben werden muß: aus dem dunklen Gedächtnis, aus der verwehten Erinnerung, aus der geheimnisvollen Welt der Gedanken, die in das gnadenlose Gebiet der Störungen führen. Nun sollte man aber wissen, daß ich hier nichts von Störungen erzählen möchte, die andere Völker und Kontinente betreffen, sondern von Störungen, die durch die Füße des oben erwähnten Mannes, Moll, der über mir wohnt, und der es sich in den Kopf gesetzt hat, in den Nächten zu denken und dabei herumzugehen, hervorgerufen werden. Diese Störungen kommen keinesfalls nur gelegentlich vor, sondern nahezu ununterbrochen, vor allem in Mainz, wo der Himmel jetzt wie ein gelber Sirup heruntertropft. Das ist aber nur ein Beispiel, wir wollen nicht davon reden, der Wind weht den Regen gegen die Fenster und es ist besser, zu schweigen. Auf der Straße fließt schäumend das Wasser ab und alles verschwindet unter dem zugenagelten Mond, die Bürgersteige, die aufgeblähten Hotels, die beleuchteten Kuppeln, das funkelnde Stadttheater; die Schornsteine rutschen rasch von den Dächern, die Dachrinnen ringeln sich wurmweich hinauf in die Luft, die Turmspitzen knicken, die harten gebogenen Brücken knacken, die Brandmauern falten sich lautlos zusammen, während Moll mit seinen hölzernen Schritten herumgeht und über den Menschen nachdenkt, der bis zum Rande gefüllt ist mit Tieren, die ihm durch die Füße kriechen, hinauf in den Kopf; ich halte es nicht mehr für nötig, den Fall zu erwähnen. Dagegen beschäftigt mich jetzt die Frage, ob die bewohnte Welt überhaupt existiert, oder ob sie nicht wirklich ausschließlich in meinem geschwollenen Schädel steckt. Der Himmel ist heute, am 13. März, ein kalter geschlossener Dosendeckel. Das ist ein angemessener Schluß.

Im mondlosen Olm

Im Süden von Olm trat im Herbst ein Ereignis ein, das für die Fortsetzung meiner Aufzeichnungen von großer Bedeutung war. Und erst dieses Ereignis, denn die früheren Ereignisse waren unbekannt oder unbeachtet geblieben, erregte den allgemeinen Verdacht und den Unwillen der Bevölkerung dieser von Nebeln umschlichenen schwachbeleuchteten Stadt. Ich hörte damals, daß ein Mann beim Verlassen der Gastwirtschaft *Krone* sich abfällig über meine Geschichten geäußert hat. Dieser Mann, der Vergnügungsreisende Müller, hatte die Angewohnheit, täglich in seinem Mercedes herumzufahren. Die Richtung, in die er fuhr, war der Norden, er bewegte sich unablässig in nördlicher Richtung, entdeckte sonderbare Gebiete und erzählte, daß diese Gebiete nur in mondloser Dunkelheit und bei strengster Ruhe durchfahren werden könnten. Ich bezweifle die Richtigkeit seiner Behauptungen, bin allerdings noch nicht tief genug in die Vergangenheit dieses Mannes eingedrungen, um meine Meinung begründen zu können.

Ich habe bekanntlich die unangenehme Erfahrung gemacht, daß die Mehrzahl der Männer, über die ich nachgedacht und berichtet habe, selten bereit war, mir den Aufwand an Arbeit, den ich mir bei der Darstellung ihrer Lebensgeschichten machte, mit Zuneigung zu vergelten. Ich will mich bei diesem Gedanken nicht aufhalten. Für die Fortsetzung meiner Aufzeichnungen genügt es, bemerkt zu haben, daß jeder von ihnen die Freiheit hatte, am Ende meiner Geschichten in der bewohnten Welt zu verschwinden, ohne Verpflichtung, ohne Bedingung, ohne Bedeutung. Der Vergnügungsreisende Müller wird also möglicherweise der letzte sein, den ich erwähne. Die Jahre vergingen, während er durch die Welt fuhr und immer beliebter wurde. Zur gleichen Zeit saß ich in meinem kellerartigen Zimmer in Zornheim, über die Worte gebeugt, um diese Zeilen zu schreiben. Am 12. Oktober verließ ich das Haus und ging ohne Mantel davon. Ich verließ meinen ruhigen Platz und überall, wo ich hinkam, kam ich gerade noch einmal davon. Ich besuchte Schwabenheim, Essenheim, Ingelheim, ich sprang aus dem Alltag von Zornheim hinaus in den Monat Oktober und setzte mich sämtlichen Unannehmlichkeiten des Lebens aus. Ich sprang bis zum Rand der bewohnten Welt und ließ nur Erstaunen zurück und Stille.

Eines Tages, zur gleichen Zeit, ging ich wie jemand, der sich die Gegend ansehen will, umher und sah mir auch wirklich die Gegend an. Das freundliche, seiner furchtbaren Fruchtbarkeit wegen berühmte Gelände, die pinselartigen Bäume, die riesigen Gurkengärten und Bohnenkulturen. Plötzlich, im Herbst, auf dem Weg von Zornheim nach Olm, an einem windigen Montag, traf ich auf einen gewöhnlichen, vollkommen unbedeutenden Mann. Ich weiß, ich habe die schlechte Gewohnheit endgültig abgelegt, von Männern zu sprechen, über die zu reden es eigentlich keine Veranlassung gibt. Also werde ich schweigen; ich muß mich nicht mehr um Männer kümmern, die gleichgültig sind und gar nichts bedeuten, nicht mehr als das ganz natürliche Blätterrauschen in Olm. Der Vergnügungsreisende Müller, um den es sich handelt, tut ohnehin, als bemerke er nichts; als beobachte er etwas wesentlich Tieferes und Ergreifenderes außerhalb dieser Geschichte. Es ist also gar kein so schlechter Gedanke, aufzuhören und diesen belanglosen Fall zu beenden.

Außerdem wollte ich ohnehin schweigen. Mich erwarten noch einige abenteuerliche Begebenheiten, die, wenn man sie liest, die Bewohner von Olm in eine bedeutende Aufregung versetzen werden. Ich rief Müller zum Abschied noch etwas zu, etwas Beleidigendes, grob Verletzendes. Der Vergnügungsreisende aber befand sich schon auf dem Weg nach Worms. So verging eine Weile im Nebel, hinter dem er davonfuhr, man hörte nur dieses Fahren und selbst dieses Fahren war nicht mehr zu hören. Auch meine Worte hatte ich längst vergessen. Ich vergaß auch, daß jemand im Nebel davonfuhr, Oktober November, als ich über die nackten Stellen der Straße und über den tief entzündeten Erdboden ging, an diesen sirupdikken Gewässern vorbei, den schlammigen Tümpeln, verstopft mit schnappenden Fischen, das Wasser ganz schwarz von ermatteten Fliegen. So ging ich weiter nach Olm, unter der ungeheuren Wolkenverwüstung hinweg, über dicke Geschwülste auf diesen randlosen Wegen, aus denen meterlang bleich aus der Tiefe die Olme krochen, durch diesen wurmweichen, sturmreichen Wald. Ein nahezu schaumiger Himmel, eine struppig behaarte Landschaft, eine ich glaube fauchende Landschaft; es wäre wirklich kein Wunder, wenn plötzlich alles in dieser Nässe zerknallte, zusammenprallte und platzte; aber das hat schon lange nichts mehr zu sagen. Mein Interesse an dieser Geschichte, an sämtlichen wichtigen Punkten dieser Geschichte, ist gänzlich erloschen. Ich würde sogar behaupten, daß sie mich niemals beschäftigt hat, keinen Moment, keinen einzigen Augenblick. Das letzte, woran ich mich noch erinnere, ist, daß ich nirgendwo hinging. Dann sah ich vom Keller aus über die rostroten Weinstöcke bis zu den dampfenden Abfallbergen am anderen Ende der Welt.

Wahrheit und Wirklichkeit in Prüm

In der Nähe der Ortskrankenkasse von Prüm, unter den spitzen pappelartigen Bäumen, stießen im März zwei Männer wie Lokomotiven zusammen. Das Krachen war damals so stark und so allgemein, daß man sofort mit dem Schlimmsten zu rechnen begann. Max Schmeling, der schwankend vorbeikam, sagte, man solle sich keine Gedanken machen, das Schlimmste sei längst überstanden. Die beiden Männer jedoch, die am Boden lagen, waren ganz anderer Meinung; sie hoben entsetzt ihre Hüte auf und klopften sie ab. Das alles gehörte noch zu den schönen Wahrscheinlichkeiten, zu den zweifellos unbedeutenden kleinen Ereignissen, mit denen man jederzeit rechnet. Etwa zwei Wochen später wurde ich Zeuge von Vorfällen, die womöglich nicht jedermanns Sache sind. Eine schwere geschwollene Dunkelheit wälzte sich aus der Ferne heran; ich sah diese große Geschwindigkeit, mit der sich die Berge wie Polster über mich schoben, ich sah auch das Blut aus dem Mund und die aus der platzenden Erde fauchende Luft und den dichten von oben fallenden Regen, die Feuchtigkeit also, die glänzende Nässe, das plötzlich aus sämtlichen Fenstern spritzende Wasser und die aus den Häusern fließenden Möbelstücke, die Tische, die Lampen, die Betten; und schließlich flossen die Häuser selber davon, die Straße hinab, am Bahnhof vorbei, bis zum schwarzen gurgelnden Ende. Der Reisende Lemm beschreibt einen ähnlichen Fall in Gelnhausen und findet ihn sehr bedenklich. Ich habe mich aber entschlossen, die Sache für selbstverständlich zu halten, für ziemlich alltäglich und kaum noch erwähnenswert; zumal es gerade zu regnen beginnt.

Ferdinand Blume-Werry
entwegtes land

I   auf terrassen,
     hinter virtuellen
     fenstern

grausamer noch ist der juni,
ende der ersten üppigkeit,
rhododendröhnendes blütenschweben,
sommeranfang, schwarzer
in der hecke verschwindender
drosselpunkt, kreischender
tiefflug in die schatten vor dem gewitter,
das niedergeht, und kartenhausgleich,
dreigeteilt stürzen die flächen der häuser,
des parks und des himmels ineinander.

irgendwo im irgendwie irdischen
das anschlagen der hunde,
sich mischende bilder, worte,
dampfende dachpfannen,
abgeknickte dolden,   15
das sichtbarwerden kleinster strukturen,
wenn mücken in thermischen säulen tanzen,
der halbschlaf, die stadt,
die unwirklich nah ist
nach jedem dieser wolkenbrüche.

»du wirst dich erkälten, komm rein«,
sirenen jagen durch straßen und hirne,
die topplichter sind punkte hinter den ästen,
die gedachte linien brechen.

nachts wandelt gebell sich
in summendes künstliches licht,
containerbeladenes rauschen der riesen,

südostwind wiegt rauhe gestalten,
»wo bist du«,
in bäumen, auf schiffen, an ufern,
bei kenternder tide immer am fluß,
weil er seine richtung dann wechselt.

und schreite tiefer
ins schauspiel anthraziter zuckungen,
flimmerfassaden, rechnerröcheln, ragnarök,
abgestürzte welke welt,
wirres blau des bildschirms,
das sich aufbaut wie ein hochdruckgebiet
über der karasee,
nachrichten, zeitgerafftes gewölk,
über den globus getrieben,
»ich komme, ich komme schon«,
ausgang per klick auf ikonen.

in diesen netzgarten
weltweiter irre, lustgarten, irrgarten
weitwelter netze gezerrt, ins fraktale gestürzt,
alles ist alles, *nada fica de nada*,
die küste ist dieser felsen, ist dieser stein,
ist der tellerrand, dahinter das universum,
kühle braune zwerge, amöben,
das niemals geordnete chaos
nach demiurgischen nächten.

der planet auf dem tisch, das bist du,
priester des unsichtbaren,
in der armut der worte,
des planeten, von dem du ein teil bist,
ein vorbeigleiten
stahlgeschweißter flächen,
bemalter helgenlust, weiß überzogen
von serifen, silbenschaum
für die kurze zeit der eitelkeit
an irgendeinem kai, ein langgestrecktsein
sich stapelnder lustloser lasten.

hafenkräne, pelikane des piers,
bewegung in stündlich dichterem nebel,
gierig
ihre aufs wasser weisenden schnäbel,
gelbe ganglien
die lichtketten am ufer gegenüber,
an welchem ufer, wo,
an welchem strand und strom,
an welchem zusammenfluß,
wer mündet in wen,
aorta, yamuna, ganga, elbe, halsschlagader,
wind und der atem, der fortrennt. 75

und sage mir keiner, daß dies märchen sind,
des nachts erzählte, hier oder dort,
gleich bei welcher temperatur,
in sand oder sumpf,
aus dem netz gefischtes, gesehenes,
gehörtes, gelesenes oder geträumtes,
irgendwo aufgeschnapptes
wie das plötzliche
in der bewegung stehender luft
beim öffnen der tür zu einem zimmer,
in dem das leben zu ende geht,
calcutta, altona, *nada fica de nada*.

afrika in lissabon,
die kirschkerne strotzen vor leben
im rinnstein, helle winde, 90
kreisende lichtpunkte, die maulbeerbäume
träumen von dem gelächter der glocken,
hunde schleichen sich über balkone,
von denen es elfenbein regnet
in schattenlosen kaskaden unzähliger blüten,
nichts ist mir näher
als der staub auf schwarzen,
frisch geputzten schuhen,
auf denen der blick ruht eines irgendwo
an einer bushaltestelle sitzendes mannes,
der die hitze unter den akazien liest.

nachdenklich verlassenes
hingeworfenes dahinfliegen der wolken,
wie zerknülltes papier auf blauem grund,
eine leinwandphantasie
der zoo weißgehäufter monster
an einem himmel, der derselbe ist,
weil er sich ständig ändert,
auch mit geschlossenen augen
wachsen schafe zu kamelherden,
ideen zu theorien,
märchen zu mächten, frösche zu prinzen,
hüte zu herren,
somos contos contando contos, nada.

und dein interaktives,
dein bildschirmzerkrieseltes lächeln,
metropolitan hereingeschneit,
im vorbeisurfen nur,
du kommst aus der unendlichkeit
jagst deine silben durchs netz, hetzt sie
ans ende dieser welt,
dort, wo im gelbgetünchten,
im kybernetischen raum,
in cafés am pazifik
die palindrome purzeln aus
platonischen platinen.

der rechner
als reittier,
als retter,
als rotor,
daß worte sich drehn,
verharren,
verheddert,
verkörpert,
verloren,
e as metafísicas perdidas
nos cantos dos cafés de toda a parte,
weltverbunden, ausgelaugt,
hungrig, auferstanden

im lebertran*traurigen monat november,*
im eintopf gefallener blätter,
harpuniert
von veteranen
auf ihren herbstspaziergängen
am ufer der elbe,
auf der mehlschwitzig unsichtbar
die frachter frieren.

II   gorkha
oder die am rande
gestellte frage

wer war es, der
von raben redete, von schamanen,
auf schwankenden ästen   *150*
schwarzes gefieder,
maskentanz,
mantische sehnsucht.

das gebirge glühte,
war röter als rituale, blutiger
als rhododendron,
ins tal flog die nacht
von den hängen und hing
in sich drehenden dunklen gewändern.

die gruben sich tiefer und tiefer
und gruben sich ein
ins gedächtnis,
und im wald das erinnern
war wandernde sonne, die gesichter warf
auf die haut der birken.   *165*

III   die spieler
      gegenüber vom
      athabaskakai

die kastanien brechen auf,
knallgrün, verschwenderisch
ganz europa platzt aus den nähten,
umlaute stoßen über den fluß,
propeller drehen sich ein,
das flugzeug hebt seinen bauch
übers wasser nach toulouse.

an ihren ufern
wächst die stadt geschwüre aus,
mitosen wölben sich gegen den himmel,
steingewordene delikte,
hafenrandriesen, ohnmachtsquader,
reißbrettsklaven verplanen die sicht,
die phantasie der senatoren
vertrocknet wie balkonpflanzen,   180
und sie zittern im wind.

erinnerungen wohnen in räumen
mit unscharfen grenzen,
hallen, durchzogen von weißen wänden,
ein labyrinth aus gängen und kammern,
eine schwarz, darin ein bett, ein grab,
hallen, durchwachsen von installationen
aus glas und kitt,
reisigbündeln, neon, holz,
bienenwachs und wasserdampf,
hallen hinter stirnen und städten.

und weil in den köpfen der winter
nie endet, gefrieren die bilder zu tatsachen,
wie auch beim tod die welt sich
nicht ändert, sondern aufhört,   195
kontrapunktische enklaven,
aus deren nichts stimmen fallen
wie junge krähen, die,

aus dem nest geworfen, sich
schreiend ans fliegen gewöhnen.

bogengänge also,
das geheimnis der geschwindigkeit,
die von tönen durchwanderten arkaden,
der müßiggang,
heißluftballons trieben übers haus,
die fahrer grüßten in die anbrandende
dunkelheit, die sich
unter dem geflecht des dahingleitenden
korbes lustlos über die dächer legte.

irgendwann war der hirntod 210
noch nicht der tod des menschen,
das meer der ruhe
war ein uneroberter teil
der oberfläche des mondes...

die kastanien brechen auf,
grüne hände,
die ums haus wachsen,
wir ringen um letzte nichtigkeiten,
schlafbringende nachrichten,
werden zu pilgern im eigenen körper,
sind priester im fremden land,
gefangene unseres denkens,
alles ist bühne, spiel,
theater, künstlich,
die welt zerfällt in tatsachen, 225
eine frage der beleuchtung,
»träumst du schon...«

die metriker des lichts
verschleppten die morgenröte,
trugen sie weit in den süden,
saha vāmena na uso...
tochter des himmels
ein von mund zu mund getragenes
bündel von versen, gezimmerte gesänge,

die die sonne aufgehen ließen.

the sun shone ... on the nothing new ...
fraß fleetschwärze,
flutspitzen leckten des mauerwerk,
die schuten saßen fest,
langsam, 240
jede stunde zwei steinreihen,
hoben sich ihre kantigen körper
vom schlick trockengefallener straßen,
und über grünspanflächen stürzten schatten,
im flug wechselten die farben
in trunksüchtiges violett.

»ich bin nicht
der sänger, der euch die angst zeigt
in einer handvoll staub,
nicht der hüter der langsamkeit.«
das paradies ist verriegelt...,
die engel verbannt,
wanderer sind wir,
stolperer in entwegten körpern
bewußtseinsemigranten, 255
die dem tanz der dinge applaudieren.

das kaleidoskop
auf dem dachboden, kindertage,
staubige dielen
auf dem weg in den himmel,
aus dem bunte rauten rieselten,
und steine sich fügten
auf eine wand aus milch,
und schwarze löcher
von sterntoden blieben
zur drehung
in immer neue bilder.

the yellow hair fell across her face...
she closed her eyes, all out.

die spieler 270
wagten den zug
in den hof des gegners,
das tauwerk an den kais roch
plötzlich nach schnee.

das gelbe haar
am ende des romans
blieb hängen zwischen den seiten
als ein physische umarmung,
die schmerzte.

über den seealpen
brannte eine geflügelte sonne
herab.

die baumkronen
bargen wieder das grurren.

das tod war schon immer 285
ein übriggebliebener ring
aus federn.

da zog der duft
frisch geschnittenen grases herauf.

ANMERKUNGEN zu *Entwegtes Land*

Dieses Gedicht fußt einzig auf Erinnerungen und Beobachtungen, womit es sich zunächst von keinem anderen Gedicht unterscheidet. Die Länge ergab sich aus der Anzahl der Felder des Halmaspiels, dessen Spielverlauf, die Durchdringung des Raums sowie die Begegnung der einzelnen Figuren, Pate stand für das scheinbar Ungeordnete, das eben doch Gesetzen folgt. Alles steht mit allem in irgendeiner mehr oder weniger deutlichen Beziehung, bis an die Grenzen von Raum und Zeit bzw. deren Aufhebung durch die Erkenntnis, daß sie Fiktionen sind, die uns in bestimmten Wirklichkeiten gefangenhalten. Wenn man alle heute denkbaren Ebenen des Wirklichen (im Sinne dessen, was wirkt) aufklappt in ein einzi-

ges Kontinuum, dann entsteht das Entwegte Land, das nichts anderes ist, als das, was ohnehin schon ist. *Die Anmerkungen mögen überflüssig sein, vielleicht aber doch hilfreich, um sich durch den Dschungel dessen, was war, ist und sein wird zu finden. Immer im Bewußtsein, daß alles ständig sich selbst nur ähnlich ist.*

1	vgl. *April is the cruellest month* in Vers 1 von T. S. Eliot's *The Waste Land*.
47	*Nada fica de nada.* (Nichts bleibt von nichts.) ist der Anfang von Vers 1 der Ode XXXV der *Odes escolhidas* von Fernando Pessoa (Ricardo Reis).
53	Der Planet auf dem Tisch (*The Planet on the Table*) ist Titel eines Gedichts von Wallace Stevens; *tat tvam asi (Das bist du)*, jeweils am Ende der Khaṇḍas 8–16 des 6. Kapitels der Chāndogya-Upaniṣad.
54	*Priester des Unsichtbaren*: vgl. *Der Dichter ist der Priester des Unsichtbaren* in *Adagia* von Wallace Stevens.
55f.	vgl. die beiden letzten Verse von *The Planet on the Table: In the poverty of their words, / Of the planet of which they were part.*
87	vgl. Anm. zu Zeile 47.
114	*Somos contos contando contos, nada.* (Märchen erzählend sind wir Märchen, [sind ein] Nichts) ist der letzte Vers der oben in Anm. zu Zeile 46 genannten und auf den 28.9.1932 datierten Ode von Ricardo Reis.
136f.	*e as metafísicas perdidas nos cantos dos cafés de toda a parte* (und die überall in Kaffeehausnischen verlorenen Spitzfindigkeiten) ist Vers 5 des auf den 3.2.1927 datierten Gedichts *Nas praças vindouras* von Fernando Pessoa (Álvaro de Campos).
140	*Im traurigen Monat November* ist der Anfang von H. Heines *Deutschland – Ein Wintermärchen* von 1844.
184	(bis Zeile 190) beschreibt die erste Ausstellung in den Hamburger Deichtorhallen, die den Titel »Einleuchten« trug.
193	vgl. »*Das Bild ist eine Tatsache*« bei L. Wittgenstein, Tractatus logico-philosphicus Satz 2.141.
194f.	Wittgensteins Tractatus, Satz 6.431.
225	Wittgensteins Tractatus, Satz 1.2.

231	ist der Anfang von Sūkta 48 des Rigveda: »(Scheine) für uns mit [wertvollen] Gaben, Morgenröte...« – Die Göttin der Morgenröte wird an dieser Stelle auch als »Tochter des Himmels« bezeichnet. Nach den Vorstellungen des magischen Weltbilds im alten Indien war es nur möglich, daß die Sonne aufging, wenn die Morgenröte mit den entsprechenden Hymnen besungen wurde.
236	ist der Anfang von Samuel Beckett's *Murphy*.
248f.	vgl. T. S. Eliot's *The Waste Land*, wo es in Zeile 30 heißt: *I will show you fear in a handful of dust*.
251	ist eine Stelle aus Heinrich von Kleists Aufsatz »*Über das Marionettentheater*« von 1810.
268f.	findet sich am Ende von Beckett's *Murphy*.
275	ist nochmals Beckett. Vgl. Anm. zu Zeile 268f.

Ursula Heinze de Lorenzo

Vögel aus Gesang

Aus dem Fluss liest der Stein
die Zeitigkeit der Stunde,

die Gerüche des Morgens
neiden den Wiesen ihr Nest,

das von der Wärme träumt
und Vögeln aus Gesang,

dem Morgen geht es nur darum
den Abend zu erleben.

Schatten des Winters

Der Winter wurzelt
auf der Unterseite des Steins,
quartiert die Worte ins Erdreich,
bevor sie die Sonne versetzt
zu blaufrostigen Flüssen.

In den Beeten schlottern die Träume,
deren Haut zerplatzt unter brüchigem Mond
und mit den Lippen verwächst,
die einen Tod entfalten.

Hinter den Fenstern tagt die Kälte
und hängt den Atem auf,
der vergass, sich mit dem Leben zu treffen.
Wie die Schatten des Winters
riecht nichts in der Welt.

Umtausch

Vom Umtausch ausgeschlossen
das Land, in dem ich lebe,
Bezahlung cash,
Kredit nach Lage des Verdienstes,
Verdienste keine,
Arbeit frisst sich durch
nach üblichen Tarifen,
besetzt die kleinsten Posten,
fragt nicht nach Stundenplan und Lohn.
Für Hunger ist gesorgt,
in Raten tritt das Jahr vorbei
und Dörfer ändern ihre Farbe
entgegen eines Werbespots
für ungetrübte Frische.
Kein Schleuderpreis
für nicht bestelltes Land,
wenn das so weitergeht,
verkaufe ich mich selbst.

Monika Köhn

schlagende Zweige
aus dem Gesicht geschnitten
den Weg mit blinden Händen
leergepflanzt im Abraum
verlorene Worte ein ganzes
Gedächtnis und Taubheit
gegen das Schweigen gegen
den drohenden Tod

Die Stimme eines Dichters

so setzt die Geschichte sich
fort. ein Sternenteppich schien
auf die Erde gefallen, farbig
glomm der Rand der Stadt die
Landebahn vorbei und um uns
Nacht und Rücklichtglut und
Radio: ein Interview: ein
Nadelstich der Eintritt in die
alten Stadien Gassen Paradiese.
Gruppen von Ginster Eukalyptus-
blatt rechts und wieder Schnee.
könnt ich dir folgen ins Fremd-
land wär ich geborgen aufgehoben
wie im Käfig deiner Stimme der
sich urplötzlich öffnet und dann
wieder schließt auf einer Reise
durch die Nacht.

Geräusche über den Asphalt
gezogen vom Hügel geschüttet.
die Pause gefüllt vom Anschlag
der Vögel. Schuhsohlen Kies die
Räder des Koffers Hämmer, von
Fremden die rissige Haut – alles
zu sehen im Ausschnitt des
spitzblättrigen Buschs der die
Scheibe verklebt und dunkel
verhängt jeden Morgen.

immer flackert das
Licht in metallener
Kälte durchs narbige
Glas, schneidet durchs
Auge, bis ein Schmerz
ein paar Bilder aus dem
gefüllten Speicher zieht,
und es genügen die
spärlichen Daten wie
Fenstergeviert blitzblankes
Himmelsblau und Weiß Weiß
Wand Weiß Bett Weiß Koma
Isolation und Leseverbot. die
Welt war ein großer Karton
mit sterilen Laken ausgeschlagen,
weiß, darin das Kind. der Oktober-
himmel leuchtete hinter dem Fenster-
kreuz wie geschliffener Stahl, mit
Schweigen poliert, ewigem
unverständlichen Schweigen.

konturenlos. der Zeit nur
ausgeliefert ohne Schlaf. so
stürzen Bilder. hier ein
Fetzen Kühle dort ein
ausgedorrter Kummer
sprödes Glück. im solitären
Höhepunkt ein Schrei. Herz-
asche, ja.

Samstag

zerschnittenes Modell der
Stille. eben erst steigt der
Tag um die Erker wirft
Bläue auf Schindeln Gebüsch
und Asphalt. gerufen, gesprochen
hat keiner, doch die Vogelbrut
fiept, wenn das kreisende
Kreischen der Sägen verstummt.
Van Cliburn liegt startbereit,
rotierendes Antidot für den
akustischen Notfall. »l'empereur«,
sagtest du leise und: »man sah nur
Kanonen, Männer und Elend«. was
immer noch gilt, das war gestern,
während hier nun die Sonne
sanft schwebende Bilder auf
Buchrücken Wände und Böden
weht. und draußen hämmern
sie Nägel ins Holz wie Worte,
beschwörende Formeln in ein
Gehirn in ein versagendes Herz.
Zitate einstiger Sommer, blendend
und klar, blitzen auf und verschwinden
bevor – soviel Grün soviel Irrtum –
erneut der Atem uns stockt. sie
klopfen sie schlagen auf Stahl in
der Ferne. und Raphaels Schrei
teilt den Morgenrest.

kauernd
im Unverständnis die Ab-
die Ausgeschiedene ins
Schweigen Hinabgelebte ach
ein Solitär jubeln die
Nachbarn und klagen:
nicht zu fassen

sieh, ich knüll dir Schwärze
an: Ruß, Rabenschwärze, ver-
fleckt mit Vokalen, beinahe
stumm, lenk ich die Liebe
in schmalen geschwungenen
durchsichtigen Bahnen hinab,
raffe kreidiges Dunkel, die
Linien gekappter Knäuel, zum
Endpunkt. unter den deutlichen
dämmernden Masken schwebt
weit und vage mein Ich.

sonst sind wir nichts. nur
wahlweise abgesetzt. Zeichen.
versprengte Tupfen im Kosmos.
vermählt durch das Wort nur,
die Silbe, den Laut. liebende
Köpfe aus Lettern, übereinander-
gelegt, transparente Partikel, die
sich durchdringen, umherziehn in
leeren Räumen, tasten, um sich zu
finden. ein Punkt sind wir neben
dem andern, getrennte, gelöste
Linien, vorhanden im Warten auf
den Aufprall der Zeichen im Laut.
vorhanden im Suchen nach uns
sind wir. Sonst sind wir nichts.

Jürgen Kross
Zwiesprachen

1
umkehrt
an
stämmen. das wort. waldes

dir rückend ins ohr. tod
als
der bitternis zeile.

2
mählicher
wut ab. schrägt
sonne

das holz. gelb dir
und
trockener lüfte.

3
am sonnenkern sich
wipfel
schließen. dir ein. als

schattenwurf vom horizont.
ihn
drauf aus blättern schälend.

4
was sich
an
blattwerk unterbrach. führt

totes über nicht
auf
holzes schragen.

5
mit dornen den
aus
blättern kehrend. schiebt

wächsern grau
ihn
rankenwerk durch dich.

6
nicht sei. daß er
auf
ihn sich stütze. den tag

mit giften in sich senkt.
am
blassen licht der herbstzeitlosen.

7
an sterblichkeit verblieb
noch
mundes klage. dran sich

mit sonne weiß umspannt
der
buchen kahles feld.

8
in
wassers grau erstrahlet
süßen

todes. der kalt
dann
auf der zunge sich bewegt.

<u>9</u>
der blätter unentwegter
trug.
bricht weich durch ein

gehör. wann
er
entfärbt dir leuchtet.

<u>10</u>
laub
dir zerrüttet. beschlug's.
was

grau in der flucht steht
der
bäume.

<u>11</u>
dran
glanz läuft dem wind
auf.

aus wessen verwuchs. stieg er
vom
grund dir der weiher.

<u>12</u>
kriecht
über wolken an. die haut. und
fällt

dort ab.
als
blattes ruch. das kalte.

<u>13</u>
nicht dir
aus
wipfeln erstand.

kälte des laubs. und
springt
übers schädeldach vor.

14
dir tot vors haupt gestellt.
blich
wald dran silbern

aus den frösten.
zu
rissen dunkels ein.

15
liegt kalter schlaf
nur
hinter jenen mauern. der

fröste um sich zog.
aus
wessen wurf den mantel.

Ulrike Schuster

Sommerfrucht

Hinabgelegt,
Tief hinunter,
Der Same.
Die Erde, die feuchte Krume
Nicht naß, feucht;
Tief hineingesenkt das scharfe Eisen,
Leicht gewölbt.
Tiefer Schnitt in die Erde,
Weiter derweil das Eisen,
Leicht gewölbt,
Reißt sie, wendet sie.

Die Erde unten
Feuchter, kühler
Und die Sonne,
Früh im Jahr
Umdunstet: caput mortuum violette Welt.
Lehmgeruch, kühl;
Gewesene Pflanzen,
Sand, gewesene Tiere, Sand
Von weit her,
Mit den Winden.

Weiter.
Zur Nacht gewandt
Weißer Dunst, feucht, kühl
Über der Erde,
Aus dem All.
Schwarze Krume. Nacht.
Und weiter.

Die rote Morgenkugel.
Gespinst – woher? –
Zwischen den Krumen,
Mit Wasserperlen dicht voll, und
Geruch, Erde.
Feucht von unten
Kühl von unten,
Klamm. Allmählich

Sonne. Jetzt
Verdunstet das Wasser,
Wird die Erde
Hell. Jetzt ist die Erde
Warm. Jetzt säen.
Jetzt warten.

Tiefe des Blauen

Hineingerissen in ein Orkanisches,
Stille gesucht in dessen Mitte.
Doch heftiger Schmerz und
Der stärkste endlich:

           Der sanfte Tag – Aufstieg der
           Sonne zu ihrem Zenit, gleißend,
           Das Laub erzittert vor Licht.

Durch die Seen
Seenlandschaften gleiten und
Halt – überfrorene Wasser

Einem Menschen nahegekommen
Bis zum, in manchen Momenten,
Völligen Vertrauen – und

Weggerissen, sich
Von ihm entfernt, in
Die Spalten getaucht:

Das Wasser unten
Klar, weiß gedämpft und
Gleich an allen Punkten

Licht gebrochen von
Frost. Verzicht bis
Jäh beklommen, Not des Organs

Aufsteigen wollen zum Atmen
– Glas. Undurchdringbar
Sediment verweigerter Sprache

Altes Leben, geträumt

Ganz hinab und
Nichts berühren.
Dunkler als,
Im Schatten,
In der Mondnacht,
Nichts zu hören;
Die Bäume, sehr hoch,
Bewegen sich nicht.
Das Licht, blau,
Blau ohne Röte,
Fahles Mondlicht.
Nichts bewegt sich,
Nur die Wolken. Langsam
Über die Mondsichel,
Der Schatten erbebt, wenig,
Kleine Wolke, schmal.

Nach Mitternacht kein Ton mehr.
Bis zur Dämmerung.
Zwischen den Dämmerungen
Stille. Kein Käfer,
Kein Vogel, kein Wild.
Stille. Licht
Nur aus dem All,
Weit aus dem All
Mit dessen Kälte.

Hier Schlaf, tiefer Schlaf
Und Träumen. Mondlicht
Auf den Schläfer.
Keine Röte.
Die Augen geschlossen.

Allein, uralt, anderes Auge
Älter als Linsen,
Wach. Mit dem All. Dem Schläfer zu
Träumen. Alte Sterne, alte Winde.
Nichts bewegt sich.
Die Sage: Nimm' dich in acht!
Immer wach das Uralte.
Träumt dem Schläfer.

Georg K. Glaser
Die Leute von Worms

Eines der hervorragendsten Häupter des Rheinadels, dieser geschlossenste Herrenclub, der sich unter den Linden neben der Rheinbrücke allabendlich bildet, ist immer noch Hannes. Er braucht nicht viel zu reden und verzehrt beschaulich und geachtet den Ruhm, den er sich in jungen Jahren aus der großen Geschichte gehauen hat. Er war niemals Soldat noch großer Parteikämpfer, im Gegenteil, – seine Taten waren Ausdruck seines entschlossenen Willens, von der Weltgeschichte ungeschoren zu bleiben. Vor dem ersten Weltkrieg wurde er zum Heeresdienst eingezogen. In der ersten Minute schon, als ein Feldwebel und einer dieser schweren Eichenschemel, die seinerzeit in keinem deutschen Heeresgebäude fehlten, zur gleichen Zeit in Reichweite von Hannes gelangten, schlug er mit dem einen auf den anderen.

Er wurde zu Festung verurteilt, – ich weiß nicht zu wieviel. Im Zuchthaus, sobald er einen Schemel und einen Feldwebel beieinander sah, bang, ließ er sie zusammenstoßen.

Man fand es merkwürdig, verdächtig, man kraute sich hinter den Ohren und beobachtete den Mann. Man überführte ihn in eine Heeresirrenanstalt. Ich weiß nicht, ob man versuchsweise den Schemel durch Stühle und die Feldwebel durch Gefreite ersetzte. Jedenfalls, sobald er einen Schemel und einen Feldwebel im günstigen Abstand von einander und von sich fand, zerstörte er das Heeresgut am Vorgesetzten. Daraufhin wurde er als dienstuntauglich entlassen und verbrachte beide Kriege zu Hause. Wenn ich nicht weiß, was sie unternommen haben, um seine Krankheit, seinen Schemel-Feldwebelkomplex, zu studieren, und wieviel Glück und wieviel Schläue des Hannes zu dem guten Ende beigetragen haben, so weil er niemals verraten hat, daß er seine Sache gut berechnet hatte.

Die Ehrensatzungen des Rheinadels sind streng. Die alten Herren haben fast alle erwachsene Söhne, denen sie das Haus überlassen haben, aber nicht ohne ihre Würde mitzunehmen, den wichtigsten Bestandteil ihres Altenteiles. Weil er sie verloren hatte, wurde Schorsch ausgestoßen. Er mußte seitdem abseits leben. Morgens stand er auf, wusch sich nackt am Wasserhahn und strich durch die Winkel der Pfrimmündung, die er alle kannte, schwamm im Rhein, da wo es noch nicht zu gefährlich für seine siebzig Jahre war. Er war braungebrannt, neugierig, aber die Scham wohnte in seinen Augen.

Er hatte nicht verstanden, seine Kinder zu erziehen, gerade streng genug, um ihnen bleibende Achtung beizubringen, aber gerecht genug, um die Liebe nicht zu töten. Er war ein zugewanderter Kuhbumbes und eben kein Wormser, der von Kindesbeinen an die Liebe in der Milch der lieben Frau trinkt. Seine Ältesten hatten sich verstaubt in alle Länder der Welt. Aber der Jüngste, der sie hatte fliehen sehen, wurde groß mit dem einzigen Gedanken: Eines Tages werde ich stärker sein als Du.

Es ist wahr, daß der Alte sich schon an den ersten Vieren zu sehr verausgabt hatte, um nicht für den Jüngsten einige Schwächen zu haben. Als der Jüngste um die Siebzehn Achtzehn war, wurde die Luft unheimlich zu atmen für die Mutter.

Beide, der Alte und der Junge, waren große, breitschultrige Kerle mit Stiernacken und Weinknochen wie aus Wagendeichseln geschnitten. Sie waren beide wüste Raufer. Vor allem aber waren sie unmenschliche Fresser. Der Alte war nicht gefräßiger der Menge nach, es war wie ein Erbrechen in umgekehrter Richtung, aber er schmatzte und schlurfte rücksichtslos. Das gab den Anlaß zu seiner Absetzung, den Vorwand zum Kriege, und es fällt mir ein, daß sie einmal beide drei Monate zusammen in derselben Zelle abgesessen haben, einer Schlägerei mit einer feindlichen Mieterfamilie wegen und daß der Junge aus diesen drei Monaten eine wahre Überempfindlichkeit gegen die Tischsitten des Alten davongetragen hat.

Also der Junge kam heim, im Blauen, schmutzig und verschnupft, was alles ihn schlechter Laune ließ, und plötzlich spürte er, daß er keine Minute mehr warten konnte, um dem Alten klarzumachen, daß seine Zeit abgelaufen war. Und er fand besser als Worte, – er ahmte das Schlurfen des Alten nach, ein wenig übertrieben, damit ja niemand auf den Gedanken hätte kommen können, es geschehe ohne Absicht. Die Mutter hielt den Atem an. Der Alte runzelte die Brauen. Er wollte tun, als höre er nicht, aber er konnte nicht umhin, sein Schlurfen abwechselnd zu verlangsamen, zu beschleunigen, zu verstärken oder zu schwächen, wie um dieses beleidigende Echo irre zu machen, abzuschütteln oder zu überlisten. Aber es verließ ihn nicht. Und in einer lastenden Stille setzte sich dieser Kampf fort. Schlurf schlurf schlurf schlurf. Daß er in diesen fünf Minuten nicht aufgefahren war und dem Jungen eine gelangt hatte, das war der Anfang einer glanzlosen, ja erbärmlichen Räumung Abdankung. Und er, der sechzig Jahre nur mit Gewalt und Drohung, mit Geld und Macht gelebt hatte, er wollte nun die Schärfe des Geistes und der Ironie, die Erwiderung des überlegenen Hirnes versuchen. Der Junge war verschnupft, und da er keine Zeit und zudem schmutzige Hände hatte, so zog er seine Nase hoch. Und der Alte ahmte nun seinerseits den Jungen nach, so daß aus dem Zweitakt ein Viertakt wurde. Schlurf Schmm schlurf schmm schlurf schmm.

Die Mutter wagte die Deckel ihrer Töpfe nicht klirren zu lassen. Es dauerte fünf Minuten, bis plötzlich der Junge sich hinten über beugte und lachte, lachte, daß ihm die Tränen über die Backen liefen. Da stand der Alte auf, und es sind nun zehn Jahre her, während derer er nicht einmal mehr mit dem Jungen zur selben Zeit am Tische gesessen hat.

Raufereien sind an der Tagesordnung. Ich habe seinerzeit gesehen, wie sich Einer, der zuunterst lag, langsam mit Hilfe seines Messers herausgearbeitet hat, wobei er sechzehn Leute beschädigte. Aber niemals noch seit Menschengedenken, hätte Einer vor dem Richter sich einer Sache erinnert oder einen Gegner angeschuldigt. Das geschieht erst heute, so wie bei der Geschichte, wegen der Schorsch mit dem Jungen drei Monate hatte absitzen müssen. Fünfzehn Jahre Lehrzeit haben auch den Wormsern die Angeberei beigebracht.

Aus der guten alten Zeit, als es das noch nicht gab, ist der Ausspruch eines Zeugen zu einem Sprichwort geworden. Befragt, was er von einer Rauferei wisse, der er von Anfang an beigewohnt habe, – und es war nichts zu machen, er war dagewesen, und man hatte ihn mitgefangen, – sagte er: »Ich weiß nicht. Mir hawen so friedlich beisammegesotze, un uff einmol hot dem Aene sei linkes Aag herausgehanke.«

Georg K. Glaser
Briefe an die Schriftstellerin Anne Duden und seinen Verleger KD Wolff

Dezember 1981

Liebe Anne Duden,
Ihr Brief hat mich gefreut, zunächst einmal als Gruß einer Zeitgenossin, die ich in lieber Erinnerung habe, vor allem oben in meiner Schreibstube; wenn auch ein Satz von ihr mich immer wieder ein bißchen in dem großgeratenen Hirnteil kratzt, in dem die Selbstkritik sitzt, der Satz nämlich »Hauptsache Sie schreiben es, – bekannt ist das ja alles« oder so ähnlich. Mein Gott, renne ich wirklich längst offene Türen ein, ist es in Aller Mund, daß die einzige unbegrenzte Energie die des Schaffenden ist, daß die innere »Ordnung«, – das Gleichgewicht zwischen Ich und Wir – nur über das Tun gewahrt bleiben kann usw. usw.? Habe ich mir das Hirn zermartert, um eine Antiideologie auf die Beine zu stellen, die selbst einem »Stern«reporter keine Zeile mehr wert ist? Das einzige Mildernde des Satzes ist, daß Sie ihn sagt haben; bös kann er nicht gemeint gewesen sein.

Anne Duden an KD Wolff:

London, den 24.1.1997
Hier die Briefe von Georges Glaser, die ich gefunden habe. Und das Foto. Es gibt, wie gesagt, Antworten von mir, aber nur handschriftlich entworfen. Das in seinem ersten Brief Angesprochene (1981) und ihn Irritierende ist ein Mißverständnis, das ich später – ich glaube telefonisch – ausgeräumt habe. Er bezieht sich da auf unser erstes Treffen in Paris (zusammen mit Uwe Schweikert) und unser Gespräch bei der Gelegenheit.

Bei der Übersetzungssache geht es um die holländische Ausgabe, die ich damals angeregt hatte und die dann wohl auch zustandegekommen ist...

Die Uhr kommt mit separater Post.

Nun zu der möglichen Übersetzung bzw. Lizenz. Theoretisch liegen die Rechte bei dem franz. »Editions Buchet et Chastel«. Aber erstens einmal weiß ich nicht recht, ob sie nicht erloschen sind, denn die Leute haben aufgehört, die Buchhandlungen zu beliefern. Zweitens gehören mir 75 % der Auslandsrechte sowieso. Ich denke also, zunächst mit Ihrem Verleger ins Reine kommen zu können und dem hiesigen, wenn es sein muß, ein Viertel in den Rachen zu werfen.

Es hat mich gefreut, Sie besorgt um meinen Davidoff Royalty Vorrat zu wissen, es hat mich leise gerührt gar. Seien Sie getrost: ich schlage mich bislang erfolgreich, ihn zu bewahren.

Vergnügt hat mich auch, Ihre und Uwe Schweikerts Handschrift nebeneinander zu legen. Ein reiches Feld.

Bis auf weiteres denn, Grüße aus
ganzem Herzen und ganzem Gemüte
von Ihrem Georges Glaser

7.7.82

Liebe Anne Duden,
gute und schlimme Dinge haben mich gehindert, Ihnen seit Februar zu antworten. Ich habe schon angesetzt einige Male, aber geschwankt. Entmutigt hat mich, daß ich ein alter Mann bin, der nichts zu bieten hat, als Tabakrauch, Wisky und Wörter, – wie kann ich mir herausnehmen, einer jungen Frau zu schreiben: gewiß habe ich mich lebenslang nach einer Frau gesehnt, der man schreiben kann, wie habe ich Melville beneidet, der einer Frau zwanzig Jahre lang von Moby Dick, dem zu tötenden Tiergott, geschrieben hatte, und dazu noch über ein Weltmeer weg, – nun ist es zu spät geworden. Aber beinahe verführt Ihnen doch zu schreiben, hat mich die Erinnerung an Ihren Besuch hier: wie gut es ist, in ein Gesicht zu sprechen, das empfängt und antwortet.

Nun aber habe ich einen handfesten Grund, Ihnen zu schreiben: der holl. Verlag hat Geld geschickt. Das schulde ich Ihnen, – und damit komme ich auf Ihren Brief zurück: sieht es immer noch unwirsch aus in Ihrem »free lance«-Dasein, dann will ich Ihnen etwas Geld schicken, sagen Sie mir es »free« heraus. Wenn es nicht ganz so verzweifelt steht, dann, – nun nehme ich einen Anlauf, hole Atem und schlage vor:

Besuchen Sie auf einige Tage Paris. Für das kleine Hotel, das Sie kennen, komme ich auf. Mit dem Nötigen umsorge ich Sie. Und zu den Fahrtkosten kann ich mindestens beisteuern, – ein wirklich großväterliches Anerbieten, gelt? Wenn ja, dann nicht nach dem 28. Juli, denn das Hotel macht Ferien, und nicht vor dem 16. Juli, denn erst dann habe ich ein wenig mehr Zeit, da ich dann allein bin. Wohl werde ich auch weiterhin arbeiten, – aber weniger, und Sie haben währenddessen ganz Paris, das nach dem 14ten Juli entvölkert ist.

Nun brauche ich nur noch den Mut, den Brief in den Kasten zu werfen.

All meine Freundschaft
Georges Glaser

Paris, den 21.5.83

Lieb Mädche,

Ihren Brief beantwortend, Punkt nach Punkt, hoffe ich zunächst, daß es Ihnen nun besser geht.

Das »alte Deutsch pflegen« will ich nicht, weil ich ihm anhänge (und auch nicht, wie Manche meinen, weil ich hier in der Fremde lebe,) sondern aus einem ganz anderen, weit gewichtigeren Grund: Es ist wohl die bedeutendste Entdeckung unserer Zeit, daß die Sprache, <u>abgerichtet</u> und <u>verstaatlicht</u>, das mächtigste Mittel der totalitären Machtbehauptung ist. Und deshalb bemühe ich mich, eine Sprache am Leben zu erhalten, die dem nicht gleichgeschalteten Gedanken entspricht. – in der sich der aufsässige, da freie, Gedanke gestalten kann. Dies auszuarbeiten und zu unterbauen, gehört zu meinem werdenden Buch: Tun, Wort und Ordnung.

Mein Kämmerlein habe ich verloren. Wenn ich so gemein und verschlagen mich gewehrt hätte, wie der Hai mich angegriffen hatte, wäre ich wohl noch drin. Etwas wie Würde hat mich behindert. Aber siehe da, gute Nachbarschaft zu pflegen, lohnt sich: ich habe ein anderes gefunden, – vielmehr geschenkt bekommen, stellen Sie sich vor, 50 Meter weiter, mitten im Marais. Also hat mich das ganze Abenteuer nur einige Wochen Zeitverlust gekostet.

Was einen Verlag angeht, will ich mich erst darum bemühen, wenn ich mindestens 300-350 Seiten laufend beisammen haben werde, und auch die bleibenden 300 Seiten schon annähernd stehen (auf eigenen Füßen); das wird nichts vor Sept. – Nov. sein. »Geheimnis und Gewalt« ist nun bei Ro Ro Ro herausgekommen.

Es bleibt noch viel zu erzählen. Ich spare es mir auf bis auf ein Wiedersehen, auf das ich noch immer hoffe.
Ihr Georges Glaser

22.9.86
G. Glaser
9, rue Beautreillis
75004 Paris

Liebe Anne Duden,
ich schätze Dich wieder in London und schaue vorbei mit diesem vorläufigen Gruß. Ich habe Gewichtigeres vor mit Dir, es wird Dir in einiger Zeit zukommen.

Habe keine Angst, ich laufe Dir nicht nach, ich bestürme Dich nicht, (und wenn sich eine jähe Sehnsucht regt, Dich wiederzusehen, dann haue ich ihr tüchtig über den Kopf). Du hast mir in einigen schwierigen Minuten beigestanden, und die Erinnerung daran reicht für die Wärme, der meine letzten kurzen Jahre bedürfen.

Wie könnte ich mehr wollen, und während ich es schreibe, will sich die Hoffnung, Dich vielleicht doch noch wiederzusehen, nicht totschlagen lassen; uns einen Tag, uns eine Stunde. Fürs Leben bist Du allemal bei mir.

Am 12.ten November fahre ich zu den »Autorentagen« nach Berlin.
Ich grüße Dich andächtig
Georges Glaser

Herrn
Georg K. Glaser
9, rue Beautreillis
F–75004 Paris
FRANKREICH

Frankfurt am Main
18. Januar 1988

Lieber Herr Glaser,
vielleicht wissen Sie von Michael Rohrwasser (dessen Bücher »Saubere Mädel« und »Weg nach oben« bei uns erschienen sind), der uns viel von Ihnen erzählt hat, daß wir uns für die Rechte an »Geheimnis und Gewalt« interessieren.
Wie mir Michael Rohrwasser dieser Tage telefonisch mitteilte, hat claassen Ihnen die Rechte zurückgegeben. Da möchte ich gleich eine Option für uns erbitten.
Zu Ihrer Information über Verlag und Programm füge ich unseren 15 Jahre-Almanach und einige neuere Prospekte bei.
Mit freundlichen Grüßen
STROEMFELD/ROTER STERN
KD Wolff

Herrn
Georg K. Glaser
9, rue Beautreillis
F–75004 Paris
FRANKREICH

Frankfurt am Main
25. Januar 1988

Lieber Herr Glaser,
von Michael Rohrwasser, mit dem ich dieser Tage telefonierte, höre ich, daß Sie wegen »Roter Stern« Bedenken haben. Dazu möchte ich mich nicht mit unserer Naivität (historisch) 1970 herausreden, aber doch auf unser Programm und seine allmählich entwickelte Logik hinweisen. Vielleicht interessiert Sie in diesem Zusammenhang der Einleitungsband zu unserer Hölderlin-Ausgabe, wo wir schon 1975 (in der Einleitung) eine Haltung skizzieren, die scharf in Kontrast stand und steht zu dem, was gemeinhin mit »Roter Stern« assoziiert wird (und durch uns vielleicht doch einen anderen Akzent bekommen

hat). Wir werden ja immer wieder gefragt, gerade bei unseren
»Klassiker«-Editionen, wann wir »Roter Stern« fallenlassen;
diese Art Verleugnung unserer Geschichte aus der Studentenbewegung (und unserer »historischen« Leichtfertigkeit) ist
aber unsere Sache nicht.
Gerne höre ich von Ihnen.
Mit freundlichen Grüßen
STROEMFELD/ROTER STERN
KD Wolff

26.1.88
G. Glaser
9, rue Beautreillis
75004 Paris

Liebe Verleger,
eine Option mag ich Ihnen nicht geben, da eine Option nur
mich verpflichtet. Aber versprechen will ich Ihnen: Nach, sagen wir, sechs Wochen, während der ich frei bleibe, mich umzuschauen, werde ich unter allen Vorschlägen, nicht allzu ungleiche Bedingungen vorausgesetzt, Ihrem Angebot den Vorzug geben. Ist es Ihnen so recht?
Salut et fraternité
G. Glaser

28.1.88 23 Uhr
G. Glaser
9, rue Beautreillis
75004 Paris

Lieber K.D. Wolff
Wenn auch jener Snow, dessen Buchtitel Sie einmal inspiriert
hatte, nicht ganz bodenrein ist, so habe ich doch gegen »Roter
Stern« lediglich die gleichen Bedenken, die mich auch etwa
vor einem »Heiligkreuz-Verlag« würden zögern lassen: mitsamt dem Verlag von vornherein einem umgrenzten Lager
zugerechnet zu werden, über dessen Umzäunung weg nur ei-

ne von dem selben, nun umgekehrten, Vorurteil behaftete Leserschaft anzusprechen wäre.

Was »Roter Stern« an sich angeht, ach du meine Güte, habe ich es erzählt, wie er mir in dramatischen Jahren vorgeleuchtet hatte und erlitten, wie er erloschen war. Am dichtesten zusammengefaßt, habe ich es dem Marinus Van der Lubbe, (um dessen Wiederehrlichsprechung ich mich jahrelang bemüht hatte,) in den Mund gelegt: »Ich habe nicht die Sache, die Sache hat mich verlassen.«

Der Name allein also, auf dem Sie bestehen, würde mich nicht hindern, Ihren Trotz zu teilen. Inzwischen
freundliche Grüße
G.K. Glaser

M. G. Glaser
9, rue Beautreillis
F–75004 Paris
FRANKREICH

Frankfurt am Main
1. Februar 1988

Lieber Herr Glaser,
vielen Dank für Ihren Brief vom 26. Januar, den ich eben erhalte. Vielleicht teilen Sie uns zur gegebenen Zeit mit, welche Konditionen Sie im Einzelnen vorschlagen? (so hatte ich jedenfalls den Vorschlag einer Option, technisch nicht ganz richtig ausgedrückt, gemeint)

In den letzten Nächten habe ich »Geheimnis und Gewalt« wiedergelesen (bin noch nicht ganz durch), ich bin überrascht, wie neu es mich angeht – als Michael Rohrwasser mich anrief, um zu fragen, ob wir uns wohl für die Rechte an dem Buch interessieren würden, war mir eher sein dokumentarischer Rang vor Augen gestanden; um so mehr beeindrucken mich jetzt auch literarische Dichte und persönliche Offenheit – mehr als bei der ersten Lektüre vor Jahren. Auch deshalb würde ich mich freuen, wenn wir zu einer Vereinbarung kommen könnten.

Freiheit und Glück!
K.D. Wolff

Paris, den 28.2.88

Geehrter Verlag
Lieber K.D. Wolff
Nachdem ich noch einmal mit unserem Freund M. Rohrwasser gesprochen habe, bin ich nun so weit, Ihnen die Rechte an G.u.G. zu übertragen.

An Bedingungen habe ich nur eine <u>feste</u>: das Buch ungekürzt herauszubringen. (Das könnte sogar ein gutes Verkaufsargument hergeben.)

Bleibt eine <u>ungewisse</u>: Ihr Einstand. Ich bin arm und alt und träume ihn so großartig wie möglich, Sie – das weiß ich wohl und verstehe es, – sind ein junges Unternehmen und müssen haushalten. Es gilt also das rechte Gewicht auszuwiegen. Da aber, was mir wohltun, Sie eher schmerzen wird, liegt es an Ihnen, mir einen Vorschlag zu machen.

Im übrigen wäre eine persönliche Begegnung mit Ihnen und/oder Mitarbeitern wohl wesentlich mehr als bloß vorteilhaft.

Inzwischen mit freundlichen
Grüßen Ihr G. Glaser

G. Glaser
9, rue Beautreillis
F–75004 Paris
FRANKREICH

Frankfurt am Main
4. März 1988

Lieber Herr Glaser,
eben habe ich Ihren Brief vom 28. Februar erhalten und freue mich sehr über Ihre Entscheidung, »Geheimnis und Gewalt« neu und vollständig* bei uns herauszubringen.

Auch wir möchten Sie gern persönlich kennenlernen. Wenn ich mich recht erinnere, hatten Sie Michael Rohrwasser im vorigen Jahr (?) hier in der Nähe getroffen? Planen Sie überhaupt für die nächste Zeit eine Reise in unsere Nähe? Oder sollten wir einen Besuch in Paris ins Auge fassen?

Mit Dank und
herzlichen Grüßen

STROEMFELD/ROTER STERN
KD Wolff

*Wird »vollständig« bedeuten, daß der gesamte Text neu gesetzt werden müßte – oder wird es sich um Einschübe handeln?

Paris, den 10.3.88

Lieber K.D. Wolff
in Eile: »vollständig« bedeutet lediglich, das Buch so herauszubringen, wie bei Vineta oder <u>Govers</u> oder Büchergilde Gutenberg und nicht gekürzt wie bei Claassen oder Rowohlt.

M. Rohrwasser habe ich in Paris und dann in Berlin getroffen. Wohl gerate ich hin und wieder in die Nähe Ihrer Stadt, aber nur wenn ein Freund mich nach Guntersblum a. Rhein im Auto kutschieren will, also selten und unvorhergesehen. Eine Fahrt nach Paris Ihrerseits wäre schon der Stadt wegen interessanter, vor allem aber erlaubte es Ihnen einen Einblick in mein Leben und Treiben, meine Werkstatt, mein Schreiben etc., – dies auch bezüglich künftiger Arbeiten.

Inzwischen alles Gute
Ihr G. Glaser

Georg K. Glaser
Meine Tage sind gezählt

Meine Tage sind gezählt. Das hat eine grausame Nacht in E. mich gelehrt. Seitdem vermindert sich die zugemessene Frist um jeden Tag, den ich hinter mich bringe. Einer gescheiten jungen Ärztin überließ ich sogleich leihweise eine schwere kupferne Halskette, die ihr gefiel und kam mit ihr überein, daß, wenn sie mich ein wenig versorge und ich nach drei Jahren noch wohlauf sei, der Schmuck für immer ihr gehöre. Seit diesem Handel sind inzwischen wieder wieviele Monate verflogen.

Da aber weder sie noch sonst einer mir die genaue Zahl nennen kann, von der an das unabwendbare Hinunterzählen eingesetzt hat, komme ich einigermaßen damit zurecht. Es können gut noch ein paar hundert, warum denn nicht noch tausend Tage abzuziehen bleiben bis zu Null.

Ob heute oder übers Jahr, eine Zukunft will es nicht mehr heißen. In meiner Werkstatt ja, wage ich mich schon noch an langwierige Vorhaben, habe ich es aber noch einmal geschafft, atme ich auf wie für immer. Ließe sich doch mein ganzes Dasein in schönem Bogen als Beginnen, Bauen, letzte Hand am Werk und Feierabend beschreiben.

Zur letzten Hand werde ich es schwerlich bringen und nicht zur Ruhe kommen. Denn aus dem Abstand meiner bald achtzig Jahre sehe ich Zusammenhänge, die ich zu nahe oder mitten im Geschehen nicht hatte erfassen können. Ich mühe mich wohl, um das bis gestern noch Verkannte bis zu der späten Einsicht in meiner Weise nachzuholen: zu erzählen.

Aber die Geschichten, die noch erzählt sein wollen, folgen sich nicht mehr der Zeit entlang etwa wie einem Weg, liegen nicht hinter mir wie die bestellten Felder einer Ebene. Vom Abend her gesehen ordnen sie sich in anderen Bahnen, gleichsam im Raum, einander zu. Längst vergangene, einst winzige Begebenheiten stehen, ihrer endlichen Bedeutung schwer, mitten im Heute. So hatte ich viel geschehen müssen, ein halbes Leben durch, um zu erhellen, warum mir die Geschichte einer

Zigarette seit fünfundvierzig Jahren nicht mehr aus dem Kopf gegangen war.

Es hatte sich zugetragen, als der Krieg in den letzten Zügen lag. Geschützdonner wehte schon mit dem Westwind vom Elsaß herüber. Ich stand vor einem Graben, in den ein vor Tiefffliegern wild geflohenes Pferd gestürzt war. Der Querschnitt durch den Graben ließ sich als ein großes V beschreiben, in dessen spitzen Winkel das Tier rücklings geklemmt war. Es hatte aufgehört, um sich zu schlagen. Die Böschungen waren zu steil. Seine Hufe konnten nicht greifen. Es atmete schwer, die Lunge wie in einer Zwinge.

In quälender Ohnmacht vor dem leidenden Geschöpf, – es hätten Stricke hergemußt, ein Flaschenzug, ein Hebebaum, ein Kran, – überschaute ich das unter gleichgültig blauem Himmel grünende, von einer Schleife des Neckars umsäumte, flache Land, sah sie auf dem sandhellen Weg näherkommen, den Landjäger neben dem um Tschako und Kopf kleineren jungen Russen und wußte im selben Augenblick, was sich begab. Was auch sie oben für Recht erkannt und beschlossen hatten, von Lager zu Lager war es durchgesagt, lange bevor sie es an Mauern anschlugen und vollzogen.

Der blutjunge Mensch, dem keiner seine siebzehn Jahre glaubte, hatte nach einer Bombennacht Schuhe aus schwelendem Schutt gescharrt. Somit hatte er geplündert, sein Leben verwirkt, wie das Gesetz es wollte und war verurteilt worden, vor dem Tor des Russenlagers, zu dem der Weg führte, gehängt zu werden, seinen Landsleuten zur Warnung. Der Landjäger schob sein Fahrrad neben sich her. Zurück, allein, konnte er fahren.

Einem umhegten Obstgarten auszuweichen, bog der Weg nach rechts ab, sieben Schritte an mir vorbei, ihre Gesichter meinen Augen nahe genug. Achtzig Muskeln prägen, was Gesichter aussagen, eine achtzig Buchstaben reiche Schrift. Wer in Jahren früher Not bang am Gesicht jedes Gewaltbefugten hing, der sich ihm näherte, hat sie lesen gelernt.

Tschako und Kopf wirkten wie ein aus dem selben Klotz geschnitztes Sinnbild des Vollstreckers. Dieser im Dienst mehrerer Herren Angegraute hatte sich längst endgültig gegen jegliche Anfechtung hinter bedingungslosen Gehorsam geflüchtet.

Der Junge blieb gelassen, so wie ich es in den Gesichtern so vieler seiner Landsleute gelesen hatte, ergeben ohne Ausweg, nicht einmal in ein Jenseits. Aber von der Wegbiegung ab kam der Obstgarten linkerhand zu liegen. Die Kronen der Kirschbäume verbargen nicht mehr die flachen Dächer der Lagerbaracken. Er ermaß, wieviele Schritte ihm noch zu leben blieben.

Ich konnte seinen Blick nicht auffangen, aber was ihn bewog, seine Augen zu dem ihn überragenden Helmkopf auszuheben, war mir in wechselnder Gestalt vertraut mindestens seit dem ersten Sommer in Paris, mehr als zehn Jahre waren darüber vergangen. Unerlaubt und ohne Geld noch Bleibe entging ich damals dem Gesetz, dessen Hütern so schlimme Bräuche wie ihre »passages à tabac« nachgesagt wurden. Mir lag daran, mich dessen zu vergewissern, es ging um meine Haut.

Aber nur wenn sie etwa hellichten Tages auf belebten Gehwegen einen kleinen Spitzbuben oder Stromer fingen, im Nu von zahlreichen Schaulustigen umringt, getraute ich mich, hinter deren Rücken hervor verstohlen wachsam aus dem Getu und Gehabe der gefürchteten Häscher zu schließen versuchen, ob sie ihren üblen Leumund verdienten.

Da Schutzmann, Sünder und Gaffer sich aufführten, wie sie es voneinander gewohnt waren, verliefen solche Aufläufe meist einander ähnlich, wie Spielarten eines selben Entwurfs:

Eine Streife, immer zu zweit, überrumpelte einen, der ihnen nicht gefiel. Ihre barsche Hast übertrug, daß sie unliebsamen Folgen zuvorzukommen trachteten, – stets zu spät. Denn vor Zeugen ließ keiner sich wortlos am Kragen packen. Wohl richtete er sich an die Greifer, in deren Fängen er sich wand, aber ob er zeterte, bettelte, beschwor, sich feierlich empörte, seine Worte galten den Umstehenden, die es auch so verstanden.

Und während der eine ihn ermutigte, der andere die Grobheit des Wachmeisters rügte, eine Frau mitleidig bat, den armen Schlucker laufen zu lassen, ein besserer Herr sich fürsprechend erkundigte, um welches Vergehen es ging, hafteten meine Augen an den Gesichtern der Ordnungshüter, als wollte es mir gelingen, hinter deren allwettergegerbter Haut auszuleuchten, wie es zugehen konnte, daß sie sich jäh gelöst lächelnd mit der beratenden Versammlung einließen.

Sie schienen im Stich gelassen vor der Amtsgewalt, die verantwortete, was sie ihnen auftrug, während umgekehrt die

Leute sie zur Verantwortung zogen für alle ruchbar gewordenen Vergehen der selben Macht, deren Rock und Wappen sie trugen. Ob sie sich auch schiefmäulig herbeiließen, ihre Amtshandlung zu rechtfertigen und ihren Widersachern zu schmeicheln, indem sie den Eingefangenen mit gezügelter Stimme befragen, als bedeute auch ihnen Verdacht nicht Schuld, strebten sie unverkennbar zurück in die Geborgenheit, in der Gehorsam von Verantwortung entband.

Sie durften es nicht, ohne ihre Beute mitzunehmen, den Beweis getreuer Pflichterfüllung, doch wenn die Zeugen sie damit ziehen ließen, beugten sie sich lediglich wachsender Befürchtung: Je tiefer es die Greifer demütigte, sich auf eigene Faust verantworten zu müssen, desto unabänderlicher verhärtete sich ihr Entschluß zur »passage à tabac«, zum Durchwalken des in die Wache Eingebrachten mit ihren weißen Hartholzkeulen, ihn schuldig zu prügeln.

Auch noch als Völker insgesamt in Haft genommen waren, überlebte die Erinnerung an die Zeit, in der Beistand und Einspruch von öffentlicher Meinung ausgehen konnte. Es kam vor, – das wußte und nutzte gelegentlich jeder erprobte Gefangene, – daß es den Dienstmann, an den er gekettet war, gleich einer Schwäche überkam, wenn er ihn in Hörweite nur weniger zufälliger Ohrenzeugen um einen noch so kleinen Gefallen anging.

Der reglos blaue Himmel stand ihm nicht bei. Noch die Luft wollte sich nicht mehr atmen lassen. In der Stille, aus der sich nur das Röcheln des sterbenden Pferdes hervorhob, wußte er, daß mich seine Stimme erreichte, so leise er bettelte. Ich aber war, mit aufgeschmierten roten Buchstaben als Gefangener gekennzeichnet, weniger als Niemand. Der Aussichtslosigkeit angemessen, erhoffte er nur die winzigst mögliche Gunst. Angesichts des Lagertores, bevor der folgende Schritt ihn wieder vom Beisein des einzigen öffentlichen Zeugen entfernte, bat er um eine Zigarette.

Hätte der Befragte nur nein gesagt, nur den Kopf geschüttelt, nur, um dem Kind, das er dem Tod zuführte, den Mund zu verbieten, mit kurz schwerzendem Ruck die Kette der Handfessel gestrafft, wäre er mir ein verrohter Mensch geblieben.

Aber ohne den Blick zu wenden, ohne in seinem Gleichschritt nur um die Zeit eines Wimpernzuckens zu stocken, ohne Verweis, ohne Haß, ohne Verachtung, ohne böse Lust, ohne was auch immer in Gesichtern jedem zu lesen bleibt, ließ er nicht einen Laut der leisen Bitte ein in seine Welt. Mich fiel es an wie eine Leere mitten im sichtbaren Geschehen. Etwas war nicht und hätte um Himmelswillen müssen sein. Ich fieberte, es wenigstens zu orten. Ich kreiste es ein, ich hechtete durch die Erinnerungen nach noch so fern verwandten, nur ähnlich scheinenden Begebenheiten. Es zu vermindern, zu entlasten, hielt ich zugute, was sich zugute halten ließ.

Ich sah mich wieder nachts im Gefängnis Lerchesflur, nachdem die Saar verloren war, von siegestrunkenen Schließern getreten und gejagt. Mittenhinein nahm ihrer einer mich beiseite und folgte steinernen Gesichts buchstabenstreng der Vorschrift, trug meinen Namen in die Liste der Gefangenen ein, die einem Richter vorzuführen waren, wie es das bis zur Übergabe der Gewalten noch geltende Gesetz des alten Regimes gebot. Ehe er mich einschloß, schaute er sich in der Zelle um. Ihm durfte nicht der vorgeschriebene Schemel, nicht der Blechnapf, nicht der Löffel fehlen. Mir hatte es gut getan, nach elend langsamem Versinken endlich auf letztem festen Boden aufgeruht.

Wonach ich suchte, rührte nicht an Schuld und rechtem Maß der Sühne. Von einer Sturmflut, einem Beben heimgesucht, wehrt sich auch eine offene Gesellschaft mit Standgerichten gegen Plünderer. Ich war den einzigen begegnet, die plündern durften: dem Beil Verfallene, begnadigt, um im Gegenzug blind in die Erde gefahrene Bomben auszugraben und zu entschärfen. Ich hatte sie den Inhalt zweier, den Trümmern abgewonnener Einmachgläser brüderlich mit ihren Wächtern, – auch sie Bestrafte, – teilen sehen. Sie konnten nicht im Voraus wissen, ob eine Bombe unter ihren Füßen nicht eingerichtet war, um erst nach einer Zeit, nach wieviel Stunden hochzugehen. Sie bezahlten ihre Beute, drei Löffel Latwerg Jedem, mit Tag für Tag von neuem angegangenen Tod.

Auch nicht die leise Weihe, die früher einmal von einem Sterben ausgegangen war, vermißte ich. Sie hatte sich abgenutzt, seit zu viel Lebende vor nächtlichen Geschwadern in

Keller flohen, die ihre Gräber wurden, tagsüber streunende Marauder aus der Sonne heraus den Tod aus allen Rohren säten und streifende Gerichte noch die eigenen Soldaten, die sie versprengt und ohne Marschbefehl erwischten, am nächsten Baum erhängten.

Es hatte mich nicht verwirrt, Henker und Opfer Seite an Seite sich mir nähern zu sehen, gelassen Beide wie unterwegs zu einer gemeinsamen Verrichtung. Ich hatte selbst erfahren, wie leicht sich ausweglos Gestellte einem Tode fügen. Es hilft, wie die Betäubung, die erste Schmerzen einer Wunde lindert.

Doch während des ersten Schrittes, der sie von mir entfernte, sah der junge Mann von der Seite her, den Kopf schon halb zurückgewendet, kurz zu mir herüber. Ich las sein kurzes Dasein, das ihm auf den Leib geschrieben war: In Mangeljahren schmächtig ausgewachsen, das Gesicht beherrscht von flinken frechen Augen eines Sperlings, der einen Krümel noch aus offenem Fenster stiehlt.

Als ich von ihnen schon nur noch die Rücken sah, mußte ich mich zusammennehmen, um ihnen nicht zu folgen. Es ging nicht an. Es fiel mir ein, daß früher ein schwarzberockter Beter oder Beichtiger jeden Verdammten bis zum Richtblock, bis zum Strang begleitete. Hatte dem Brauch ein Wissen, eine Ahnung vorgestanden um das, was ich nicht finden konnte. Was half es mir. Es war verblaßt, wie zwischen Bibelseiten zu Staub gepreßte Blumenblätter, Halme.

Was aber war in Menschen, in der Feste einer Glaubenswahrheit eingeschlossen, was in dem Helmkopf vor mir, war seine Wahrheit auch nur Staatsräson, was war in ihm ertötet, um nicht mehr wahrzunehmen, was der ihm Übergebene bis zu dem letzten seiner letzten Atemzüge blieb:
  der Andere.

Text nach dem Typoskript, aus dem Glaser bei einer Lesereise in der Schweiz vorlas, Januar 1990

Michael Rohrwasser
Georg K. Glaser, der Unruhestifter

»Warum suchst Du Ruhe, wenn Du zur Unruhe geboren bist?« fragt der christliche Mystiker Thomas von Kempen – Franz Jung hat diesen Satz als Motto für seine Lebensgeschichte *Der Weg nach unten* gewählt. Sie enthält andere Stationen als die von Georg K. Glaser, aber beide haben sie ihre Suche in der Zeit der Zusammenbrüche und Aufbrüche nie abgeschlossen. Auch Glasers Suche galt nie einem Ruhestand oder einem Ruhesitz. Franz Jungs Bild für diese Suche ist der Torpedokäfer, der immer wieder zum Flug ansetzt, obwohl dieser Flug an einer undurchdringlichen Mauer endet. In Glasers *Geheimnis und Gewalt* heißt es: »Als Kind hatte ich oft mit Käfern gespielt, die ich an Halmen hatte emporklettern lassen, welche ich umgedreht, genau in dem Augenblick, in dem die also Genarrten an der höchsten Spitze angekommen waren. Mir war zumute wie jenen kleinen Lebewesen, die ihren Aufstieg von neuem hatten beginnen müssen.«

Glasers Unruhe ist ein Element jener Stärke, die ihm aus seinem Lebensabenteuer erwuchs – so nannte er in seinen späteren Texten den Versuch, Kopf- und Handarbeit wieder zu verbinden.

Und diese Unruhe des Suchenden machte ihn zum Unruhestifter, der sich mit keinen Sprachregelungen, Einordnungen und gängigen Urteilen zufrieden gab, auch nicht mit den eigenen. Man traf ihn nicht da, wo man sich von ihm verabschiedet hatte beim letzten Besuch im Marais. Die festgehaltenen Sätze des letzten Jahres waren längst umgeschrieben.

Wenn ich Georg Glaser einen Unruhestifter nenne, dann ist das mit einer Provokation verbunden. Nämlich mit dem Gedanken, daß der durch ihn Beunruhigte und Herausgeforderte ihm größere Gerechtigkeit widerfahren ließ und läßt als jene, die ihn umarmten. Vielleicht hat der von Glaser Provozierte genauer hingehört und die Implikationen genauer verstanden als jener, der mit Lob rasch bei der Hand war, der seine Gleichgültigkeit hinter Beifall verbirgt.

Tatsächlich war Glaser voller Groll, daß seine späte Rezeption so vielen Themen auswich, daß seine Gesprächspartner widerstandslos über sie hinweggingen, an die ihm so wichtigen Problemen nicht rühren wollten oder sie gewissermaßen in Kauf nahmen, um den alten Mann regelgerecht ehren zu können. Nicht Widerspruch, sondern Ignoranz und Gleichgültigkeit empörten ihn. Glaser hat sich an Schillers Empfehlung in den »Briefen über die ästhetische Erziehung des Menschen« gehalten: »Lebe mit deinem Jahrhundert, aber sei nicht sein Geschöpf, leiste deinen Zeitgenossen aber, was sie bedürfen, nicht was sie loben.«

Einige seiner Provokationen will ich daher aufgreifen und uns vergegenwärtigen.

Eine frühe ist verborgen in seinem ersten Buch, dem *Schluckebier*, das 1932 im kommunistischen Agis-Verlag erschienen ist. Für Debütanten galt damals in Parteikreisen eine gewisse Großzügigkeit. Spontaneistische Positionen, Vernachlässigung der obligaten Führungsrolle der Partei – das konnte bei Anfängern hingehen, das konnte dann bei den folgenden Publikationen angemahnt werden.

Von daher ist es nicht so verwunderlich, daß in Glasers erstem Kurzroman über die Revolte von Fürsorgezöglingen von der KPD kaum die Rede ist und daß der Aufstand im Fürsorgeheim einem spontanen Impuls gehorcht. Es gibt zwar den märchenhaften Ton: »Es sollte aber ein Land geben, in dem es keine Arbeitslosen gab. Russland.« Doch die Metaphern des Aufstands und der Hoffnung sind gegen ein Stärkeres gesetzt. Die verborgene Provokation liegt in dem immer aufs Neue anklingenden Bild des Eingeschlossenseins, das als Fluchtpunkte nur noch Tod und Verrücktwerden zuläßt. Denn die Revolte der Fürsorgezöglinge hat zwar alle existentielle Berechtigung, trägt aber die Züge der Unterdrücker in sich. Als einer der Zöglinge eine Schildkröte auf bestialische Weise mit dem Hammer tötet, nennt der Erzähler den Täter »ein Werk frommer Erziehung«.

Karpfen, Henker, Otter, Höhn und Schluckebier: schon die Namen der Zöglinge sprechen von der deformierenden Macht des Erziehungssystems, und diese Deformation wird durch die Revolte keineswegs aufgehoben. »Wir hatten es Drecksack und allen Prügelpädagogen zu verdanken, daß wir nur so reagieren konnten (...) wir waren gezähmte Tiere, und unser Dompteur hatte die Peitsche verloren.« Glaser beschreibt mit rücksichtsloser psychologischer Feder die Erziehung einer Generation zu Gefolgsleuten und Parteisoldaten. Als das Westendheim, das Glaser zur Vorlage seiner Erzählung diente, nach der Notverordnung vom 7. November 1932 die 18jährigen entlassen mußte, meldeten sich viele von ihnen zur SA. Die Geschlagenen suchten statt ihrer Freiheit den Schlagstock.

Dieser düstere Blick auf die Revolte der Jugendlichen ist bis heute nicht wahrgenommen worden, und das liegt nicht daran, daß Glasers Provokation zu subtil war, sondern wohl an der übergroßen Bereitschaft, eine positive, progressive Geschichte der Rebellion zu entziffern. Deshalb hat man sich bis heute mit der dünnen Oberfläche der Erzählung zufrieden gegeben.

Die Provokationen seiner frühen Texte stehen gewissermaßen gegen vordergründige Lesarten. Sie springen den Leser nicht an, eher hinterlassen sie einen Stachel. Wenn Glaser in seiner Erzählung *Die Nummer Eins der Rotfabrik* von 1934 einen alten Arbeiter die zerknäulte Betriebszeitung der KPD mit seinem Fuß beiseite schieben läßt, dann geschieht das vordergründig deshalb, weil die Nazis eben die Fabrik besetzt haben. Und dennoch sind mit dieser sprechenden Geste die Gewichte verschoben, wird damit der Widerstand des Einzelnen gegen den eines im Untergrund operierenden Parteikollektivs gesetzt. Und der Erzähler macht deutlich, wieviel mehr der Widerstand des Einzelnen zählt, wieviel beunruhigender der Ungehorsam eines Einzelgängers wirkt.

Die Erzählung handelt noch von anderem. Sie kritisiert nicht nur einen wirklichkeitsfremden Widerstand, der den Erfolg des Erscheinens einer Betriebszeitung feiert, weil diese Aktion der sinnlosen und falschen Worte keine Wirkung und keine Folgen haben wird außer der Todesgefahr für ihre Verteiler. Die Erzählung widerspricht auch dem verordneten Geschichtsoptimismus. *Die Nummer Eins der Rotfabrik* war einer der frühesten Erfahrungsberichte über das Leben im Nationalsozialismus und berichtete unter der Oberfläche ihrer Erfolgsmeldung Ketzerisches: daß die Nazis tatsächlich gesiegt hatten und keineswegs ein Gespenst waren, das bald verschwinden würde, wie die Parteitheorie dies suggerierte. Glaser erzählt in *Die Nummer Eins der Rotfabrik* vom Sieg einer pervertierten Revolution und davon, daß der kommunistische Widerstand ihr nichts anhaben könne. In *Geheimnis und Gewalt* ist das weit ausführlicher und eindringlicher dargestellt, aber auch dieses bedrückend genaue Bild des nationalsozialistischen Alltags ist unbeachtet geblieben, weil es nicht den Mustern gehorchte, die in den fünfziger Jahren das Bild des Nationalsozialismus bestimmten. Statt dessen wurde Ernst von Salomons autobiographischer Roman *Der Fragebogen* zum Bestseller.

In *Geheimnis und Gewalt* heißt es:
»Es wurde uns aufgetragen, die jungen Menschen, denen es Auszeichnung und Heldentat war, für das Neue Reich zu bluten, schaffen und hungern zu dürfen, denen das Herz begeistert klopfte, wenn sie ein Gewehr tragen durften ..., mit der Losung ›Butter an Stelle von Kanonen‹ zum Widerstand aufzurufen. Es wurde uns befohlen, von denselben Arbeitern, die seit vielen Jahren endlich wieder ein Werkzeug zur Hand nehmen durften, den ›Streik gegen die Handlanger der Ausbeuter‹ zu fordern. Gleichzeitig jedoch wurde uns gesagt, die Ängstlichen und Eingeschüchterten mit Abwartelosungen zu trösten: ›Wir sind die Erben des kommenden Zerfalls der Hitlerbewegung.‹ Aber Scham und Wut überwältigten uns, als uns geboten wurde, diese Losungen, die sich so wenig mit der wirklichen Verfassung der Menge vermählten wie Wassertropfen mit Öl und die immer nur störenden Fremdworte sein konnten, zu verkaufen, schwarz auf weiß zu verkaufen. Wir hatten es immer für ein Werk eines heimlich in unseren Reihen arbeitenden braunen Schurken gehalten, als die Zelle der Stahlwerke eine Sammelliste ›zugunsten der Opfer des braunen Terrors‹ hatte umgehen lassen, auf der die Arbeiter ihren Namen und die Höhe des gestifteten Betrages gewissenhaft eingetragen hatten, worauf alle verhaftet worden waren.«

Die Tat des Einzelgängers war für Glaser verkörpert in der

Brandstiftung Marinus van der Lubbes, des holländischen Rätekommunisten, dem nach dem Reichstagsbrand von zwei Seiten der Prozeß gemacht wurde: in Leipzig vor dem Volksgerichtshof und in London mit einem Gegenprozeß einer selbsternannten Volksfront. Van der Lubbe wird von den Nazis und den Kommunisten der Prozeß gemacht unter der Anklage, Werkzeug der je anderen zu sein. Es ist die Konfrontation des verleumdeten, einzelgängerischen Rebellen, der seinem Gewissen gehorcht, mit dem Typus des Parteisoldaten.

In *Geheimnis und Gewalt* läßt Glaser seine Figur Haueisen eine Verwandtschaft zu dem Einzelgänger van der Lubbe entdecken: »Vielleicht litt ich allein unter der Ähnlichkeit mit der verdammten Gestalt des unsteten, suchenden, zweifelnden Rebellen. Tausend Millionen, eine Welt von Unmündigen, wollte seinen Tod. Es galt nicht, einen Schuldigen, sondern die Haltung des Aufständischen, der für die Sache von sich aus tut, was er von sich aus beschlossen hat, zu verurteilen, um nur noch Gehorsame zu dulden; die Augen der verantwortlichen Genossen erläuterten es mir deutlich. Sie trieben mich in die Einsamkeit des Elends, des körperlichen Hungers und der Ratlosigkeit, der Entmutigung und Verbitterung. Wie den Gefangenen in Leipzig, der entgegen aller fadenscheinigen Beschuldigungen die Sache nie verlassen hatte, hatte die Sache mich verlassen.«

Und in seinem Van der Lubbe-Drama, das in Alfred Andersch' Zeitschrift *Texte und Zeichen* erschienen ist, läßt Glaser den kommunistischen Ankläger von London sprechen: »Denn außer uns ist jede Tat verdammt zu schaden. Nur wir werden den Kindern, die in Elendsgassen im Rinnstein spielen, das Meeresufer geben können. Wer handelt ohne uns, schlägt diese Ärmsten.«

Das Denkmal, das Glaser Marinus van der Lubbe gesetzt hat, zuerst in *Geheimnis und Gewalt* und dann in seinem Drama (das noch immer nicht aufgeführt worden ist, noch nicht einmal vollständig veröffentlicht), ist unbeachtet geblieben, die Provokation blieb wieder ungelesen. Sie paßte nicht hinein in die frühen Geschichtsbilder vom Nationalsozialismus. Glaser erzählt, daß ein Verleger vor der Publikation zurückgeschreckt sei mit der Bemerkung: »Das würde eine zu große Irritation auslösen.«

Auch die späte Revision dieser Geschichtsschreibung, ausgelöst durch die Studie von Fritz Tobias, eines anderen Außenseiters, fand fast stillschweigend statt, ohne Rückverweis auf Glaser, der von früh an die Einzeltäterschaft van der Lubbes gesehen hatte.

Eine letzte Provokation schließlich verstand ich erst sehr spät, bei einer Konferenz in Saarbrücken, wo es um die Verantwortung und um den Verrat von Schriftstellern ging. Das Podium war besetzt von prominenten Repräsentanten, die Statements zum Verhältnis von Schriftstellern und Macht verlasen, von den Zugeständnissen sprachen, daß man in Diktaturen auch in der Sklavensprache schreiben müsse, die Wahrheit in kleinen Dosierungen verpacken könne, um sich wenigstens das eigene Brot zu verdienen. Man war erinnert an Brechts Figur des Herrn Keuner, der von den »Trägern des Wissens« sagt, daß sie keine Ehrungen ausschlagen können, daß sie auch auf das Sagen der Wahrheit verzichten können müssen. Denn: »Wer das Wissen trägt, hat von allen Tugenden nur eine: daß er das Wissen trägt.«

Glasers Widerspruch kam vehement, störrisch. Er widersetzte sich dem fälligen Konsens, wies hin auf das eigene Lebensabenteuer, daß er trotz aller Versuchungen und Angebote keine Zeile seines Buches *(Geheimnis und Gewalt)* gekürzt habe, auch dann nicht, als die Absagen von deutschen Verlagen sich häuften.

Das hatte nichts mit schriftstellerischer Eitelkeit zu tun, sondern für Georg Glaser war es der notwendige Widerstand gegen die Versuchung, den eigenen Text den Interessen des Verlags, den Zeitströmungen, den herrschenden Geschichtsbildern anzupassen. Zu diesem Widerstand sei er allein deshalb imstande gewesen, weil er seine kleine Werkstatt hatte, die ihn mehr schlecht als recht ernährte, und er nicht auf das Brot der Tantiemen angewiesen war.

Der Dichter müsse sich allem entziehen, was Macht hat, heißt es bei Elias Canetti, und Canetti war neben Hannah Arendt einer der wenigen Autoren, die Glaser zu seinen Verbündeten und Zeugen gemacht hat.

Kurz: Es war eine Mißtrauenserklärung gegen die Position des freien Schriftstellers. *Weil* Glaser an die Macht des Wortes glaubte, teilte er nicht die Zuversicht in die öffentliche Bereitschaft, dieses Wort zu verlegen und zu lesen. Die Versöhnung von Kopf- und Handarbeit gewann damit eine neue Bedeutung: das Handwerk war für Glaser in jeder Hinsicht Bedingung des Schreibens.

Ehren wir Glaser, nicht, indem wir ihm unser Einverständnis erklären, sondern indem wir uns von ihm provozieren lassen.

Biographische Daten Georg K. Glaser

Geboren am 30. Mai 1910 in Guntersblum als Sohn des Postbeamten Georg Glaser aus Hillesheim und seiner Frau Katharina geb. Stallmann aus Dolgesheim, als zweites von fünf Kindern

1912 Umzug der Familie nach Worms, verschiedene Adressen, Ende 1923 im eigenen Haus: Grenzstraße 26 (heute 16) im Stadtteil Neuhausen

1916 Volksschule Worms
Kurzzeitiger Besuch der Oberrealschule mit seinem Bruder Erhard (Freistelle). Schon als Junge gilt Georg als talentierter Zeichner, was der Vater ablehnt.

Ab 1926 als Rebell und Vagabund in Worms, Speyer, Frankfurt a.M. Dort 1926 Einlieferung ins »Westendheim«, weitere Heime. Die Behörden gaben ihn zwei Jahre vor der Volljährigkeit auf; 1929 als »unverbesserlich« entlassen. Verbindung zur KPD und Roten Hilfe

1929 wegen Landfriedensbruch sechs Wochen im Gefängnis Frankfurt-Preungesheim, beginnt zu schreiben. Gerichtsreporter und Arbeiter u.a. in den Farbwerken Höchst, Weil-Werke.

1932 Veröffentlichung von SCHLUCKEBIER

1933 Flucht ins Saarland

Ab 1934 Entfremdung von der Kommunistischen Partei

1935 Gefängnis im Saarland, Emigrant in Frankreich, Paris, Toulouse, Normandie (Staatsbahn), französische Staatsbürgerschaft

Ab 1939 französischer Soldat, 129. Infanterieregiment, Le Havre

1940 Deutscher Kriegsgefangener unter falschem Namen (»Martin«)

1943 Flucht aus Gefangenenlager Görlitz, bei Straßburg festgenommen, verschiedene Lager

Mai 1945 Rückkehr nach Paris, Fließbandarbeiter bei Renault

Ab 1947 Engagement bei der Deutsch-Französischen Arbeiterbegegnung. – Manuskript von GEHEIMNIS UND GEWALT beendet

1948 Arbeit in den Zuckerwerken Say und in einigen kleineren Betrieben

1949 Gründung einer eigenen Werkstatt als Dinandier in Saint Germain des Pres in Paris

1951 »Secret et Violence«, die französische Ausgabe von GEHEIMNIS UND GEWALT erscheint, im Spätjahr die deutsche Ausgabe im Vineta-Verlag

1968 Umzug ins Pariser Marais mit Ehefrau Anne. – DIE GESCHICHTE DES WEH

ab 1975 fast jedes Jahr in Deutschland und in Guntersblum

1985 AUS DER CHRONIK DER ROSENGASSE (Dietz-Verlag) JENSEITS DER GRENZEN (Claassen-Verlag) Lesereisen in Deutschland (u.a. Frankfurt a. M., Berlin, Mainz, Kaiserslautern, Guntersblum)

Oktober 1992 Verdienstorden des Landes Rheinland-Pfalz, im November Ehrengabe der Schillerstiftung Weimar

Juni 1994 Johanna-Kirchner-Medaille der Stadt Frankfurt a. M., Pfalzpreis für Literatur des Bezirksverbandes Pfalz

18. Januar 1995 gestorben in Paris, Einäscherung auf dem Friedhof Père Lachaise

M. Rohrwasser/D. Staab

Bibliographie Georg K. Glaser

1. Buchveröffentlichungen

SCHLUCKEBIER [Erzählung]. Berlin/Wien: Agis-Verlag 1932 (1.–5. Tausend)
Reprint: Berlin: Klaus Guhl 1979, hg. von Walter Fähnders und Helga Karrenbrock, mit einem Vorwort von Glaser (»An den möglichen Leser«) und einem Nachwort der Herausgeber (»Zweierlei Denken«)
Neuauflage: Basel/Frankfurt a. M.: Stroemfeld 1998 (mit anderen frühen Texten Glasers), hg. und mit einem Nachwort und editorischen Anmerkungen von Michael Rohrwasser

GEHEIMNIS UND GEWALT. EIN BERICHT. Basel/Lausanne/Zürich: Vineta 1951 (2 Bde.)
Zuerst erschien die frz. Übersetzung:
Georges C. Glaser: secret et violence. roman. Traduit de l'allemand par Lucienne Foucrault. Paris: Éditions Corréa 1951 (in der Reihe »Le chemin de la vie«. Collection dirigée par Maurice Nadeau, mit einem Vorwort von Albert Béguin)
Korrigierte und leicht gekürzte Neuausgabe: Stuttgart/Hamburg: Scherz und Goverts 1953
Lizenzausgabe: Frankfurt a. M./Zürich: Büchergilde Gutenberg 1955
Stark gekürzte Taschenbuchausgabe (entspricht dem Teilabdruck in der Zeitschrift *Der Monat* von Okt. 1951 bis Jan. 1952): Frankfurt a. M./Berlin/Wien: Ullstein 1956 (=Ullstein Buch 111)
Gekürzte Neuausgabe: Hamburg/Düsseldorf: Claassen 1969
Überarbeitete Taschenbuchausgabe mit dem neuen Untertitel »Der autobiographische Bericht eines Einzelkämpfers«: Reinbek: Rowohlt 1983 (=rororo 5101)
Neuausgabe, hg. von Michael Rohrwasser, mit einem editorischen Bericht und Nachwort: Basel/Frankfurt a. M.: Stroemfeld/Roter Stern 1989
Lizenzausgabe: Frankfurt a. M./Zürich: Büchergilde Gutenberg 1989
Lizenzausgabe (ohne das Nachwort von 1989). Reinbek: Rowohlt 1994 (= Rowohlt Jahrhundert, Bd. 97)
Holländische Ausgabe: Gedempte stemmen, gebalde vuisten, uit het duits vertaald door Johan Winkler, N.V. de Arbeiderspers, Amsterdam 1953

DIE GESCHICHTE DES WEH. Erzählung. Hamburg/Düsseldorf: Claassen 1968

AUS DER CHRONIK DER ROSENGASSE UND ANDERE KLEINE ARBEITEN. Berlin/Bonn: Dietz 1985

JENSEITS DER GRENZEN. BETRACHTUNGEN EINES QUERKOPFS. Düsseldorf: Claassen 1985 (ab 1990 mit neuem Umschlag Vertrieb über Stroemfeld/Roter Stern, Basel/Frankfurt a. M.)

2. Veröffentlichungen in Sammelbänden, Periodika usw.; Gespräche (unvollständig)

1.) Der junge Arbeiter erzählt. In: Deutsche Republik, begründet von der republikanischen Arbeitsgemeinschaft Ludwig Haas, Paul Löbe, Josef Wirth, hg. vom Reichskanzler a. D. Josef Wirth (Frankfurt am Main), 6. Jg. H. 4 (Okt. 1931), S. 111–117
Gekürzter Wiederabdr. u. d. T.: Uns gehört das Gut. In: Linkskurve, 4. Jg., Nr. 8, August 1932, S. 25
In: Aus der Chronik der Rosengasse

2.) Zug ohne Bremse. In: Deutsche Republik, 6. Jg., H. 10, Nov. 1931, S. 306–308
Wiederabdr. in: Frankfurter Zeitung, 76. Jg., Nr. 948, 21.12.1931, S. 1
Wiederabdr. in: Magazin für alle, 8. Jg., H. 1, Jan. 1933
In: Aus der Chronik der Rosengasse

3.) Jugendliche Rowdies? über Justus Ehrhardt, Straßen ohne Ende. In. Deutsche Republik, 6. Jg., H. 15, Jan. 1932, S. 470–472
In: Aus der Chronik der Rosengasse

4.) Urlaub vom Erzogenwerden: In: Deutsche Republik, 6. Jg., H. 21, Feb. 1932, S. 664 f.
In: Aus der Chronik der Rosengasse

5.) Die Jacke. In: Deutsche Republik, 6. Jg., H. 30, (April 1932), S. 947–949
In: Aus der Chronik der Rosengasse

6.) Die junge Alte. In: Linkskurve, 4. Jg., Nr. 5, Mai 1932, S. 17–21
Gekürzt in: Aus der Chronik der Rosengasse

7.) Kontrolleure der Gesellschaft. In: Deutsche Republik, 6. Jg., S. 1177

8.) Bruchstücke eines Romans. In: Deutsche Republik, 6. Jg., H. 47, Aug. 1932, S. 1493–1496
In: Aus der Chronik der Rosengasse

9.) Meuterei im Arbeitsdienst. In: Internationale Literatur, 4. Jg., H. 2, März/April 1934, S. 78–80
Wiederabdr. in: Deutsche Volkszeitung, 3.5.1934, Nr. 12

10.) Die Nummer Eins der Rotfabrik (1934). In: Neue Deutsche Blätter. Monatsschrift für Literatur und Kritik (Prag), 1. Jg., Nr. 8, Mai 1934, S. 491–502
Wiederabdr. in: Filmkritik, 26. Jg., H. 7 (1982), S. 303–315
In: Aus der Chronik der Rosengasse

11.) Joseph Reitinger. In: Einheit für Hilfe und Freiheit. Monatszeitschrift für internationale Solidarität. 1. Jg., Nr. 4, Paris 1936, S. 15–17
In: Aus der Chronik der Rosengasse

12.) Travailleurs de la Nuit. In: Preuves (Paris), 2. Jg., Nr. 21, Nov. 1952, S. 6–14

13.) (Teilabdruck des Lubbe-Dramas) In: Texte und Zeichen

14.) (Teilabdruck des Lubbe-Dramas) In: Du.

15.) Weil ich Arbeiter bin und weil ich schreiben kann. (Gespräch mit Peter Dahl und Rüdiger Kremer). In: Lebensgeschichten. Zehn Interviews über Biographisches, Zeitgeschichte und die Rolle des Schreibens. Bornheim: Lamuv 1981, S. 19–40

16.) Gespräch mit Harun Farocki. In: Filmkritik (München), 26. Jg., H. 7, Juli 1982, S. 295–302

Die Jurybegründungen zu den Literaturpreisen

Joseph-Breitbach-Preis für Marcus Braun

Der zehnseitige Kurzprosatext von Marcus Braun (Jahrgang 1971) thematisiert virtuos und konzentriert ein Grundproblem moderner Literatur, nämlich die komplexe Durchdringung von Sprache und Realität im Bewußtsein des Autors und im Produkt seiner Autorschaft, seinem Text. Die Originalität des Textes von Braun besteht in der Spannung zwischen der wahrnehmenden Subjektivität und der Vielfalt der Realitätsbezüge bzw. -partikel. Christa Wolf hat für diese spannungsreiche Mischung den Begriff der »subjektiven Authentizität« geprägt.

Wovon »handelt« der Text? Der Ich-Erzähler bemalt den Boden einer früheren Fabriketage über der Spree mit einem einfarbigen abstrakten Bild. Der Fußboden gehört zu einer Diskothek in Berlin-Mitte, deren Wände von zwei Kunstmalern dekoriert werden. Dabei unterhält sich der Ich-Erzähler mit Poul, dem Barkeeper, während beide diversen Cocktails zusprechen. Danach steigen beide die Treppen hinunter zum Wasser, wo sie eine aufgetriebene männliche Wasserleiche finden, die durch die Hitze des Sommers bereits in Verwesung übergegangen ist. Sie vertäuen die Leiche am Ufer. Danach kehren sie in die Diskothek zurück, während die ersten Gäste eintreffen. Dies ist, wenn man so will, die Realitätsebene des Textes, das Fragment eines Erlebnisses.

Also noch einmal: Wovon »handelt« der Text? Das Thema zwischen dem Ich-Erzähler und Poul, ein philosophisches Fragment, thematisiert die Korrespondenz zwischen der »Lehre vom Satz« und dem »Landmachen«. Die »Lehre vom Satz« benennt dabei die naturwissenschaftliche, das »Landmachen« die poetologische Version des eingangs skizzierten Grundproblems. Der Ich-Erzähler sucht dabei nach einer Metapher für das Landmachen, »die all seinen Dimensionen, all seinen Raumzeitverwicklungen und ganz banalen Alltagsfunktionen gerecht werden« könnte. Das Realistische an seiner Suche ist, daß er keine Antworten, sondern nur Fragen und neue Formulierungen des Problems findet. Wie ein Zug, der in die Landschaft fährt, wie das sich in die Dimension Zeit hinein entfaltende Leben eines Menschen, wie die Ausdehnung eines Satzes, der am Anfang winzig klein ist und am Ende so weit, daß sich sein Ende der Wahrnehmung entzieht – so läßt sich in den Bildern des Textes das Landmachen beschreiben. Der Text thematisiert das Problem, daß die Gleich-Zeitigkeit des Erlebens und Reflektierens in ein Hintereinander gebracht werden muß, um erzählbar zu sein. Die Reihenfolge der sprachlichen Zeichen und Bilder ist zugleich in ihrer räumlichen und ihrer zeitlichen Ausdehnung fixiert – im Bewußtsein der Beliebigkeit dieser Reihenfolge. Und die genannten Dimensionen kreuzen und vermischen sich mit der Subjektivität des Ich-Erzählers, dem seine eigene Geschichte verfügbar ist – von ihm heißt es: »Als Kind hatte ich immer Eisbären und Pinguine verwechselt, das heißt, Nord und Süd.« – Zugleich finden sich, um nur *eine* weitere Dimension zu nennen, literarische Traditionsbezüge von Marinetti über Musil bis zu Rilke. Auch wenn es bei Andeutungen bleibt, läßt sich der Kontext moderner Entfremdungserfahrung als Bezugspunkt dechiffrieren, so etwa in der Variation des Rilkes »Panther«-Gedicht entnommenen abstrakten Bildes »Mir ist, als ob es tausend Sätze gäbe und hinter tausend Sätzen keine Welt«.

Bedeutet dies, daß Realität, und sei es als Fragment, nicht gestaltbar, nicht bewußt zu machen ist durch Sprache, im Text, als Text? Keineswegs.

»Landmachen« ist der Beweis des Gegenteils. Im Bewußtsein der möglichen Vergeblichkeit des Unternehmens – denn Landmachen kann auch der Versuch sein, »eine löchrige Pausenbrottüte aufzublasen« – versucht der Autor subjektiv authentisch dem alten Problem auf neue Art beizukommen, einen Ausschnitt von Realität und Realitätserfahrung in eine andere Dimension zu verwandeln, eben Literatur zu machen.

Joseph-Breitbach-Förderpreis für Sonja Röder

Was die junge Schriftstellerin mit dem kargen elektronischen Dateinamen »Film.doc« betitelt, entpuppt sich als eine phantasievoll-groteske Satire
- auf den »modernen postmodernen Film« unserer Tage,
- auf die Veränderung der Sehgewohnheiten im Zeitalter von Video-Clips und Werbe-Spots,
- auf die Veränderungen von Leben und Schreiben in der modernen, multimedialen Informationsgesellschaft.

»Was sieht man denn, wenn man sieht, was nimmt man denn (noch) wahr?« ist die Grundfrage dieses kurzen Prosatextes. In einem wahren Fest der Antithesen und Paradoxien vollzieht sich in dialektischen Erzählsprüngen eine Umwertung aller scheinbar gesicherten Werte und Kriterien nicht nur der Filmkritik. Was ein filmisches Total-Desaster zu sein scheint, vollendet allenfalls im Mißlingen, wird nach einer unvermuteten interpretatorischen Ehrenrettung in der »Times« mit einem Mal zum wegweisenden Spiegel des chaotischen Lebens: gerade in seiner markanten Widersprüchlichkeit, Nichtverstehbarkeit und Sinnlosigkeit.

In einer gleichsam kopernikanischen Wende der Perspektiven wertet die neuentdeckte »Logik der Widersprüche« um und wertet sie auf als existentielle Grundbedingung unserer Zeit
- die Möglichkeit des Unmöglichen,
- die Verstehbarkeit des Nichtverstehbaren.

Eine witzige literarische Kampfansage an alles Klare und Eindeutige, an eindimensionales Wirklichkeits- und Wahrheitsverständnis, an die »bislang herrschende linear-kausale Aufklärungsbotschaftserhobenerzeigefingerdidaxe«. Mit grotesken Übertreibungen, scheinbar leicht und beiläufig dahergeplaudert in einem Small-Talk-Ton, der Szene-Jargon entlarvt und bei allem Witz und aller Ironie nie die Ernsthaftigkeit des Themas aus dem Auge verliert.

Martha-Saalfeld-Förderpreis für Marcus Braun

Mit Marcus Brauns Theaterstück »Väter Söhne Geister« hat sich die Jury für einen Text entschieden, dessen sprachliche Dichte eine schwebende Komplexität der Bedeutungen schafft und der auch durch formale Klarheit besticht. Der Autor hat darin Muster antiker Dramen mit moderner Sprache verwoben und gleichzeitig einen Kosmos von Geschichte und Geschichten eingefangen, indem er Andeutungen gegen Fakten setzt und dem damit eigenständige Sprach-Bilder von irritierender Intensität gelingen. Zugleich läßt der Text von Beginn an keinen Zweifel daran, daß er den unserer Zivilisation immanenten Grausamkeiten auf die Spur kommt. Es ist, als überschaue er mit einem magischen Auge die Menschheitsgeschichte. Scheinbar Harmloses, Lapidares wird in seiner Bedrohung enttarnt, und so werden unter der Hand auch Sprachmuster analysiert, etwa in der Verhörszene. Denn eigentlich geht es ja um Erschießung; Hinrichtung ist Brauns Thema. Unter der Folie gesprochener Harmlosigkeit werden Leben und Tod verhandelt. Dazwischen werden Sinnfragen aufgeworfen, werden Verdrängungsmechanismen ganzer Generationen ad absurdum geführt. Und so liegt in einer präzisen Mehrdeutigkeit der so sinnlos sich gebärdenden Dialoge, die dadurch freilich um so schauriger werden, und der philosophisch knappen Chöre die Faszination von Marcus Brauns Text.

Martha-Saalfeld-Förderpreis für Monika Köhn

Im Umgang mit Monika Köhns Gedichten gewinnt der Leser den Eindruck, als träte er in eine unaufhörliche lyrische Wahrnehmung ein, denn viele ihrer Texte tauchen, oft auch ohne Überschrift, unvermittelt auf (»so setzt die Geschichte sich fort«), und am Ende entziehen sie sich wieder, bisweilen mit einer sinnkonzentrierenden Schlußwendung, die ein Nachlauschen bewirkt (»zärtlich verschüttet im andern«).

Obwohl die meist kurzen Texte alle Anzeichen des zeitgenössischen Gedichtes aufweisen, stehen sie thematisch in der lyrischen Tradition. So spielt die sensible Registrierung von Naturerscheinungen eine wesentliche Rolle. Ein weiteres zentrales Thema ist das Phänomen Liebe, welches häufig die Wahrnehmungen bestimmt, wobei die Autorin es wagen kann, unverstellt ich und du und wir zu sagen. Zudem finden sich in Monika Köhns Gedichten Eindrücke von bestimmten Musikstücken und bestimmten Gemälden; auch Begegnungen mit Werken von Dichtern, die für sie bedeutsam sind, klingen an (Proust, Majakowskij, Pound).

Bemerkenswert in sprachlicher Hinsicht sind ungewöhnliche, jedoch höchst zielgenaue Verben (»hinter dem Fenster-/kreuz wie geschliffener Stahl, mit/Schweigen poliert«), sinnliche Adjektive, die die Malerin verraten (»schmiegsame Schatten«) und verwundernde Metaphern oder Vergleiche (»wir stürzen wie Sicheln/stumpf und verwildert vom/Mond abgefallen«). Insgesamt erinnern die Gedichte bisweilen an die Lyrik Else Lasker-Schülers, eine Assoziation, die als hohes Lob verstanden werden soll.

Martha-Saalfeld-Förderpreis für Barbara Krauß

Die Jury fördert mit der Verleihung des Martha-Saalfeld-Förderpreises an Barbara Krauß einen im Entstehen begriffenen längeren Prosatext, der in der pfälzischen Domstadt Speyer und auf einem bayerischen Berghof bei Sonthofen angesiedelt ist und der in sprachlich dichter Form menschlichen Verletzungen, Beschädigungen und Zerstörungen im Alltag in der Stadt und auf dem Lande nachspürt.

In draller Realistik und überbordendem Sprachreichtum, zuweilen mit hintergründigem Humor zeichnet Barbara Krauß den »ganz normalen Wahnsinn« unseres Alltagslebens nach. Eindringliche Bilder von Verrohung und Gewalt, von Mißtrauen und Verrat, von Untergang und Verfall, von Fremdheit und Verlorenheit, einer Verlorenheit, die zuweilen assoziativ sogar die Grauen nationalsozialistischer Vernichtungsmaschinerien heraufbeschwört.

Martha-Saalfeld-Förderpreis für Anke Velmeke

Anke Velmeke veröffentlicht seit etwa zehn Jahren Erzählungen und Kurzgeschichten. In ihrer Erzählung »Fische« zentriert sie die Geschichte einer problematischen Familie mit drei Kindern – die Eltern sind Alkoholiker, er cholerisch, sie depressiv – um den Konflikt zwischen der dreizehnjährigen Luise und dem Vater, der schließlich zum Bruch führt. Der Erzählerin gelingt es in faszinierender Weise, die Figuren in ihrer lebendigen Widersprüchlichkeit vor die Leserin, den Leser treten zu lassen. Distanzierte Ironie und genaue, detailversessene Beobachtungen prägen die Erzählhaltung, und wo sie in die Figurenperspektive umschlägt, wird die reale Welt von phantastischen Vorstellungen und grotesken Bildern durchsetzt. So etwa in der Szene, wo Luise und ihr Bruder Paul der Mutter beim Duschen zusehen: »... Wasser lief auch über die steinernen Wände, den Spiegel, floß durch die Luft, eine Überschwemmung, das Badezimmer würde zum Schwimmbecken werden, wenn die Frau so weiterduschte und immer nur duschte, ein Aquarium, mit Fraufisch und Paulfisch und Luisefisch, die sehr heiter und geradezu fröhlich, seepferdchengleich, durcheinanderschwämmen, sich gegenseitig mit dem Duschkopf besprühten und im letzten und allerletzten Moment, kurz bevor der Mann die Tür aufbräche, durch den Abfluß in kühle Kanäle entkämen.« Mit präziser Lakonie werden die Lebenswege der Eltern in einen Satz gefaßt: »Dann bekam sie Kinder und er die Firma.« Gewalttätige Übergriffe des Vaters auf die Kinder, die ausweglose Verzweiflung der betrunkenen Mutter, die aus der Verzweiflung geborene List der Kinder, mit der sie sich aus der scheinbaren Normalität ihres Familienalltags in überlebensnotwendige eigene Welten flüchten – die Erzählerin findet dafür eine Sprache, die eine fast schmerzende Klarheit mit Ironie und heiterer Leichtigkeit verbindet und die keiner psychologisierenden Deutungen bedarf, um ein höchstes Maß an Authentizität zu erreichen. Es gelingt ihr scheinbar mühelos, das Chaos dieses familiären Alltags in eine Welt aus Sprache zu verwandeln, in der die Figuren nicht nur nichts von ihrer Lebendigkeit einbüßen, sondern vor die Leserin, den Leser hintreten, als seien sie aus Fleisch und Blut.

Ror Wolf
Schriftsteller sind verdächtige Menschen
Dankesrede anläßlich der Auszeichnung mit dem Staatspreis des Landes Rheinland-Pfalz

Man hat mir vor 32 Jahren einen Förderpreis zugesprochen: den Förderpreis des Niedersächsischen Kunstpreises. – Ich habe damals in ziemlich rauhen Verhältnissen gelebt, in Sankt Gallen, in der Nähe des Gebirges, in der Schweiz. Zu Niedersachsen hatte ich nicht die allergeringste Beziehung. Ich bin da nicht geboren, ich habe nie da gewohnt, nie da gearbeitet, ich habe keine einzige Zeile in Niedersachsen geschrieben. Und dennoch hat man mir diesen kleinen niedersächsischen Preis verliehen. – Übrigens hatte ich kein schlechtes Gewissen, als ich ihn in Empfang genommen habe.

Das war 1965. – 1997, im Juli, habe ich mit großer Freude, auch mit einer gewissen Verwunderung erfahren, daß man mir den Kunstpreis dieses Landes zuerkannt hat. Und merkwürdigerweise hatte ich eine Weile den Eindruck, als müsse ich mich nun rechtfertigen, als müsse ich eine besonders enge Beziehung zur Region nachweisen, eine höhere oder tiefere Verbundenheit. – Ich hatte nach der Bekanntgabe ein paar Mal auf halboffizielle Fragen zu reagieren: Was verbindet den Autor mit Rheinland-Pfalz? Verarbeitet er in seinen Büchern so etwas wie rheinland-pfälzische Grundstimmungen?

Solche Fragen sind nicht verboten, ich halte sie für verständlich. Und wo sie mir nun schon gestellt worden sind, werden Sie erlauben, daß ich mir darüber ein paar Gedanken mache.

Soviel ist sicher: Alles, was ich in den letzten 24 Jahren veröffentlicht habe, ist in diesem Gelände entstanden: in Mainz und in den geographisch angeschlossenen Gebieten. – Reicht das aber aus? Hat das etwas mit Rheinland-Pfalz zu tun oder mit Mainz? Dünstet da etwa eine Art Heimatgefühl, etwas verbindlich Regionales?

Ein regelrechter Heimatschriftsteller bin ich nicht gerade. –

Alles, was in diesem Zeitraum entstanden ist: Bücher, Hörspiele, Collagen, auch ein mißglückter Film, hätte ebensogut an einer anderen Stelle entstehen können. Ich kann auch anderswo schreiben, ich habe lange genug anderswo geschrieben, ich kann an jedem denkbaren Platz der bewohnten Welt schreiben. Mißverstehen Sie mich aber bitte nicht. Das, was man so »Heimatverbundenheit« nennt, nehme ich durchaus ernst. Möglicherweise beneide ich ja meinen Freund Ludwig Harig um seine Heimatverbundenheit. – Aber man kann, glaube ich, einen, der aus der Fremde kommt, der in Thüringen geboren ist, der als 21jähriger die DDR verlassen hat und in vielen Gegenden gewohnt hat, 34mal umgezogen ist und daher ein wenig erschöpft vor Ihnen steht, nicht dafür verantwortlich machen, daß er dieses Gefühl nie so recht kennenlernen konnte.

Immerhin: ich habe über Olm geschrieben. Ich habe oft über Olm geschrieben, nicht nur über Nieder-Olm, auch über Ober-Olm. Ich habe über Mainz geschrieben, über »Die große Kaltluftglocke über Mainz«. Ich habe über einen Fall geschrieben, der sich zwischen Boppard und Bacharach ereignet hat und über andere Fälle, die sich in Mörz ereignet haben oder in Prüm, auf dem Motzenberg oder auf dem Betzenberg, ich habe über Schwabenheim geschrieben, Essenheim, Ingelheim und über Zornheim, besonders über Zornheim. Das sind Beispiele.

Ich habe – noch ein Beispiel – zwei Jahre im 13. Stock eines Gonsenheimer Hochhauses geschrieben, und Sie dürfen sicher sein, daß fast alles, was damals im 13. Stock eines Gonsenheimer Hochhauses zu hören war, in meinen Büchern steht. Es war viel zu hören. Ich habe außerordentliche Erfahrungen gemacht mit den Geräuschen, die man natürlich nicht nur in Gonsenheim hört, nicht nur im 13. Stock eines Gonsenheimer Hochhauses, sondern in sämtlichen Hochhäusern der Welt. Das ist nichts Heimatspezifisches.

Aber bitte glauben Sie mir: Wenn ein Mann, ein Spezialist für das Verschwinden und Fortziehen, keine Anstalten macht, fortzuziehen, nicht einmal umzuziehen, dann hat das etwas zu bedeuten. Vielleicht schätzt er ja diese Gegend besonders und zieht sie inzwischen sämtlichen anderen Gegenden vor.

Es geht natürlich nicht allein um die körperliche Anwesenheit des Autors in diesem bestimmten Gebiet; es geht, das wollen wir hoffen, vor allem um seine Art zu schreiben. Ich erhalte diesen Preis für die Literatur, die ich hergestellt und zu verantworten habe; nicht für mein Heimatgefühl. – Und jetzt komme ich zur wesentlichen Mitteilung: Ich habe behauptet, daß ich überall schreiben kann, daß mein Schreiben nicht abhängig ist vom Ort, an dem ich mich befinde. Ich kann überall schreiben. Aber ich kann überall nur *so* schreiben, wie ich schreibe und wie ich schreiben will. Vielleicht könnte ich anders schreiben, aber das will ich nicht.

Es geht um die Art meines Schreibens. Um diese bestimmte Art von Literatur, die ich vertrete. Es mag andere Auffassungen von Literatur geben, aber es gibt eben sehr unterschiedliche Möglichkeiten, sich literarisch bemerkbar zu machen.

Nach einer kürzlich veröffentlichten Statistik soll es in Deutschland mittlerweile vier Millionen Deutsche geben, die nicht lesen können. Über die Zahl derer, die nicht lesen wollen, die also das Lesen für etwas ganz und gar Unwichtiges halten und Bücher für etwas Bedeutungsloses, gibt es leider keine mir bekannte Statistik.

Ich wüßte es gern: angesichts der letzten Erfolgsmeldungen aus dem Umfeld der Frankfurter Buchmesse: 9600 ausstellende Verlage, 306 000 ausgestellte Bücher, davon 80 000 Neuerscheinungen. Gewaltige kulturelle Anschwellungen. – Das klingt so, als seien wir alle damit beschäftigt, unablässig in Büchern zu blättern, über Bücher zu reden, mit Büchern zu leben, als würden wir uns um die Bücher herum versammeln und zwar mit Andacht, Freude und Respekt.

Dabei wissen wir schon lange: Das sind am Ende nur kolossale Worthaufen, unbesteigbare Papierberge, die uns beim bloßen Anblick schon entmutigen können. – Und natürlich wissen wir auch: Das alles ist hauptsächlich etwas für die Zahlenfetischisten, für die Agenten der Auffassung: Masse mal Kasse gleich Klasse.

Die Verfallsgeschwindigkeit von Büchern, also die Zeit zwischen ihrem Auftauchen und dem Verschwinden, hat sich ganz ungeheuer vergrößert. In den 60er Jahren mag sie groß gewesen sein. Im Vergleich mit heute war sie eher gemütlich. – Wir beobachten einen Verdrängungsprozeß, bei dem permanent neuste durch allerneuste Produkte ausgetauscht werden müssen. Es handelt sich um ein gnadenloses Wachstum von gedruckten Erzeugnissen. Nichts anderes. – Dabei ist eine Abstumpfung durch Überfluß eingetreten. Und das ist etwas Begreifliches oder vielmehr: das ist etwas Selbstverständliches. Um Autoren, die zwei, drei Jahre nichts Neues veröffentlicht haben, wird es ganz rasch dunkel. Sie werden von der Flut der Neuerscheinungen in den Abfluß gespült.

Machen wir uns also nichts vor: Bücher sind für Leute, die nicht lesen, vollkommen überflüssig. Wer nicht liest, braucht keine Bücher; es gibt genügend andere Möglichkeiten, sich die Zeit zu vertreiben. – Literatur ist für viele Menschen nur mehr eine kulturelle Randerscheinung, nicht der Mittelpunkt, sondern das schlechthin Außenseiterische. Schriftsteller gelten als Einzelgänger, als Sonderlinge, man hält sie für seltsam, ganz gleich, was sie in Wirklichkeit sind.

Was sind sie denn in Wirklichkeit? Die Schriftstellerei ist ein Beruf, der die Fähigkeit, über lange Zeit allein zu arbeiten, geradezu voraussetzt. Das allerhübscheste Talent nützt nichts, wenn der Autor nicht in der Lage ist, sich an den Tisch zu setzen und sehr entschlossen dort sitzenzubleiben. Das führt in der Öffentlichkeit zu den abenteuerlichsten Vermutungen. – Im anfangs genannten schweizerischen Sankt Gallen haben mir Nachbarn die Fremdenpolizei in die Wohnung geschickt, weil ich nicht morgens sichtbar um 7 das Haus verlassen habe, also offenbar keiner geregelten Arbeit nachgegangen bin. Ich war damals mitten in einem neuen Buch, also in einem hochempfindlichen Zustand, man arbeitet in solchen Phasen nahezu ununterbrochen; das alles ist aber nicht kontrollierbar und deshalb eigentlich verboten. – Die Fremdenpolizei kam um 3 Uhr nachts, möglicherweise um mich bei kriminellen oder konspirativen Handlungen zu überraschen.

Schriftsteller sind genuin verdächtige Menschen. Ihre Arbeit sieht nach konsequentem Nichtstun aus und ihre Konzentration nach Verkrochenheit, nach Rückzug aus der Realität oder nach Weltflucht. Diese Meinung ist verbreitet und zwar bis in die allerhöchsten Kreise hinein.

Noch in den fünfziger Jahren konnte Henri Michaux, der große französische Dichter, der sich ein Leben lang geweigert hat, sich fotografieren zu lassen, sagen: »Ich schreibe nicht, um mein Gesicht bekannt zu machen, sondern um einen Menschen bekannt zu machen, der sich nach seinem Gesicht niemals erraten ließe.« – Eine derartige Haltung würde heute bei den Literaturverwaltern anhaltendes Gelächter auslösen. Dabei ist das Unerkanntsein für gewisse schriftstellerische Arbeitsprozesse wünschenswert und nützlich.

Es wird gelegentlich behauptet, daß heute mehr gelesen würde als früher. Rein mathematisch mag das stimmen. Die Leute werden älter, sie haben mehr Zeit und mehr Geld, insgesamt gesehen sollte da auch etwas für Buchwaren abfallen: für die Erzeugnisse der Gefühlsfabriken und Gemütspumpenwerke, die Botschaften der Esoterik oder einfach für die nützlichen Hinweise zur Bewältigung des allgemeinen Lebens. – Ich zweifle nicht daran: alle diese Bücher sind von großer gesellschaftlicher und ökonomischer Notwendigkeit. Aber um diesen Teil der Buchwarenindustrie geht es hier nicht. Hier geht es um den unnützen Teil, den man allgemein Literatur nennt, Poesie meinetwegen oder eben Dichtung: zeitgenössische Dichtung.

Die zeitgenössische Dichtung, von der ich spreche, ist – wenn man es ganz optimistisch sieht – für approximativ 99,9 Prozent der Gesamtbevölkerung völlig uninteressant. Man kann spielend auf sie verzichten.

Daran ist überhaupt nichts Schlimmes, nichts, worüber wir uns aufregen müßten. Ich habe überhaupt keine Schwierigkeiten damit. 0,1 Prozent der Gesamtbevölkerung: das wären allein in Deutschland, bei einer Einwohnerzahl von ungefähr 82 Millionen: 82 000 Leser: das ist eine gewaltige Zahl.

Es handelt sich also, worüber ich rede, um ein ziemlich kleines Gebiet der Buchwarenindustrie, und dieses kleine Gebiet ist nun wieder unterteilt in zahlreiche Untergebiete, die die verschiedenartigsten Möglichkeiten vorführen, Dichtung anzufertigen und gegeneinander abzugrenzen. Die Autoren sind die Träger unterschiedlichster literarischer Vorstellungen. Hier geht es nicht nur um unterschiedliche Qualitäten, sondern ganz einfach um unterschiedliche Ansichten von Literatur, von der Herstellungsweise oder der Wirkungsweise von Literatur.

Es ist ganz einfach: Man muß nur wissen, daß man es mit einem Untergebiet zu tun hat – und dieses Untergebiet muß man zum Hauptgebiet erklären: zum Zentrum der Literatur. Das tun wir jetzt, und schon befinden wir uns in einem ganz kleinen und im Grunde auch überschaubaren Raum. Vielleicht kann man nun wieder atmen und wieder lesen, von Zeit zu Zeit, zuweilen, hin und wieder. Und das genügt ja.

Ein zeitgenössischer Autor – ein sogenannter experimenteller Autor –, der etwa 30 000 Leser hat, leidenschaftliche und entschlossene Leser, hat eine Resonanz, von der sich die Quotenfetischisten nichts träumen lassen. Es ist eine Minderheit von äußerster Lebendigkeit und Intensität. Es geht um Leser, die nicht lesen, weil sie sich langweilen, sondern die lesen, weil sie lesen wollen: weil Lesen eine kreative Beschäftigung ist: ein großes Abenteuer.

Allerdings: was lesen? Wer soll sich da auskennen? Ich gebe zu, es ist nicht ganz einfach. Selbst die Literaturwissenschaft ist zerstritten. Es gibt dort offenbar keine einheitliche Beweisführung für Qualität. Es gibt Begriffsdunkelheiten, es gibt, man könnte sagen: akademische Verdunklungsprogramme.

In diesem Frühjahr erschien in einem sehr namhaften deutschen Verlag eine neue Geschichte der deutschen Literatur. Die Auswahl der gegenwärtig lebenden Autoren will ich einmal großzügig behandeln, obwohl sie merkwürdig genug ist. – Also, wenn man dort von den Zeitgenossen eine Reihe eher dubioser Autorendarsteller vorfindet, nicht aber den Dichter Robert Gernhardt, dann ist das möglicherweise noch amüsant und beweist die auch unter Literaturwissenschaftlern verbreitete Unsicherheit, neue Literatur einzuschätzen. – Autoren, die bei jeder Gelegenheit als Gewissen der Nation aufmarschieren, sind den deutschen Studienräten womöglich immer noch lieber als die Vertreter der Poesie und der engagierten Leichtigkeit.

Nicht mehr amüsant ist das, was jetzt kommt. Es fehlt in dieser Geschichte der deutschen Literatur Band II, vom 19. Jahrhundert bis zur Gegenwart, einer der allerbedeutendsten deutschsprachigen Autoren dieses Jahrhunderts: es fehlt Robert Walser.

Was will ich damit sagen? Ich will unter anderem sagen,

daß es sehr unterschiedliche Vorstellungen von literarischer Bedeutung gibt. Das macht das Leben nicht leichter. Aber es ist, wie wir wissen, nicht zu ändern. Denn hier sind wir beim Geschmack, also auf einem äußerst gefährlichen Gelände. Einen ziemlich guten Geschmack haben die Mitglieder der Jury des Kunstpreises bewiesen. Das ist natürlich eine sehr persönliche Ansicht. – Jedenfalls: Sie haben mir, meine Damen und Herren von der Jury, eine besondere Freude gemacht, ich danke Ihnen hier auf das herzlichste. – Und das ist überhaupt der Moment, wo ich mich der angemessenen Form, dem angemessenen Ausdruck der Freude und Dankbarkeit nähere. – Ich danke dem Kultusministerium und dem Land Rheinland-Pfalz für diesen Preis, der für mich von großer Bedeutung ist.

Anne Stegat
»Nur auf dem Friedhof gibt es keinen Disput« – Wo Gefühle hohe Wellen schlagen
Überlegungen zum Trialog: Deutsch-Israelisch-Palästinensisches Autorentreffen

> »Ich habe alle Worte gelernt und sie auseinandergenommen, um sie zusammenzusetzen zu einem einzigen Wort: Heimat.«
> Mahmud Darwisch[1]

Wenn Autorinnen und Autoren sich in die Politik einmischen, steht ihnen zumindest eine berufsspezifische Wortgewalt zu Gebote. Ob ihr Wort jedoch Gewicht hat, ist eine Frage, die sie selbst gern reflektieren. Was die verfahrene Situation zwischen Juden und Palästinensern im 50. Jahr des Staates Israel angeht, wünscht man der wortemachenden Initiative die Gewalt des politischen Gewichts, gerade weil hier auch Widerspruch geübt und Konfrontationen ausgetragen werden. »Nur auf dem Friedhof gibt es keinen Disput«, sagte Salem Jubran, palästinensischer Schriftsteller aus Israel. Der Diskurs war Absicht: Zwei Tage lang diskutierten im Oktober des vergangenen Jahres in Speyer 31 deutsche, israelische und palästinensische Autorinnen und Autoren Aspekte des Themas »Heimat« miteinander[2]. Aber zum Schluß erst wurden sozusagen die Ärmelschoner abgestreift, ging es brisant zur Sache, und da rannte den Denkern die Zeit davon: Wirklich kontrovers wurde der

---

[1] Zitiert nach: Claudio Lange, Hans Schiler, *Moderne Arabische Literatur*, Das Arabische Buch, Berlin, 1988, S. 256
[2] Die Namen der teilnehmenden Autorinnen und Autoren: Salem Jubran, Sami Al-Kilani, Faruq Mawasi, Mazal Ghanem, Shakeeb Jahshan für die palästinensische Seite, Ruth Almog, Yoram Kaniuk, Uri Avnery, Lea Fleischmann, Asher Reich, Dorit Zilbermann, Amir Or für die israelische, Franco Biondi, Bruno Kartheuser, Tobias Hülswitt, Martin Lüdke, Gabriele Weingartner, Werner Laubscher, Sigfrid Gauch und Andreas Dury für die deutsche. Veranstalter war die Landeszentrale für Politische Bildung in Rheinland-Pfalz.

Disput zwischen den noch anwesenden Schriftstellern, als die Sitzung offiziell schon geschlossen war und außerhalb des Protokolls weiterdiskutiert wurde.

Was von alldem bleibt, ist der Ausblick, daß es erneut ein Plädoyer gab, den Autoren-Trialog fortzusetzen. Vermutlich sogar in einer palästinensischen Stadt in Israel: Ramallah ist im Gespräch. Die Hoffnung indes auf ein trilaterales gegenseitiges Verstehen über den bereits erzielten Konsens hinaus, ist eher bescheiden angesichts politischer Eiszeiten, die sich allenthalben auszubreiten drohen. Diese Hoffnung glimmt mit dem stagnierenden Friedensprozeß in Israel auf Sparflamme.

Nicht allein zwischen den Palästinensern und den Juden. Auch die Deutschen in Ost und West rücken mehr denn je voneinander ab, wenn sie jemals überhaupt wirklich zusammengekommen waren. Das heißt: Vielleicht täten sie gut daran, den Diskurs mit sich selbst zu suchen.

Überschaubar scheint halbwegs das deutsch-jüdische Verhältnis, nachdem die Täter-Generation so gut wie weggestorben ist, und sich die Kinder mit der Schuld der Väter auseinandergesetzt haben. Daß auch dies nie hinreichend sein kann, beweist, was in der dritten Generation nachrückt – ein Schulterschluß zwischen Großvätern und Enkeln? Fronten auf den Straßen indes sind sichtbar. Und wie steht es mit denen im Kopf? Signale, von den israelischen Kollegen wahrgenommen, mahnende Worte haben sie dafür und begründete Ängste. Sie sind am Platz.

Was also haben sich Vertreter dreier Seiten mit je so verschiedenen Problemlagen überhaupt zu sagen? Haben sie sich überhaupt etwas zu sagen, das uns alle weiterführen kann?

Uri Avnery hat in einer Podiumsdiskussion, bei der die Wellen der Gefühle über den Beteiligten zusammenschwappten, formuliert, daß es Verantwortung ist, der sich die drei Seiten nicht entziehen dürfen, die sie auf immer miteinander verschweißt: »‚Die Juden haben sich aus dem brennenden Haus Deutschland gerettet und dabei gegen die Palästinenser großes Unrecht begangen. Das ist unser aller Konflikt.«

Das Thema »Heimat« läßt Assoziationen zu und in diesem Konflikt den notwendigen Freiraum, es erweist sich gleichzeitig als Pulverfaß: Der Heimat-Verlust geht einher mit Vertreibung und Vernichtung, und die einzig mögliche Identifikation mit irgendeiner Heimat ist keine Ortsbestimmung, sondern das Einpassen in bestimmte kulturelle Werte: Autorinnen und Autoren auf der Suche nach Identifikation. Das ist zumindest teilweise nachzulesen, denn erstmals gab es im Vorfeld zum Treffen der Autoren einen Essay-Band, dessen poetische Distanz zum Heimatbegriff sein Programm ist. Dies ist dem Satz von Ernst Bloch zu danken, der den Titel abgab – »Heimat: Das allen in die Kindheit scheint und worin noch niemand war«[3] – und mit dem er seinem Ruf als »Dichter auf dem Katheder«[4] Ehre machte.

Damit war vorgegeben, was Mut zu sehr persönlichen Überlegungen einforderte, historische Genauigkeit eingeschlossen. Spiegel dessen sind die Texte im Buch, die meisten Statements auf dem Podium. Sie kreisen um die je individuelle Erfahrung, mehr oder weniger explizit für den größeren Zusammenhang: für die Palästinenser und für die Juden die Leidensgeschichten ihrer Völker, aus deren beider Konfrontation der (politische) Sprengstoff Israel bleibt.

So standen auch in Speyer die subjektiven, die literarischen Aspekte des Phänomens »Heimat« im Mittelpunkt, gewann der Diskurs immer dann an Qualität, wenn sich der auf dem literarischen Text fußende Disput öffnete für politische Implikationen. Der Weg von politischen Bekenntnissen, Schuldzuweisungen und notwendigerweise auch Zuspitzungen zurück zur Realität des Forums erschien viel schwerer, gelang auch nicht durchweg. Diese Erfahrung wurde bereits bei den vorangegangenen Treffen in Bad Kreuznach 1994 und Givat Haviva (Israel) 1995 gemacht. Das gipfelte etwa in Yoram Kaniuks Forderung, daß man im Hause des Henkers nicht vom Strick reden darf oder Sami Al-Kilanis aus persönlicher und schmerzvoller Erfahrung gespeiste Anklagen israelischer Justiz.

Vielleicht erledigt sich diese – inzwischen fruchtlose weil sich im Kreis drehende – Art der Konfrontation mit einer irgendwann sich einstellenden Souveränität aus dem Gewinn,

---

[3] Hans-Georg Meyer, Klaus Wiegerling (Hrsg.), *Heimat: Das allen in die Kindheit scheint und worin noch niemand war. Deutsch-israelisch-palästinensisches Lesebuch*, Brandes & Apsel, Frankfurt a.M. 1997

[4] Diese Formulierung geht auf die Schriftstellerin Irmtraud Morgner zurück.

überhaupt miteinander zu reden, nicht nur auf dem Forum solch letztlich ja inszenierter Dispute.

So verschieden wie die politische Situation ist auch die literarische der drei am Trialog Beteiligten. Die deutschsprachige Literatur zu überblicken, wird allenfalls ein quantitativ nicht zu bewältigendes Unterfangen; mit der hebräischen haben wir das Problem der Übersetzungen, doch die arabische Gegenwartsliteratur, zumal die palästinensische, ist kaum einzuschätzen, weil wir darüber kaum etwas wissen. Die am Trialog beteiligte palästinensische Autorengruppe ist relativ konstant. Was aber erfahren wir darüberhinaus aus den Autonomiegebieten außer Schreckensmeldungen über Attentate, Festnahmen, Erschießungen usw. in den Nachrichten? Wie steht es dort um die Kultur, etwa um die arabischsprachige Literatur, gibt es sie überhaupt? Junge Dichter vielleicht und gar Dichterinnen? Wer mag in Flüchtlingslagern über Literatur nachdenken?

Was bekannt ist und stetig neu beklagt wird, ist die Tatsache, daß die Ausreise aus den autonomen Gebieten über Israel sehr schwierig, fast unmöglich ist, weshalb zu den Forderungen der Palästinenser seit langem ein eigener Flughafen (in Ghaza) gehört. Viele der älteren palästinensischen Dichter gingen zumeist ins arabische oder europäische Exil wie Dschabra Ibrahim Dschabra oder Mahmud Darwisch.

»Die Transformation der gedemütigten Flüchtlinge zu einem seine kulturelle und nationale Identität verteidigenden Kollektiv stand im Mittelpunkt vieler palästinensischer Romane der siebziger und achtziger Jahre«, schreibt Birgit Seekamp. »Als Personifikation der revolutionären Macht und nationalen Aspirationen avancierte der Freiheitskämpfer zu einer zentralen literarischen Figur.«[5] Seine Mission war zunächst die Befreiung Palästinas. Die literarische Essenz daraus zieht Hassan Jussuf; der läßt seinen in der Fremde schwermütig und neurotisch gewordenen Helden im Roman *Der Palästinenser* nach der PLO-Niederlage im Libanon 1982 immerhin Selbstmord begehen.

---

[5] Birgit Seekamp, »Identitätssuche und Selbstbehauptung. Die Palästinenser im Spiegel ihrer Romanliteratur.« In: *Neue Zürcher Zeitung*, 17.6.1994

Der Protagonist der arabischsprachigen Gegenwartsliteratur in Israel war Emil Habibi. Mit seinem Tod im Sommer 1996 verlor der Verständigungsprozeß zwischen den Palästinensern und den Israelis eine seiner wichtigsten Integrationsfiguren auf der arabischen Seite. Gemeinsam mit Yoram Kaniuk rief er einst das Komitee zur Verständigung israelischer und palästinensischer Autoren ins Leben. Als erster und einziger Araber erhielt Habibi 1992 den israelischen Staatspreis für Literatur – ein Politikum damals schon und heutzutage leider wieder undenkbar. Was 1992 den einen als Erfolg der Verständigung galt, war für andere ein Skandal. Und auch in der arabischen Welt wurde das Ereignis höchst ambivalent bewertet. Habibi wurde als Kollaborateur beschimpft. Der Preis für sein Engagement war Einsamkeit. »Er hatte das Gefühl, praktisch allein zu sein«, schreibt Yoram Kaniuk.

Emil Habibi kommt das Verdienst zu, mit seinen Büchern für die »kulturellen und psychischen Aspekte der kollektiven Identität« der Palästinenser gewirkt zu haben.[6]

Nun, in Givat Haviva war Emil Habibi noch dabei. Nach Speyer kam Yoram Kaniuk quasi allein. 1996 erschienen aber noch die gemeinsamen, Emil Habibis indes letzte Überlegungen zum Thema Verständigung und Friedensprozeß.[7] Das war auch seine letzte Arbeit überhaupt, und die hat er offenkundig teilweise in hebräisch verfaßt. Seine Anmerkungen zur Verständigung – die er als »Wille der Geschichte«[8] definiert – sind sehr politisch, aber es sind auch poetische Anmerkungen insofern, als er Gemeinsamkeiten der beiden Kulturen, der arabischen und der jüdischen, bis hinein in die Sprache nachgeht. Der »Epilog über den Tod eines Freundes« von Yoram Kaniuk[9] hat etwas Einmaliges an Wärme, Verständnis, Anteilnahme.

Der Ton dieses Epilogs ist, wie der des gesamten Buches, von tiefer gegenseitiger Achtung geprägt; das könnte, das sollte ein Gleichnis sein, weil darin das Wissen um die Kultur und Geschichte des jeweils Anderen aufgehoben ist. Bis der Disput,

---

[6] Birgit Seekamp, a.a.O.
[7] Emil Habibi und Yoram Kaniuk, *Das zweifach verheißene Land*, Paul List Verlag, München 1996
[8] Ebda. S. 31
[9] Ebda. S. 179 ff.

zumal der trilaterale, diese Ebene erreicht, ist noch ein gutes Stück Arbeit vonnöten.

Sigfrid Gauch
Die Sprache der Heimat
Zum Thema »Wo lebt der Mensch? Heimat zwischen Realität, Erinnerung und Hoffnung« anläßlich des Dritten Deutsch-Israelisch-Palästinensischen Autorentreffens in Speyer, Oktober 1997

»Sei mir gegrüßt, du ewiges Meer, wie Sprache der Heimat rauscht mir dein Wasser«, schreibt Heinrich Heine. Ein Satz, den ich erst heute zitieren kann, ohne rot zu werden. Aber es geniert mich immer noch, über »Heimat« zu reden, und nie hätte ich gedacht, daß mich dieses Wort jemals beschäftigen würde. Es gehörte für mich immer der kollektiven Vergangenheit an, findet sich nicht in meinem Wortschatz, und auch die Wortfamilie ist mir fremd: Nie bin ich heimatlos, nie fühle ich mich irgendwo unbeheimatet oder im Gegenteil: heimatverbunden. Komposita mit »Heimat« hatten für mich immer einen pejorativen Unterton: Heimatkalender enthielten schlechte Herz-Schmerz-Rhein-Wein-Gedichte, Heimatromane waren unlesbar und unsäglich, Heimatvertriebene gaben sich auf ihren Jahrestreffen rechtsradikal.

Rauscht mir das *Meer wie die Sprache der Heimat*? Ich liebe das Meer, denn dort bin ich aufgewachsen: bei Bremen und bei Bremervoerde, nordseenah. Als Fünfjähriger kam ich in die Pfalz. Dreizehn Jahre später besuche ich zum ersten Mal wieder die Orte meiner Kindheit, und wie ein Schlag in die Magengrube trifft mich das Bild der Landschaft hinter dem Haus, in dem meine Familie damals gelebt hatte: eine bis zum Horizont reichende Weite, ein kleiner Bach – die Wümme –, die sich durch reife Kornfelder schlängelt, am Rand des Feldweges Kornblumen, Klatschmohn und Kamille, Bäume, die vom ständigen Wind in eine Richtung gekrümmt wurden, strohgedeckte Fachwerkhäuser, Kühe auf den saftgrünen Weiden. Der Adrenalinstoß, der sich in einer Verkrampfung der Magenwände bemerkbar macht und dann als Wärme über meinen Körper ausdehnt, kommt von dem Déjà-vu-Erlebnis her. Dies ist ein Bild meiner Kindheit, ein Teil meines Lebensanfanges, aus dem Gedächtnis verschwunden, aber tief in meiner Erinnerung noch abgespeichert. Ist dies die *Sprache der Heimat*? Da bin ich aber skeptisch!

Ich könnte meine Reflexionen chronologisch fortführen, über meine Kindheit habe ich ja eben schon gesprochen: Ich bin in Niedersachsen aufgewachsen und kam als Fünfjähriger in die Pfalz. Ich könnte diesen Satz so stehenlassen. Sie würden ihn mir glauben. Und er ist ja auch wahr. Aber es ist die halbe Wahrheit. Die unverfängliche halbe Wahrheit. Die Wahrheitshälfte, mit der meine Generation ihre Biographie schönt.

Die *verschwiegene* Hälfte der Wahrheit hängt untrennbar mit der unmittelbaren Zeit vor meiner, vor unserer Geburt zusammen.

Ich bin ein »Nachgeborener«. Bertolt Brecht hat uns *Nachgeborenen* die Mahnung mitgegeben, daß in finsteren Zeiten ein Gespräch über Bäume fast ein Verbrechen sei, weil es ein Schweigen über so viele Untaten einschließe. Also gehe ich noch ein paar Wochen weiter in meinem (vorgeburtlichen) Leben zurück und rede von der anderen Hälfte der Wahrheit.

Es ist der 13. Januar 1945. Die letzte Phase des Krieges hat begonnen. Die Rote Armee geht bereits in Ostpreußen zur Großoffensive vor, die amerikanischen Truppen stehen schon seit Wochen in Aachen und in Straßburg und bereiten sich darauf vor, Deutschland Meter um Meter vom Hitlerwahnsinn zu befreien. In diesen Tagen wohnt im pfälzischen Offenbach am Glan der Arzt Dr. Hermann Gauch mit seiner hochschwangeren jungen Frau in deren Elternhaus. Er ist Oberfeldarzt und leitet ein Lazarett. Wenig später ist er mit einem Rotkreuzwagen auf der Straße zwischen Odenbach und Meisenheim unterwegs und wird von einem amerikanischen Tiefflieger trotz riesigen Rotkreuzzeichens auf dem Dach beschossen und schwer verwundet. Aber heute, am 13. Januar 1945, fotografiert er noch seinen Weihnachtsbaum, den ersten Weihnachtsbaum der jungen Familie.

Halt, schon wieder sage ich nur die halbe Wahrheit. Der Mann ist Oberfeldarzt und leitet ein Lazarett. Das stimmt. Aber nur wenige Jahre vorher, da begann Hitler in Deutschland die Macht immer hemmungsloser an sich zu reißen, lief dieser Mann in Berlin in einer schwarzen SS-Uniform herum.

Er war Reichsamtsleiter in der Reichsführung SS und kulturpolitischer Adjutant von Heinrich Himmler. Er hat Bücher über Rasseforschung geschrieben und wurde später im Eichmann-Prozeß vom Ankläger als einer der geistigen Urheber des Holocaust bezeichnet. Über diesen Mann, der mein Vater war, habe ich ein Buch geschrieben, ich habe mich von ihm befreit, ich kann über ihn reden wie über einen Fremden, diesen wenigen Sätzen sind später noch einige hinzuzufügen.

Dieser Mann also fotografiert am 13. Januar 1945 seinen Weihnachtsbaum. Auf der Rückseite des Fotos steht von seiner Hand »umgew. Weihnachtsbaum«. Das dürfte »umgeweihter« Weihnachtsbaum heißen. Er hat ihn nämlich seiner christlichen Symbole entkleidet und mit germanischen Heilzeichen versehen. Im Hintergrund sieht man an der Wand ein Bild des »Führers« Adolf Hitler hängen. Darunter ein Porträtfoto der schönen jungen Ehefrau, achtzehn Jahre alt, hochschwanger. In acht Wochen wird sie ein Kind zur Welt bringen. Einen Jungen. Der Junge werde ich sein. Als ich am 9. März zur Welt komme, haben die Amerikaner bereits seit zwei Tagen Köln erobert. Aber mein Vater glaubt an die »Wunderwaffen« und den »Endsieg« und nennt seinen Sohn noch Sigfrid – auf den Sieg-Frieden vertrauend.

An dem »umgeweihten« Weihnachtsbaum dieser Familie, so sehe ich es auf dem Foto, das ich erst in diesem Jahr in alten Unterlagen gefunden habe, hängen germanische Heilzeichen. Auf der Spitze prangt in einem runden Rahmen ein handtellergroßes Hakenkreuz. Ein gleiches Zeichen hängt an einem Tannenast. Noch riesiger ein drittes Hakenkreuz, es hat wohl 30 cm Durchmesser. Zwischen Lametta hängen weitere Runen am Baum: Die Sieg-Rune der SS; die Tyr-Rune des Sonnen- und Schwertgottes Wotan; die Man- oder Lebensrune.

Diese Runenzeichen sind heute wieder überall zu kaufen, als kleine Plättchen im Samtbeutel, zusammen mit einem Buch über das *Geheimnis der Runen*. Man wirft wieder Runen und läßt sie »raunen« und liest aus ihnen das künftige Schicksal. Als Abwechslung gegenüber dem Einerlei der Zukunftsbefragung aus den vom vielen Hinblättern schon recht abgegriffenen Tarotkarten. »Esoterik« nennt man das, und viele von denen, mit denen ich 1968 und in den folgenden Jahren auf den Straßen der Universitätsstädte demonstrierte und Transparente trug, auf denen wir bessere Schulen und ein demokratischeres Deutschland forderten, viele von denen lassen heute Runen raunen und legen Tarotkarten und tragen keltische Amulette und treffen sich bei Vollmond im Wald zum Hexenzauber. In den Verlagen, die diese Runenzeichen und keltischen Amulette vertreiben, erscheinen auch viele esoterische Bücher, die zum Teil Nachdrucke aus der Zeit der Jahrhundertwende sind. Bücher von germanischen Geheimorden und arischen Geheimreligionen, deren Autoren Guido von List heißen oder Lanz von Liebenfels. Letzterer ist übrigens der Mann, der, um einen Buchtitel zu zitieren,»Hitler die Ideen gab«.

Ich weiß es deshalb so genau, weil diese Verlage Bücher meines Vaters aus der Nazizeit ungefragt und unrechtmäßig nachdrucken und vertreiben und ich jetzt als der Rechteinhaber bis ins Jahr 2048 den zweiten Prozeß gegen einen solchen rechtsradikalen Verlag laufen habe, um die weitere Verbreitung dieser NS-Literatur zu verhindern. Der gegnerische Anwalt in meinem Prozeß wurde neulich im *Stern* auf vielen Seiten porträtiert. Es ist Jürgen Rieger.»Wotans Jünger« heißt die *Stern*-Reportage, und sie handelt von Neonazi-Gruppen des Jahres 1997. Der Bericht beginnt mit den Sätzen:»Sie glauben an germanische Götter, predigen Haß gegen alles Fremde und lernen zu töten – und manchmal tun sie das auch. Ein Report aus dem Innenleben deutscher Arier-Sekten.« Über den Anführer heißt es nicht nur, der 49jährige reise »seit Jahren von einem Nazi-Prozeß zum anderen, um Deutschlands rechtsextreme Elite als Anwalt zu vertreten«, sondern auch, daß er bei einem Treffen der Rechtsradikalen selig ins Sonnwendfeuer starre und sage:»Aus dieser Asche wird das Deutsche Reich wieder auferstehen.« Er leitet die laut *Stern* bedeutendste deutsche Schulungsstätte alter und neuer Nazis aus dem In- und Ausland auf einem 15.000 Quadratmeter großen Gelände in der Nähe des Konzentrationslagers Bergen-Belsen. Dort lernen die jungen Neonazis in Vorträgen, so der *Stern*, daß in den Konzentrationslagern kein Mensch einen anderen Menschen absichtlich umgebracht habe; daß die KZ-Häftlinge eine bessere Verpflegung hatten als die Zivilbevölkerung; und wenn es dennoch Unterernährte gegeben habe, so deswegen, weil die starken Juden den schwachen Juden das Essen weggenommen hätten.

Verlagsprospekte und Zeitungen dieser rechtsextremen Gruppen werden portogünstig und unverdächtig unter einer Postfachadresse von Nazi-Freunden aus Litauen versandt. In ihnen werden Runenringe und Runenpendel angeboten, Schriften von Guido von List und Mathilde Ludendorff, von Jürgen Rieger – und bis zum Prozeß auch von meinem Vater. Man grüßt in einer Verlagsmitteilung die Gesinnungsgenossen in Litauen, Rußland, Tschechei, USA, Frankreich, Österreich, Ukraine, England, Belgien, Schweden, Südafrika, Arabien und Nordamerika – überall dort gebe es »Menschen, die sich gegen Unrecht und Tyrannenherrschaft erhoben haben«, sprich: Rassisten, Antisemiten, Neonazis, die sich bereits wieder organisiert haben.

Über Jürgen Rieger als neuen Führer der extremen Rechten heißt es im *Stern* weiter: »Er schimpft über Ausländer, flucht über Asylanten und verpflichtet seine jugendlichen Anhänger zur Reinheit der Rasse: Jeder Mann begehe biologischen Verrat«, schreibe er dazu in einem seiner unter den Neonazis verteilten Pamphlete, »der eine Partnerin fremder Rasse heiratet und Kinder anderer Rasse adoptiert und in unseren Lebensbereich bringt, so daß die Bastardisierung hier gefördert wird.« Ende der widerlichen Zitate.

Wenn ich diesen Sprung von 1945 in die Gegenwart gemacht habe, so deshalb, weil sich die Fotografie vom 13. Januar 1945 so verblüffend einpaßt in den Bericht aus der Nummer 38 des *Stern* aus dem Jahr 1997. Und weil beides zusammengehört, wenn ich von meinem Thema reden möchte. Die meisten heutigen Esoteriker wissen übrigens keineswegs, wie eng die esoterischen Lehren und Praktiken auf rechtsextremem Gedankengut basieren und von Heinrich Himmler geglaubt und auch praktiziert wurden – das geht bis hin zur Erdstrahlenforschung und zum Wünschelrutengehen...

Dies ist zunächst einmal meine »Heimat«, die nie und nimmer meine Heimat ist. Ein Aspekt nur, aber er spannt einen kaum zu fassenden Bogen über fünf Jahrzehnte.

Ich möchte jetzt erst einmal tief Luft holen – frische Luft –, und es mit einem sachlichen Aspekt versuchen. Dazu wende ich mich an die Brüder Grimm. Sie geben vier Definitionen.

Erstens: Heimat, sagt das Grimmsche Wörterbuch, sei das

Land oder der Landstrich, in dem man geboren ist und bleibenden Aufenthalt hat.

Dann faßt es den Begriff enger und sagt: Heimat sei *zweitens* auch der Geburtsort oder ständige Wohnort. Die Brüder Grimm zitieren dazu als Beleg aus einem Gedicht Ludwig Uhlands: »Doch vor der Heimat Toren am Altar/da harrten schon zum festlichen Empfang/der Frauen und der Jungfraun helle Schar.«

Und *drittens* sei Heimat das elterliche Haus und Besitztum.

Dann noch als Paralipomenon im übertragenen Sinn *viertens und letztens*: Heimat in freier Anwendung; da sei zum Beispiel dem Christen der Himmel die Heimat.

Es hilft nichts: folge ich den Brüdern Grimm, bin ich schon wieder bei meinem Elternhaus angelangt und bei der Gegend, in der ich wohne und in der meine Familie seit über 600 Jahren urkundlich nachgewiesen ist, bei der Pfalz also, und drittens bei dem Land, dessen Staatsbürgerschaft in meinem Paß eingetragen ist: bei Deutschland.

Aber es ist ja auch richtig: erst wenn ich mir – ob fokussierend von Deutschland über die Pfalz zum Elternhaus oder in konzentrischen Kreisen vom Elternhaus über die Pfalz zu Deutschland – über meinen »heimatlichen« Standort klar geworden bin, kann ich darüber reden, was Heimat mir bedeutet. Und darüber, ob Heimat mir überhaupt etwas bedeutet. Und schließlich darüber, ob es für mich eigentlich wichtig ist, mich mit »Heimat« auseinanderzusetzen.

Heimat ist also das nahe kommunikative Umfeld: das Vaterhaus und die zu erlernende Muttersprache. Dazu gehören Vater, Mutter, Spielkameraden, Klassenkameraden, die vier Jahre jüngere Schwester. Zum heimatlichen Umfeld zählen ausgebrannte Panzer und zerstörte Flugabwehrgeschütze, die in den Straßengräben liegen; es zählen Waffen und Munition dazu: verrostete Maschinenpistolen und scharfe Handgranaten, die wir in den Wäldern finden und mit denen wir spielen. Glücklicherweise überleben wir diese Spiele.

Aber in diesen Heimatort, in dem meine Familie seit Jahrhunderten lebt, in das Elternhaus meines Vaters in Einöllen, komme ich erst als Fünfjähriger wieder zurück. Direkt nach Kriegsende sind wir geflüchtet, Vater hatte einen Tip von der deutschen Polizei bekommen, daß er am nächsten Tag von den französischen Besatzungssoldaten verhaftet werden sollte. Das ist wieder eine andere Geschichte, ich erzähle sie ganz kurz: In den zwanziger Jahren hatte er auf dem von der französischen Armee besetzten linken Rheinufer an Terroranschlägen gegen die »Separatisten« teilgenommen und den Mord an Franz Josef Heinz-Orbis, dem Präsidenten der »Autonomen Republik der Pfalz«, mitgeplant. Er war damals zu fünf Jahren Gefängnis verurteilt worden und die sollte er jetzt, zwanzig Jahre später, absitzen.

Der Vater floh also 1945 in die englische Besatzungszone und wurde dort problemlos – auch hier halfen alte Nazi-Seilschaften – Militärarzt in einer auch nach Kriegsende noch bewaffneten Waffen-SS-Truppe, die von den Engländern kaserniert war für den Fall, daß es zu einem Krieg zwischen dem Westen und der Sowjetunion käme. Dann gab es zum 1. Januar 1950 eine Amnestie in der französischen Zone für die Verurteilungen aus den zwanziger Jahren, und zudem hatte Vater die »Entnazifizierung« problemlos überstanden. Alte Nazi-Seilschaften machten es möglich, daß er als einfacher Mitläufer eingestuft wurde und wieder seine Arztpraxis eröffnen konnte.

Das also war mein Vaterhaus, in dem ich meine Muttersprache gelernt habe. Vater und Mutter sprechen nur Hochdeutsch, alle Leute in Niedersachsen sprechen hochdeutsch, und jetzt soll ich mich in der Pfalz verständigen. Aber in Einöllen spricht man nur breites Pfälzisch. Ich verstehe die Kinder nicht. Und sie verstehen mich nicht. Dabei tragen viele meinen Familiennamen, und noch mehr sind mit mir verwandt. »Geschwisterenkel« sind sie zum Beispiel, wie man hier sagt. Aber das wissen wir Kinder nicht.

»Heimat« bedeutet für mich Fünfjährigen also: Ich stehe in einem fremden Dorf im Hof unseres Hauses, auf der Straße vor dem Zaun lungern einige Dorfkinder, fragen mich etwas, rufen mir etwas zu, und dann klettert ein Junge auf die Umfassungsmauer unseres Hofes, winkt mich zu sich: »Kumm mol riwwer, ich sahn der ebbes.« Ich klettere von der Innenseite zu ihm hoch, neugierig, gespannt. Und da holt er aus und schlägt mir mit voller Wucht ins Gesicht. Die Backe brennt, die jugendliche Dorfhierarchie ist wiederhergestellt und ich lerne etwas zum Thema »Heimat«.

Dann beginnt schon eine neue Phase. Erstmals taucht dabei das Wort »Heimat« auch im Gespräch auf, erhält seine erste Definition. Ich gehe noch in die Grundschule. Im Ort ist ein großer Aufruhr, und mein Vater wird gerufen. Er soll einem Bauern eine Beruhigungsspritze machen. Neugierig gehe ich mit. Vor einem Bauernhof ein Menschenauflauf. Ich sehe den tobenden Bauern, ich kenne ihn, er ist sonst immer ganz freundlich, jetzt hat er Schaum vor dem Mund und trägt eine Axt in der Hand. Er droht damit auf verängstigte Menschen einzuschlagen, die vor einem Pferdewagen mit Kisten, Kartons und wenigen Möbeln stehen und die ich im Dorf noch nie gesehen habe. Der Polizeidiener von Einöllen, der natürlich keine Handschellen besitzt, weil man so etwas in diesem Dorf nie benötigt, versucht ihn gemeinsam mit anderen Männern mit einer Kuhkette zu fesseln. Mein Vater weigert sich, ihm in diesem Zustand eine Spritze zu geben.

Die fremden Menschen sind verschüchtert, die Kinder weinen, klammern sich an die Erwachsenen. Sie stehen eng beieinander, abseits, ihnen gegenüber die Männer, die den tobenden Bauern zu bändigen versuchen, und zwischen beiden die Neugierigen aus dem Dorf, sie nehmen Anteil, einige hetzen den Bauern weiterhin auf, andere schimpfen auf die Fremden, keiner kommt der fremden Familie in ihrer Angst und Not zu Hilfe.

Jetzt höre ich das Wort zum ersten Mal. Es sind *Heimatvertriebene*. Deutsche aus den Ostgebieten, geflüchtet vor der Roten Armee, insgesamt wohl mehr als sechzehn Millionen, die in den zerstörten und hungernden Westen Deutschlands einströmen, die versuchen, teilzuhaben an dem Wenigen, was der Größenwahn und Vernichtungstrieb dieses »Führers« den Deutschen noch gelassen hat. Eine dieser Familien wurde in unser Dorf geschickt und von den Behörden in diesen Bauernhof eingewiesen, in dessen zehn Zimmern nur noch der Bauer und die Bäuerin lebten. Der Sohn, der den Hof erben sollte, war im Krieg gefallen. Der Bauer aber will keine Fremden in seinem Bauernhof. Und was man nicht will, das schlägt man in der Pfalz einfach mit der Axt tot.

Häufiger als das Wort Heimatvertriebene höre ich aber das Wort *Flüchtlinge*. Es wird mit Verachtung ausgesprochen. Flüchtlinge, lerne ich, das sind Menschen, die kaum mehr haben als einen Koffer mit einigen wenigen Habseligkeiten oder, wenn es viel ist, einige Gepäckstücke auf einem Pferdewagen. Es sind Hungerleider und Erbschleicher. Sie nehmen einem das Wenige noch weg, was man retten konnte. Ich erfahre, daß sie so tun, als wären sie alle in Ostdeutschland Großgrundbesitzer gewesen. Dabei seien sie meistens nur Knechte auf einem Hof gewesen, und jetzt bekämen sie aus dem Lastenausgleich das Geld nur so hinterhergeworfen. Gesindel. Lumpenpack. So höre ich die Leute im Dorf reden. Wenn ein Jungbauer ein Flüchtlingsmädchen heiratet, dann ist das monate-, ja jahrelang Dorfgespräch. Die alten Frauen nicken mit anerkennendem Haß. Die hat sich ganz schön eingeschlichen, hat sich ins gemachte Nest gesetzt, heißt es dann. Auch wenn sie im Hof und im Stall schuftet wie zwei Knechte, die Kühe melkt und den Stall ausmistet, das Heu einfährt und den Garten umgräbt und kocht und putzt und flickt und schwanger wird und vierzehn Stunden an sieben Tagen in der Woche arbeitet. Und ihre Kinder bleiben noch eine Generation lang die Kinder »von dem Flüchtlingsmädchen«.

Aber was rede ich denn da. Ich sage das so, als wäre ich wieder einmal nicht eingebunden in die Geschichten von den Flüchtlingsmädchen. Dabei ist es doch auch der Bruder meiner Mutter, der sich in eines dieser Flüchtlingsmädchen verliebt. Auch ins Haus meiner Großmutter werden Flüchtlinge eingewiesen. Meine Großmutter ist damals noch eine junge Großmutter von Anfang vierzig. Großmutter haßt vom ersten Moment an die Flüchtlingsfamilie, eine Mutter mit zwei erwachsenen Kindern. Wie hochnäsig die tut. Hält sich für was Besseres. Hat nur einen Koffer dabei. Putzt sich aber auch wochentags heraus, als wäre sie die hohe Herrschaft persönlich. Soll lieber eine Kittelschürze anziehen und anpacken helfen. Den Flur putzt sie auch nicht.

Die Familie trägt einen in gebildeten Kreisen sehr bekannten und geschätzten Namen. Ein Vorfahr kommt in Goethes Briefwechsel häufig vor. Es ist eine Familie von Medizinern und Professoren, seit Generationen. Jetzt hat sie Hab und Gut verloren, der Mann ist noch vermißt, lebt von der Hand in den Mund. Meine Großmutter genießt es, ihnen zu dritt nur ein Zimmer in ihrem großen Haus zu gönnen, natürlich das kleinste und dunkelste.

Meine schöne junge Mutter hat einen gutaussehenden jüngeren Bruder. Er ist Mitte zwanzig, hat die Meisterprüfung abgelegt und einen gutbezahlten Job. Er verliebt sich in das bildschöne Flüchtlingsmädchen, das jetzt in ihrem Haus lebt, und das Flüchtlingsmädchen verliebt sich in ihn. Großmutter tobt vor Eifersucht, daß ihr Lieblingssohn sich zu verlieben wagt. Und dann noch in ein Flüchtlingsmädchen. Und die Frau mit dem bekannten Namen findet die Familie, bei der sie notgedrungen unterkommen mußte, nicht standesgemäß genug. Die jungen Leute, volljährig, heiraten dennoch. Eine Liebesheirat. Sie mieten etliche Dörfer weiter eine kleine Wohnung und sind glücklich. Sie kommen gar nicht heraus aus den Flitterwochen. Nachwuchs meldet sich an, die junge Frau ist im fünften Monat. Sie hat von Geburt an ein schwaches Herz, und ab und zu braucht sie eine Herzspritze. Wieder einmal meldet sich an einem schwülwarmen Sommertag ein akuter Herzanfall, Nachbarn rufen den Arzt, aber es besteht kein besonderer Grund zur Aufregung. Eine Spritze, und schon geht es ihr wieder besser. Der Hausarzt ist ein alter Mann, der gerne ein Glas Wein trinkt. Er ist schon nicht mehr nüchtern, als er eintrifft. Er verwechselt die Ampullen. Als der junge Mann am Abend heimkommt, ist seine schöne schwangere Frau tot.

Eine tragische und rührende und wahre Geschichte, und von diesem gescheiterten Lebensentwurf erholt sich der junge Witwer nicht mehr. Später eine zweite Ehe, zwei Kinder, aber ein früher tragischer Tod. Weder er noch das Flüchtlingsmädchen haben ihre »Heimat« gefunden. Und mir ist ein weiterer Versuch, mich dem Thema positiv anzunähern, gescheitert.

Ich beginne neu. Vielleicht kann mir die Schule ja endlich ein Korrektiv zum postfaschistischen Umfeld sein, vielleicht sogar eine zweite Heimat? In meinem Notizkalender habe ich mir einen Satz von Goethe notiert: »Vor die Wahl gestellt zwischen Unordnung und Unrecht entscheidet sich der Deutsche für das Unrecht.« Eine Frechheit, werden jetzt meine alten Lehrer sagen, dieser boshaft gewählte Zusammenhang. Vielleicht war ich ja als Schüler zu sensibel, zu abhängig von einigen freundlichen Worten (die sich meine Lehrer prinzipiell mir gegenüber versagten), zu rasch entmutigt von einem Tadel (den sie für mich stets und ausgiebig parat hatten). Wie auch immer: die Schulzeit war für mich eine Zeit der Angst und des

213

Schreckens. Hätte ich hier nicht wenigstens eine geistige Heimat finden können? Ach ja, irgendwie kam es wohl doch dazu, im Rückblick wird das sichtbarer, ein Nebeneffekt wahrscheinlich, und von Jahrzehnt zu Jahrzehnt schmerzen die seelischen Narben meiner Schulzeit bei jedem Wetterwechsel schließlich weniger.

Aber gab es denn einen Lehrer, der uns eine andere Heimat aufgezeigt hätte als die der Generation unserer schuldig gewordenen Väter? Ich erinnere mich an niemanden, der das Thema aufgegriffen und von Schuld und Mitschuld und von Reue und Widerstand gesprochen hätte. An niemanden. Jahre später erst habe ich aus dieser Generation den ersten Menschen kennengelernt, der Antifaschist war, gegen die Nazis gekämpft hat, ungebeugt den Pressionen der Adenauer-Ära widerstand und dessen Herz heute noch links schlägt. Ein Gymnasiallehrer, Jahrgang 1911, der einzige, und er wurde in seinem Lehrerleben stets von den Vorgesetzten kujoniert. In der Zwischenzeit hat er Literaturgeschichte gemacht. Das aber nur nebenbei.

Nein, dieses ordentliche Deutschland habe ich gehaßt, die Schulzeit des jungen Törless kam mir vor wie meine eigene, und so habe ich früh versucht, meine Heimat in der Fremde zu finden. Im Schüleraustausch in Frankreich. Beim Trampen in Griechenland in den Sommerferien.

Ich habe als Deutscher in der Fremde, unter Fremden, nur gute Erfahrungen gemacht. Noch heute könnte die Fremde meine Heimat werden: Toskana, Provence... wo immer... Je weiter weg ich vom eigenen Land war, desto heimatloser wurde ich: desto mehr liebte ich die Gebräuche, die Lebensart der Mittelmeervölker, desto weniger verstand ich die Deutschen. Nein, ich zitiere nicht aus Hölderlins Hyperion, ich rede von mir.

Und daran hat sich nichts geändert. Vor wenigen Jahren wohnten wir auf Kreta in einem Bungalowhotel. Am ersten Morgen sind wir gegen neun Uhr zum Swimmingpool geschlendert. Wenige Menschen am Pool, aber alle Liegestühle mit Handtüchern belegt. Am nächsten Morgen versuche ich deshalb vor dem Frühstück noch einen Platz zu bekommen. Fehlanzeige. Alles belegt. Am übernächsten Tag stelle ich mir den Wecker. Als ich in aller Frühe zum Pool komme, sehe ich einen Deutschen mit zwanzig Handtüchern, der Stuhl um

Stuhl belegt und sich dann auf eine Liege setzt, um Wache zu schieben. Der »Wachhabende« ist jeden Tag ein anderer, aber jeden Tag ein Deutscher, und jeden Tag belegt er mit zwanzig Handtüchern zwanzig Liegestühle für die deutsche Gruppe. Ein ordentliches Volk, die Deutschen, Goethe würde mir sicher zustimmen. Aber kann ich da Heimatgefühle entwickeln? Und für wen? Und warum?

Bevor ich zu den positiven Gefühlen komme, lassen Sie mich noch eine Geschichte erzählen. Die Geschichte von Bruder Hermann vom Godenorden. Denken Sie nicht, mein Blick reduziere sich einseitig auf diesen Personenkreis. Er reduziert sich allerdings dann auf diesen Personenkreis, wenn ich über »Heimat« nachdenke.

Neulich blätterte ich bei einer Bekannten in einigen Büchern, die neben ihrem Kopfkissen lagen. Unmittelbar bei den Ingredienzien für die Bachblütentherapie und auf einem Kästchen mit Halbedelsteinen. Die drei Bücher, die dort lagen, redeten von Drogen und von Esoterik. LSD beantworte die Grundfragen der Menschheit, hieß es im einen Band, den Weg nach Eleusis und die Lüftung des Geheimnisses der eleusischen Mysterien verhieß ein anderes Buch. Das dritte war *Das Testament des Bösen* von Horst Knaut, das Kulte, Morde, Schwarze Messen und Heimliches und Unheimliches aus dem Untergrund zum Inhalt hatte.

Ein zerlesenes Buch. Das Bild von Baphomet, dem »fremden Gott« oder Teufel, liegt lose bei. Berichte über Ritualmorde, über das okkulte sechste und siebte Buch Mosis: Durch die Tötung von neun Menschen könne man in einem neuen Leben glücklich und reich werden.

»Sehnsucht nach Thule« ist ein Bericht überschrieben. Ein Bild zeigt einen bärtigen Mann in einem Ordensgewand mit einer Rune, der Hagal-Rune. »Bruder Hermann, Alt-Kanzler der Goden« steht darunter.

Der Goden-Orden wolle mit seinem politisch-religiös-ariosophischen Programm ein neues Großdeutschland aufblühen lassen. In einer kultischen Thingstätte vor einem improvisierten Germanenaltar mit einer Lebensrune aus Holz und einer auf Stramin gestickten Irminsul, dem germanischen Pendant zum Kruzifix, predigt der Ordenskanzler vor hundert Gleichgesinnten »artreinen Blutes«, schreibt der Autor.

Er propagiere germanische Runen-Anleitungen für einen artgemäßen Geschlechtsverkehr und verbreite den Glauben an magische Gewalten, an Spuk und Telepathie. Der Goden-Orden sei der Nachfolger des alten Thule-Ordens aus dem Beginn des Jahrhunderts. Von Guido von List ist die Rede und von Lanz von Liebenfels, auf deren Ideen Bruder Hermanns Goden-Orden beruhe. Von beiden habe ich schon gesprochen. Ihrem Orden gehörten in den zwanziger Jahren, so steht es in dem Buch, Adolf Hitler und Hermann Göring, Rudolf Hess und Heinrich Himmler, Alfred Rosenberg und Julius Streicher an.

Und – aber das steht dort nicht – mein Vater. Seit 1922 war er »Mitglied des Vereins Germanenschule, des Bundes für rassig-germanische Siedlungen, der Germanischen Glaubensgemeinschaft, der Edda-Gesellschaft, der Guido-List-Gesellschaft, des Vereins für deutschvölkische Sippenkunde zu Berlin, des Deutschvölkischen Schutz- und Trutzbundes, des Ostara-Kreises und anderer germanisch-völkischer Verbände«, so seine spätere Selbstauskunft.

Er kannte natürlich auch Bruder Hermann. Im Nachlass meines Vaters fand ich eine Postkarte. Auf der Rückseite steht in Fraktur der Text »Lichtquell! Morgensonne! Du Quell der Kraft, bringst mir den Gruß aus der Gottheit Fernen. Für all mein Streben, all mein Schaffen gibst du mir Kraft und neuen Mut und lachend beginn ich den Tag in der Gottheit Hut.«

Das Gedicht ist so schlecht, daß ich mich unwillkürlich fragen mußte, welchen Hut die Gottheit wohl getragen habe. Vermutlich hat der Kartenschreiber persönlich gedichtet – es ist besagter Bruder Hermann. »Sehr geehrter Herr Dr. Gauch! Treffe am Montag, den 28. Juni 15.52 Uhr mit der Bahn ein. Bitte reservieren Sie mir ein Zimmer im Hotel auf meine Rechnung. Abfahre am Dienstag 7.48 Uhr. Mit herzlichen Grüßen Ihr« – dann die Unterschrift Bruder Hermann und die Hagal-Rune sowie eine Nachschrift: »Erkennungszeichen: Bart«.

Die Karte ist in Schussenried am 23. Juni 1967 abgestempelt. Noch neun Jahre später, zwei Jahre vor seinem Tod, schreibt mein Vater an »Bruder Hermann«: »Lieber Herr Musfeldt! Vielen herzlichen Dank für Ihre Glückwünsche zu meinem 77. Geburtstage. Ich glaube, ich habe Ihnen schon von meiner 1934 geplanten Errichtung der Irminsäule auf den Externsteinen geschrieben. Ich besprach das damals mit Himmler als sein (kulturpolitischer) Adjutant und dann mit diesem zusammen mit Hitler, der das aber noch verschoben haben wollte. Ich glaube, Hitler dachte damals, 1935, schon: bis nach dem Kriege. Anbei eine Kopie meiner 1922 verfassten Dissertation ›Gesundheitswesen und Heilkunde bei den alten Germanen‹. Ich korrespondierte damals schon mit der Guido von List-Gesellschaft sowie mit John-Gorsleben, der meine Runen-Forschungen auch in seiner ›Hoch-Zeit der Menschheit‹ ausführlich zitiert. Ich lege Ihnen hier einen Verrechnungsscheck von 100 DM bei als Spende.«

In den Unterlagen finde ich Spendenquittungen aus seinen letzten Jahren an neovölkische Verbände, die in die Tausende gehen. Und ein Heft der »Kosmischen Wahrheit«, die von Bruder Hermann herausgegeben wird.

»Das Streben der Goden-Bewegung ist eine Erneuerung des artgemäßen Glaubens, im Sinne einer Kosmischen Religion, mit dem Ziel einen neuen Weg in der sich heute wandelnden Welt zu einer naturverbundenen, dogmenfreien, universellen, europäischen, kosmischen Gottheit- (Allheit-) Erkenntnislehre, die den heutigen wissenschaftlichen Erkenntnissen nicht entgegensteht, zu finden und zu weisen! Höchstes Ziel der Goden ist das Gralstum! Ein weiteres Ziel ist die Errichtung einer zentralen Heiligen Stätte für alle als Verehrungsstätte des einen Kosmischen Allgeistes, als eine Oase der Stille und zugleich ein Mahnmal zum Frieden!«

Ich quäle Sie mit diesem unsäglichen Unsinn, ich weiß. Aber es quält auch mich, daß dieser geistige Schrott heute noch vertrieben und gelesen und geglaubt wird. Und dann sagen Sie mir bitte, wie ich hier zu einer positiven Definition von »Heimat« finden kann. Denn, ich ziehe mit den Brüdern Grimm konzentrische Kreise, wo soll ich mich niederlassen? Im Vaterhaus des Reichsamtsleiters der Reichsführung SS? Im Dorf der Kindheit, das auf Flüchtlinge mit Äxten losgeht und Kinder prügelt, weil sie den dörflichen Dialekt nicht beherrschen? In der Pfalz der Nachkriegszeit, in der ich als Kind meinen Vater zu Veranstaltungen der Deutschen Reichspartei mit der Kultfigur der Rechtsradikalen, dem höchstdekorierten Weltkriegshelden Hans-Ulrich Rudel begleitet habe? Dem Deutschland der Gegenwart, das wieder mit Runen raunt und Himmlerscher Esoterik folgt? Denn Heimat schließt doch jeweils auch all diese Deutschen mit ein – oder?!

Doch dann kam ein Tag, an dem ich mich erstmals positiv mit dem Thema Deutschland und Heimat auseinandersetzen konnte. Und all diese selbstquälerischen Überlegungen ausblenden durfte. Das war vor rund zwanzig Jahren. Damals war ich für mehrere Wochen in London zu Gast im Haus des aus der Pfalz stammenden Schriftstellers Arno Reinfrank, der seit rund vierzig Jahren in England lebt. Ich hütete sein Haus, während er in Rom in der Villa Massimo lebte. Zuvor noch machte er mich mit seinem Londoner Freundeskreis bekannt, den Familien deutscher Emigranten.

So entstand die Freundschaft unter anderem zu H. G. Adler, dem Dichter und seinerzeitigen Präsidenten des deutschen Exil-P.E.N., der immer darunter litt, daß sein Holocaust-Standardwerk *Der verwaltete Mensch* viel bekannter war als seine vielen literarisch anspruchsvollen und schwierigen Veröffentlichungen. So entstand die Freundschaft zu Herbert Freudenheim, der als »Herbert« in meinem Buch *Vaterspuren* dem Erzähler rät, sich von seinem Vaterproblem zu befreien und sich an den »anderen Deutschen« zu orientieren. »Vergiß nicht«, sagt Herbert zu dem Ich-Erzähler, »es gab damals auch andere Deutsche. In Berlin haben über viertausend Juden die Schreckensherrschaft der Nazis überlebt; in Berlin! Während des ganzen Krieges! Sie wurden versteckt, in Wohnungen, auf Speichern, und diese ununterbrochene Todesangst hatten nicht nur die, die versteckt wurden, sondern ebenso die, in deren Häusern sie lebten, von deren armseligen Lebensmittelkarten.«

Und dann erzählt er vom ersten großen Pogrom der Nazis, der bagatellisierend so genannten »Reichskristallnacht« vom November 1938, als eine Horde SA-Leute in die Berliner Wohnung seiner Eltern stürmte, die Tür aufbrach und seinen Vater mitnehmen wollte, der an dem Abend aber zufällig nicht da war. Während sie seine Familie bedrohten und verhörten, habe seine Mutter heimlich vom Nebenzimmer aus einen ihrer Freunde angerufen, der Inspektor bei der Kriminalpolizei war, ein Nazigegner, der später auch prompt im Konzentrationslager landete. Als er hereinkam, hätten sie ihm, der damals ein kleiner Junge war, gerade die Pistole auf die Brust gesetzt und gedroht, wenn er ihnen nicht sage, wo sein Vater sei, würden sie ihn erschießen. Der Freund bei der Kripo erschien im rechten Moment, konnte die SA-Leute mit seinem Dienstrang einschüchtern und wegschicken. Aber schon acht Tage später stand die Verhaftung bevor. Die Warnung kam noch rechtzeitig, und am Abend stand die ganze Familie vor der Haustür des Kripo-Beamten. Er wußte sofort, was dies bedeutete und wurde kreideweiß. Wenn man die Freudenheims bei ihm entdeckte, wäre das auch sein Ende und das seiner Familie. Aber er nahm sie auf, wortlos, versteckte und verpflegte sie und behielt sie so lange da, bis sie über die Grenze nach England entkommen konnte.

Ich lernte damals auch Fritz Hellendall kennen, den Justitiar des Exil-P.E.N., den sein Doktorvater 1933 noch im Eilverfahren durch die Promotion jagte, bevor Hellendall nach London emigrierte. Als wir von einem Schiffsausflug aus Greenwich zurückkamen und wegen eines dummen Mißverständnisses ein Bobby unser Auto bewachte und uns nicht wegfahren lassen wollte, da hoffte ich auf den angesehenen englischen Rechtsanwalt Dr. Hellendall, der die Angelegenheit souverän regeln und uns aus der Patsche heraushelfen könnte. Aber beiden: Herbert Freudenheim und Fritz Hellendall stand der kalte Angstschweiß auf der Stirn. Und Fritz Hellendall zitterte am ganzen Körper. Er griff mit keinem Wort in die Situation ein. Nicht wegen des bald aufgeklärten Mißverständnisses. Sondern weil ihn die schwarze Uniform des Bobby und dessen barscher Ton wieder in die Zeit der SS-Uniformen zurückholte. Und da halfen selbst fünfundvierzig Jahre nichts, aber auch gar nichts gegen diese furchtbaren Ängste der Kindheit und Jugend in der deutschen Heimat.

Weder Fritz Hellendall noch Herbert Freudenheim wollten nach dem Krieg in dieses Deutschland zurück, in dem Kommentatoren der Nürnberger Rassengesetze Staatssekretäre wurden und Todesurteile wegen Nichtigkeiten fällende Marinerichter sogar Ministerpräsidenten. Herbert und Fritz hatten interessante Posten angeboten bekommen, blieben aber lieber weiterhin in ihren bescheidenen Verhältnissen im liberalen London. Aber sie fuhren deutsche Autos. In der Küche stand ein Siemens-Herd. Die Waschmaschine war von Miele, der Rasierapparat von Braun. Der Fernseher von Grundig. In der Nähe des Kaufhauses Harrods gab es ein Geschäft, das deutsches Brot verkaufte. Einmal in der Woche holten sie sich dort ihren Vorrat. Und wenn ich mit dem Auto über den Kanal kam, dann wünschten sie sich als Mitbringsel große runde Bauernbrote mit fester Kruste.

Und Bill Necker, der vor 1933 in Nationalökonomie promoviert hatte und in der Emigration die erste Untersuchung veröffentlichte, in der er scheinbar prophetisch fast auf den Tag voraussagte, wann und warum Hitler den nächsten Weltkrieg beginnen werde. Des Rätsels Lösung: Bill Necker hatte sich nicht an der Nazi-Ideologie, sondern an der Wirtschaftspolitik orientiert und nationalökonomische Schlüsse gezogen. Er fand in der Emigration eine Stelle als Koch. Und er blieb Koch in England bis zu seiner Pensionierung. Und kehrte nie nach Deutschland zurück.

Diese Freunde und guten Bekannten nahmen mir auch mein Problem, aus dem »schlechteren« Teil Deutschlands zu stammen: Sie machten mir als einem Nachgeborenen aus einer Täter-Familie erstmals bewußt, daß man Menschen nicht nach den Taten ihrer Väter, sondern nach ihren eigenen Verdiensten beurteilt. Und blieben meine Freunde. Zudem gaben sie mir das Gefühl, daß es einen Teil Deutschlands gibt, auf den stolz zu sein es sich lohnt: Auf die hohe Kultur, die von den Nazis in Deutschland selbst ausgelöscht wurde, die aber in der Emigration weiterhin Bestand hatte; auf die aufrechten Deutschen, die Nazigegner waren und dafür bewußt ins Exil gingen.

Dieses Deutschland hatte ich bis dahin nur aus meiner Lektüre gekannt: Bertolt Brecht, Thomas und Heinrich Mann, Lion Feuchtwanger beispielsweise. Jetzt aber hatte ich viele Schriftstellerinnen und Schriftsteller dieser Generation selbst kennenlernen können. Auch die alte Gabriele Tergit gehörte dazu, die gerade wieder entdeckt wurde. Auf mehreren Seiten hatte der *Stern* sie porträtiert. Als gerade wieder eine Fernsehanstalt anrief und um Interviews bat, sagte sie zu mir: »Vor zehn Jahren hätte es mich noch gefreut, aber heute kommt es zu spät...«

Ich begann damals ein anderes Selbstbewußtsein zu entwickeln: Es gab auf einmal einen Teil Deutschlands, auf den ich stolz sein konnte. Und dieser Teil existiert noch, auch wenn die Generation der Zeitzeugen immer kleiner wird, er hat Anhänger und wächst weiter: In ihm werden Tugenden weitergegeben wie das Engagement gegen Fremdenhaß und Neonazismus; wie der Einsatz für Verfolgte und in faschistischen Staaten Eingekerkerte. Ich nenne hier nur die Initiative »Writers In Prison« des deutschen P.E.N und amnesty international. Und dieses heutige Treffen gehört ohne Zweifel ebenfalls dazu. Wenn ich mich ausdrücklich auch als Schriftsteller zu diesem Deutschland bekenne – ist das Heimat? Vielleicht. Ach, bestimmt ist das Heimat. Zumindest Heimat, wie ich sie akzeptieren könnte, wenn es mein Thema würde. Aber vielleicht ist es ja unbewußt doch mein Thema? Habe ich mich meiner deutschen »Heimat« nicht in meinen Büchern anzunähern versucht? Der Longseller *Vaterspuren* handelt von der Generation der im Hitlerreich schuldig gewordenen Väter, der Roman *Zweiter Hand* von den Befindlichkeiten meiner Achtundsechziger-Generation im Nachkriegs-Deutschland und der jetzt abgeschlossene Roman *Winterhafen* unter anderem von Neonazis, von Esoterikern und vom Drogentod meiner Tochter Susanne.

Ich bin am Meer aufgewachsen, und vielleicht rauscht mir ja das Wasser jeden Meeres wie die Sprache der Heimat. Dann würden Sie möglicherweise doch nicht meinen, ich hätte Ihnen nur ein paar autobiographische Geschichten erzählt. Dann hätten Sie vielleicht herausgehört, daß ich auch Geschichten von uns erzählt habe. Und von Ihnen. Geschichten von Heimatlosen. Geschichten von Heimatvertriebenen. Geschichten von Menschen, die eine Heimat haben, aber deren Werte verteidigen müssen – gegen die Feinde von innen und gegen die von außen. Geschichten von Menschen, die ihre Vorbilder vielleicht nur außerhalb ihres Heimat-Landes finden. So wie ich in London unter den deutschen Emigranten. Dabei habe ich vor allem von der Heimat gesprochen als etwas, das allen in die Kindheit scheint – wobei sich vor die Sonne meiner Kindheit offensichtlich doch viele dunkle Wolken geschoben haben.

Ich habe dabei zu beherzigen versucht, was Ulla Berkéwicz in ihrem Roman *Engel sind schwarz und weiß* zu diesem Thema schreibt: »Hanno ging zu seinem Bücherschrank, nahm einen Schlüssel aus der Hosentasche, schloß die Türe auf, deren geschliffenes Glas in der letzten Abendsonne blitzte, nahm ein Buch heraus, blätterte, fand, was er suchte, und las: Wo ist des Dichters Heimat? Im Nichtvergessen, in der Erinnerung. Im Widerstand, rief Gabriel. Im Eigensinn, sagte der verehrte Pate. Hanno stellte das Buch zurück an seinen Platz, schloß die Glastür, verschloß den Schrank, steckte den Schlüssel wieder in die Hosentasche.« (1994, S.351)

Ich habe heute versucht, mich einem Thema zu nähern, das einerseits begrifflich immer näher rückt und damit andererseits immer schwieriger zu fassen ist. Wir fangen wieder an, uns zu begrenzen. Ich denke dabei mit Erstaunen zum Beispiel daran, daß Wales und Schottland nationale Parlamente wählen oder sich in Belgien eine eigene Regierung mit Ministerpräsident und Ministern für die deutschsprachige Gemeinschaft etabliert hat, obwohl diese mit rund 60.000 Menschen kaum größer ist als Speyer. Ich denke im Gegenzug aber auch mit Hoffnung an eine Entwicklung, die sich davon immer weiter entfernt, zu einem Lebens-Umfeld, das grenzen-loser wird, immer virtueller in unserem globalen Dorf mit seiner Weltsprache Englisch und dem Internet als der gemeinsamen Nabelschnur. In dem Milliarden Menschen auf der ganzen Welt in einem grenzenlosen Gefühlssturm ihre Liebe zu einer kleinen tödlich verunglückten englischen Prinzessin entdecken, für die sie sich zuvor kaum sonderlich interessiert hatten. Die dabei ein Gemeinschaftsgefühl in der archaischen Macht der einfachsten Gefühle entwickelten, das die Deutschen zumindest einige Jahre zuvor schon bei der Vereinigung der beiden deutschen Staaten üben konnten.

Damit bin ich schließlich auf die vierte Bedeutung der Grimmschen Heimat-Definitionen zurückgekommen, auf diejenige, die mir die liebste ist: daß man Heimat auch in übertragener Bedeutung kennt, in »freierer Anwendung«, wie die Brüder Grimm sagen. Dann kann ich mich damit anfreunden, daß meine Heimat im Nichtvergessen ist und in der Erinnerung, im Widerstand und im Eigensinn, in meinem Herzen und in meinem Kopf, im Dialog und in der Liebe.

Dann kann ich auch von »Heimat« reden, die ja auch die Heimat der schuldig gewordenen Generation unserer Väter ist. Weil ich einem Satz der französischen Schriftstellerin Marguerite Duras zustimmen kann; François Mitterand hatte nach Kriegsende ihren ins Konzentrationslager Dachau deportierten Mann Robert Antelme zufällig auf einem Leichenhaufen entdeckt; er war zum Skelett abgemagert, lebte aber noch; Marguerite Duras schrieb: »Die einzige Antwort, die sich auf diese Verbrechen geben läßt, ist die, daraus ein Verbrechen aller zu machen. Es ist zu teilen.«

Ich lebe in diesem Land und engagiere mich dafür. Doch meine eigentliche Heimat ist die, von der Rose Ausländer in ihrem Gedicht »Mutterland« schreibt: »Mein Vaterland ist tot /sie haben es begraben/im Feuer//Ich lebe in meinem Mutterland/Wort.«

Sonja Hilzinger
Anna Seghers und Heinrich Heine: Begegnung im Exil

Im mexikanischen Exil gründeten kommunistische Emigranten aus Deutschland und Österreich 1942 den Heinrich-Heine-Klub, dessen Präsidentin Anna Seghers wurde. Der Klub war Bestandteil des reichen kulturellen Lebens im Exilland[1], und daß er den Namen Heines trug, war kein Zufall: Heine, den die »deutsche Misere« nach Frankreich ins Exil getrieben hatte, wo er schließlich starb, wurde für die deutschsprachigen Intellektuellen, die vor dem Hitler-Regime flohen, zum »Inbegriff des Schriftstellers im Exil«[2], zum Schutzpatron der Emigranten. Die aus Nazi-Deutschland Vertriebenen haben sich in Paris und Amsterdam, in Prag und Moskau, in Shanghai und New York, in Jerusalem und Mexiko auf ihn, den radikalen Demokraten und leidenschaftlichen Patrioten berufen, sein Werk zitiert, sich »von seiner spöttischen Trauer trösten lassen«[3], seinen kritischen Geist neu zu beleben versucht.[4] Im lyrischen Werk jüdischer Emigranten wie Yvan Goll, Max Hermann-Neiße oder Mascha Kaléko lebt der Heimwehschmerz Heines neu auf; im publizistischen und essayistischen Werk von Heinrich Mann artikuliert sich eine tiefe Verbundenheit mit Heine, beruhend auf der Einsicht in die historische Bedeutung der Französischen Revolution und in die Notwendigkeit einer deutsch-französischen Verständigung.

---

1 Vgl. u.a. Fritz Pohle: *Das mexikanische Exil. Ein Beitrag zur Geschichte der politisch-kulturellen Emigration aus Deutschland (1937-1946).* Stuttgart 1986
2 Albrecht Betz: *Exil und Engagement. Deutsche Schriftsteller im Frankreich der dreißiger Jahre.* München 1986, S. 70
3 Anna Seghers: Abschied vom Heinrich-Heine-Klub (1946). In: Dies.: *Aufsätze, Ansprachen, Essays 1927–1953.* Berlin 1984 (2. Aufl.), S. 204-208, hier S. 205
4 Vgl. *Mit Heine, im Exil. Heinrich Heine in der deutschsprachigen Exilpresse 1933–1945.* Hrsg. u. kommentiert von W. Schopf. Frankfurt a. M. 1997

Im September 1935 trafen sich erstmals deutsche Hitlergegner im Pariser Hotel »Lutetia«, um unter der Leitung Heinrich Manns an der Vorbereitung einer deutschen Volksfront zu arbeiten. Die deutschen Emigranten nannten ihr Kulturhaus »Maison Heinrich Heine«; im Februar 1936 gab es dort eine Veranstaltung zum 80. Todestag, im Januar 1938 einen Heine-Abend aus Anlaß des 140. Geburtstags.[5] Der Heinrich-Heine-Klub im mexikanischen Exil setzte diese Tradition fort. In ihrer Rede anläßlich der Auflösung des Klubs im Jahr 1946 erinnerte sich Anna Seghers noch einmal der Gemeinsamkeiten zwischen Heine und sich selbst und ihren Gefährten. »Heine hat alle Stadien der Emigration mit uns geteilt: die Flucht und die Heimatlosigkeit und die Zensur und die Kämpfe und das Heimweh. Wir sind jetzt an einem Punkt angelangt, wo er uns allein weiterfahren läßt: die endgültige Heimkehr. – Die endgültige Heimkehr, das ist für viele die Abfahrt, sie ist für alle der entschlossene Wille, mit dem ›Wintermärchen‹ Schluß zu machen.«[6]

Heine hat Anna Seghers, die wie er »vom Rhein« stammte, nicht nur durch die Jahre der Emigration in Frankreich und Mexiko begleitet. Als junges Mädchen schenkte ihr Hermann Wendel, der Lebensgefährte einer Tante, ein Exemplar seiner gerade erschienenen Heine-Biographie mit der Widmung »Meiner lieben Nichte/Netty Reiling/zur freundl. Erinnerung an das Pes[s]ach 1916«, datiert auf den 17.2.1916, Heines 60. Todestag. Wendel, ein sozialdemokratischer Reichstagsabgeordneter aus Frankfurt, hatte sein Buch »Heinrich Heine. Ein Lebens- und Zeitbild« vor dem Krieg begonnen und die Arbeit daran mitten im Krieg wieder aufgenommen und schließlich beendet. Dies sei, so schreibt er im Vorwort, mehr »Gegenwartsarbeit« als »Gegenwartsflucht« gewesen, denn schließlich habe Heine seinen Zeitgenossen »die Notwendigkeit einer

---

5 Vgl. u.a. Exil in Frankreich. Frankfurt a. M. 1981, passim. – Zur Heine-Rezeption des Exils vgl. den Vortrag »Vom Lutetia-Kreis (Paris) zum Heinrich-Heine-Klub (Mexiko): Heine und das deutsche Exil – ein gewagtes Patronat« von Karl Kröhnke beim internationalen Symposium »Chassés deux foix ... Emigrés allemands et autrichiens réfugiés en France puis en Amérique Latin (1933–1945)« an der Université Paris III, November 1996
6 Seghers: *Abschied*, a.a.O., S. 207

Verständigung zwischen Deutschen und Franzosen«[7] nahegebracht. In ihrer Abschiedsrede vom Heine-Klub zitiert Seghers sinngemäß und ohne weiteren Hinweis aus einem Gedicht von Richard Dehmel, das in Wendels Buch nachgedruckt ist:[8] »Man möchte für immer so tief wie möglich in allen Herzen das Vermächtnis des Mannes verwurzeln, von dem man daheim gesagt hat: Der große Deutsche und der kranke Jude – der unsere Muttersprache besser sprach – als manche deutschen Müllers oder Schulzens.« Zitierte sie aus dem Gedächtnis, oder hatte sie das Buch griffbereit? Und warum wählte sie gerade dieses Zitat, in dem von dem deutschen Juden Heine die Rede ist? Anna Seghers, die deutsche Jüdin, hat offensichtlich von allen Gemeinsamkeiten, die sie mit Heine verbinden, gerade diese zu diesem Zeitpunkt am deutlichsten, am schmerzlichsten empfunden.

Wie Heine hat Seghers seit ihrer Jugend eine tiefe Verbundenheit mit dem Frankreich der Revolution gespürt, lebenslang war sie stolz auf ihre linksrheinische Herkunft, auf die ganz kurze jakobinische Vergangenheit ihrer Heimatstadt Mainz.[9] Wie Heine hat Seghers erlebt, daß ihr in Deutschland die Bürgerrechte abgesprochen, sie selbst vertrieben wurde und ihre Bücher kein Heimatrecht mehr in Deutschland hatten; und wie er hat auch sie nach Möglichkeiten gesucht, mit dieser Situation zu leben, ohne zu verzweifeln und ohne ihre politisch-patriotischen Ziele aus den Augen zu verlieren. Und wie Heine, der schließlich erkennen mußte, »daß trotz der individuellen Befreiung aus allen Banden der nie abzuwaschende Jude ihm immer noch anhaftete«[10], blieb auch Seghers diese Erfahrung nicht erspart. Sie, die wie Heine den Weg der Emanzipation von der jüdischen Herkunft und des politischen

---

[7] Hermann Wendel: *Heinrich Heine. Ein Lebens- und Zeitbild.* Dresden 1916, S. VII
[8] a.a.O., S. 297: »[...] Dehmel schrieb in einem Gedicht: ›Der kranke Jude und der große Künstler,/Der unsre Muttersprache mächtiger sprach/Als alle deutschen Müllers oder Schulzens.‹«
[9] Vgl. Anna Seghers: Freies Deutschland 1972. (1944) In: Dies.: *Aufsätze*, a.a.O., S. 140-151
[10] Wendel: a.a.O., S. 62f.

Engagements im Zeichen der »Vaterlandsliebe«[11] gewählt hatte, wurde durch die Nazi-Herrschaft auf brutalste Weise daran erinnert, daß es keinen Ausweg aus diesem Paria-Status gab.[12] Ihre in Deutschland gebliebenen Verwandten, darunter ihre Mutter Hedwig Reiling, fielen der Shoah zum Opfer. Von der Deportation der Mutter in das Ghetto Piaski bei Lublin erfuhr Seghers, die sich verzweifelt um deren Rettung bemüht hatte, im mexikanischen Exil.

In der heute in der Seghers-Gedenkstätte aufbewahrten Bibliothek von Anna Seghers und ihrem Mann, dem Wirtschaftswissenschaftler Laszlo Radvanyi (Johann Schmidt), gibt es unter anderem mehrere Heine-Ausgaben. Ein Lesezeichen markiert in einer Ausgabe das im Januar 1844 in Paris entstandene Gedicht »Abschied von Paris«, welches das »Wintermärchen« eröffnet. An welche eigenen Abschiede mag Seghers dabei gedacht haben, wenn sie es war, die die Stelle markierte? Heines »Wintermärchen« gehörte zu den ersten Büchern, die der neugegründete Aufbau-Verlag in Berlin 1945 veröffentlichte. Gehörte dies zu den hoffnungsvollen Zeichen, die eine Rückkehr in dieses Land erleichtern konnten? Die Rückkehr aus dem Exil, von der Seghers in der Erzählung »Ausflug der toten Mädchen« (entstanden 1943/44) geschrieben hatte: »Es gab nur noch eine einzige Unternehmung, die mich anspornen konnte: die Heimfahrt.«[13] An eine Heimfahrt, die sein heimwehkrankes Herz heilen könnte, hatte auch Heine in seinem Gedicht »Abschied von Paris« gedacht: »Das deutsche Herz in meiner Brust/Ist plötzlich krank geworden,/Der einzige Arzt, der es heilen kann,/Der wohnt daheim im Norden.«[14]

---

[11] Anna Seghers: Vaterlandsliebe. [Aus der Rede auf dem I. Internationalen Schriftstellerkongreß zur Verteidigung der Kultur, Paris 1935]. In: Dies. *Aufsätze*, a.a.O., S. 33-37. Vgl. außerdem: Anna Seghers: Deutschland und wir [1941], a.a.O., S. 89-96, und: Volk und Schriftsteller [1942], a.a.O., S. 114-122

[12] Vgl. Hans Albert Walter: Anna Seghers. In: H. J. Schultz (Hrsg.): *Es ist ein Weinen in der Welt. Hommage für deutsche Juden unseres Jahrhunderts.* Stuttgart 1990, S. 407-429

[13] Anna Seghers: *Reise ins Elfte Reich. Erzählungen 1934–1946.* Berlin 1994, S. 194-225, hier S. 195

[14] Heinrich Heine: *Deutschland – ein Wintermärchen.* Mit einem Nachwort von Ernst Fischer. Berlin 1945. Reprint: Berlin 1985, S. 11

Im Besitz von Anna Seghers war ein Originalbrief von Heine aus dem Jahr 1848. Sie erhielt ihn von ihrem Vater, dem Kunsthändler Isidor Reiling, am Beginn des Exils, um ihn gegebenenfalls in Notzeiten verkaufen zu können. Das hat sie nie getan, weder in Paris noch in Marseille oder Mexiko. Der Brief begleitete sie durch »alle Stadien der Emigration« und fand später seinen Platz in ihrem Arbeitszimmer in der Berliner Volkswohlstraße. Es handelt sich um einen Brief des schon sehr kranken Heine aus Passay bei Paris an seine Mutter Betty in Hamburg. Heines Lähmung des linken Arms, die in den dreißiger Jahren begonnen hatte, behinderte ihn sehr; seit 1847 waren auch seine Beine gelähmt, darüber hinaus war sein Sehvermögen gestört. (Anna Seghers, die im Juni 1943 in Mexiko, nach der Nachricht von der Deportation der Mutter, einen schweren Autounfall erlitt, lag danach mehrere Monate mit einer Amnesie und Verletzungen der Augennerven im Krankenhaus.) Heine schreibt von seinem »Unglück«, um einen Satz weiter genießerisch die »schönen Spargel und Erdbeeren, die wir hatten«, zu loben. Mit »[d]er Papagey schreit, und meine Frau läßt grüßen« verabschiedet er sich. Heine starb drei Jahre vor seiner Mutter. Er hat offenbar nicht versucht, seine Mutter über seinen Gesundheitszustand hinwegzutäuschen – anders als der Arzt Jacques Levi in Seghers' Erzählung »Post ins gelobte Land«[15] (entstanden 1943/44), der in den Briefen an seinen Vater nichts von seinem bevorstehenden Tod durch Krankheit schrieb.

Dachte Seghers auch an Heines Brief an seine Mutter, als sie jene Erzählung schrieb, die zu einem »Requiem nicht auf das ›erwählte‹, sondern auf das verlorene Volk«[16] wurde? Gerade diese Erzählung verdeutlicht übrigens in der Gegenüberstellung des Passah-Festes und der Feier des 14. Juli aus der Perspektive von Jacques Levi, wie »ein als mittelalterlich erscheinender Heilsglaube durch ein Bekenntnis zur menschlichen

---

[15] Vgl. Seghers: *Reise*, a.a.O., S. 161-193
[16] Erika Haas: »Post ins Gelobte Land – ein Requiem«. In: *Argonautenschiff*. Jahrbuch der Anna Seghers Gesellschaft Berlin und Mainz e.V. 4/1995, S. 139-150, hier S. 149. – Vgl. auch Marie Haller-Nevermann: *Jude und Judentum im Werk Anna Seghers'. Untersuchungen zur Bedeutung jüdischer Traditionen und zur Thematisierung des Antisemitismus in den Romanen und Erzählungen von Anna Seghers*. Frankfurt a. M. 1997.

Selbstgestaltung der Geschichte entthront«[17] wird und betont auf diese Weise noch einmal die eigene Entscheidung Seghers und, in gewisser Weise, auch die Heines. Die Verbundenheit mit ihm, »der als Emigrant in Frankreich starb«[18] und kein jüdisches Begräbnis wollte, über Zeiten und Grenzen hinweg betonte Seghers in ihrer Abschiedsrede: »Dieselben Sterne werden als Todeslampen über unsern Gräbern schweben, am Rhein oder unter Palmen, auch wenn man kein Requiem betet und kein Kaddisch sagen wird.«[19]

---

[17] Haas: a.a.O., S. 144
[18] Seghers: *Abschied*, a.a.O., S. 208
[19] a.a.O., S. 205

Tobias Hülswitt
Die Totalangelegenheit
Über das Deutsche Literaturinstitut in Leipzig

> *Alles geben die Götter, die unendlichen,*
> *Ihren Lieblingen ganz:*
> *Alle Freuden, die unendlichen,*
> *Alle Schmerzen, die unendlichen, ganz.*
> Goethe an Auguste zu Stolberg, am 17.7.1777

Im Jahre 1994 wurde das Leipziger Institut für Literatur »Johannes R. Becher« geschlossen. Im Verlauf seines 39 Jahre dauernden Lehrbetriebs gingen aus den Reihen seiner Studenten etliche namhafte Literaten hervor, in einer unvollständigen Aufzählung seien hier Sarah Kirsch, Heinz Czechowski, Erich Loest, Kurt Drawert und Thomas Rosenlöcher genannt, ein Aufgebot an Prominenz, das uns heutigen Studenten zugleich Bürde und Beruhigung sein kann. Die damalige Zeit ist uns heutigen Studenten insofern lebendig, als Bernd Jentzsch, der jetzige Direktor des Deutschen Literaturinstituts, früher einmal selbst am Institut Gasthörer bei Georg Maurer war, oder insofern, als ab und an frühere Studenten als künstlerische Dozenten mit einsemestrigen Lehraufträgen ans jetzige Institut berufen werden. Außerdem kann man sich in der Bibliothek des Deutschen Literaturinstituts nicht nur die Werke der damaligen Studenten ausleihen, sondern sich außerdem von der Bibliothekarin die zugehörigen Anekdoten erzählen lassen, die sich immer noch brühwarm anhören. Ob das Johannes R. Becher-Institut, wie es gemeinhin genannt wird, nun eine Kaderschmiede war oder sein sollte oder sich, im Gegenteil, zum Ort subversiver Konspiration entwickelte, läßt sich von meiner Warte aus – die eines 1973 geborenen Wessis – nicht ohne weiteres feststellen und schon gar nicht beurteilen. Wie immer lösen sich vorgefertigte pc-Einstellungen in der konkreten Begegnung auf.

Jedenfalls wurde das Johannes R. Becher-Institut geschlossen, und im Jahre 1995 wurde eine Straße weiter das Deutsche Literaturinstitut Leipzig – kurz: DLL – eröffnet. Die Sächsische Landesregierung hatte beschlossen, an der Praxis der institutionalisierten Autorenausbildung festzuhalten, die damit betreute Institution sollte jedoch nicht mehr eine eigenständige Hochschule, sondern in die Universität Leipzig integriert sein, was zur Folge hat, daß das Institut heute einerseits an eine vielleicht effektive Verwaltungsstruktur angeschlossen ist, andererseits jedoch immer noch kein Diplom vom akademischen Stellenwert eines Musik- oder Kunsthochschuldiploms vergeben kann, sondern lediglich das »Diplom des Deutschen Literaturinstituts«. Dieses berechtigt den Diplomierten nicht, universitäre Förderungsstrukturen zu nutzen. Es wird jedoch an einer Reform der Studienstruktur gearbeitet, und es besteht Hoffnung, daß das Studium bald von sechs auf acht Semester verlängert und einem freien Kunststudium weitgehend angeglichen wird. Bis dahin werden in dem – wie gesagt – sechssemestrigen künstlerischen Studiengang die Fächer Lyrik, Prosa und Dramatik/Neue Medien vermittelt. Es unterrichteten bislang jeweils drei feste und zwei Gastdozenten. Im Sommersemester 1998 werden die beiden ganzen Stellen für Gastdozenten auf vier halbe verteilt. Die zeitlich befristete Stelle eines wissenschaftlichen Mitarbeiters für Literarisches Übersetzen wurde nach ihrem Auslaufen im Sommer 1997 aufgrund von Sparbeschlüssen der Landesregierung gestrichen, womit die Verantwortlichen nicht gerade tiefergehendes kulturelles Verständnis bewiesen haben.

Es können zwei Hauptfächer oder ein Hauptfach und zwei Nebenfächer studiert werden. Die Studenten müssen 20 Wochenstunden absolvieren und im Grundstudium 5 Scheine pro Semester erwerben. Die Seminare teilen sich auf in Werkstatt- und Theorieseminare. Nach den ersten beiden Semestern findet eine Zwischenprüfung statt, in denen die Studenten in allen Fächern, die sie belegt haben, geprüft werden. Neben den Lehrveranstaltungen finden im Literaturinstitut regelmäßig Lesungen eingeladener Gäste, der Dozenten und Gastdozenten sowie der Studenten statt. Die Studenten sind angehalten, auch diese Veranstaltungen möglichst ausnahmslos zu besuchen.

Wer am DLL zu studieren beginnt – ich selbst begann im Oktober 1997 –, dem erscheint im Vorlesungsverzeichnis ein Seminar interessanter als das andere, was es ihm schwierig macht, sich selbst Einschränkungen zu setzen. Im Moment verhält es sich jedoch so, daß sogar jemand, der seine Grenzen kennt und sich von vornherein nicht mehr als verlangt aufbürdet, kaum eine Möglichkeit hat, nicht in Streß zu geraten: Die 20 Wochenstunden und 5 Scheine bedeuten konkret mehrere Wochentage, die man unter Umständen von morgens bis abends im Institut verbringt, um weniger belegte Tage und das Wochenende damit zu verbringen, die umfangreiche Lektüre der Theorieseminare wenigstens querzulesen, die Texte der Kommilitonen für die Besprechung in den Werkstattseminaren zu lesen und nebenbei eigene zu produzieren. Außerdem muß man sich die Muße und das Leben verschaffen, die man braucht, damit einem Texte einfallen, und man darf keine der ultimativen Feten verpassen, die ohne Unterlaß innerhalb der bislang fünfzigköpfigen – mehr als hundert Studenten sollen es nicht werden – Studentenschaft des DLL steigen. Täuschenderweise sind diese Abendveranstaltungen nicht im Vorlesungsverzeichnis aufgeführt, obwohl es hier – sowohl bei den offiziellen wie bei den inoffiziellen – einiges zu lernen gibt.

Eines der eindrucksvollsten Lesungserlebnisse war im vergangenen Semester die Lesung der Gastdozentin Ursula Krechel, nicht zuletzt wegen des anschließenden Gesprächs, in dem sie Einblick in ihr »Lebensmodell Schriftstellerin« gewährte. Dieses Lebensmodell und das daran geknüpfte Textverständnis löste unter den anwesenden Dozenten eine beinahe hitzige Diskussion und unter den Studenten eine Mischung aus Bewunderung und Beklemmung angesichts der scheinbar alle Lebensbereiche beanspruchenden Dynamik dieses Modells aus.

Um einen Eindruck vom Lehrbetrieb zu vermitteln, werde ich im folgenden die Dozenten und einige der Seminare, natürlich so subjektiv wie möglich, beschreiben. Professor Bernd Jentzsch, Lyriker und ehemaliger Herausgeber des *Poesiealbums*, jenes kultigen Literaturmediums, das eine faszinierende Geschichte von Idealismus im Dienste der Literatur, von Zensur und Subversion in der DDR aufweist, gab unter anderem ein Werkstattseminar »Lyrik«. In diesem Werkstattseminar stellten die Teilnehmer jeweils anderthalb Stunden lang ihre Gedichte der Kritik des Dozenten und der Kommilitonen. Untersucht wurde an den Texten, inwieweit die Intention des Autors oder der Autorin in ihnen verwirklicht wurde, ihre sprachliche, rhythmische und inhaltliche Dichte, ihre Konsequenz in Sachen Bildlichkeit und Bildhaftigkeit. Die Meinungen über die Kriterien der Verbesserungswürdigkeit gingen mitunter weit auseinander, vor allem bei der Frage, ob Authentizität formale Inkonsequenz rechtfertige oder nicht. Gelegentlich führten solche Divergenzen zu einer Verstimmung des Dozenten, was es erschwerte, von seinem reichhaltigen Wissen zu profitieren.

Die Reaktionen der Studenten auf die Kritik umfaßten hier wie in allen anderen Seminaren die ganze Palette des Möglichen, von Bitter- bis Dankbarkeit. In manchen Fällen haben in den vergangenen Semestern Studenten nach solchen Sitzungen mit dem Schreiben von Lyrik aufgehört, und dieser Effekt beschränkt sich keineswegs nur auf die Lyrikseminare und wird auch in Zukunft weiter bestehen.

In den Seminaren des festen Dozenten Hans-Ulrich Treichel, Autor des jüngst erschienenen Romans *Der Verlorene*, herrschte eine rege, humorvolle Streitkultur. Die Arbeit in seinen Seminaren »Stilistik und Rhetorik« und »Prosa« war ein undogmatisches, gemeinsames Suchen nach Axiomen des literarischen Schreibens anhand fremder, zum Teil theoretischer, und eigener Texte. Im Prosaseminar konnten die Studenten eigene Ideen verwirklichen oder, wenn sie keine hatten, ein im Seminar gegebenes Stichwort als Anregung verwenden. Ziel dieses Seminars war das Verfassen einer fünfzehnseitigen Erzählung. Das Seminar »Stilistik und Rhetorik« wurde mit einer Klausur abgeschlossen. Hans-Ulrich Treichel verstand es, ein Gefühl für psychologische Eigenarten sowohl des Schreibens als auch des Geschriebenen zu wecken. Ich denke beispielsweise an seine Bemerkungen über die Gleichwertigkeit von fiktionalem und autobiographischem Schreiben, an seinen Hinweis darauf, daß man Anfänge häufig nur schreibt, um sie wegzustreichen, wenn man sich warmgeschrieben hat, sowie darauf, daß es unerläßlich sei, Figuren mit eigenen Belangen aufzuladen, um sie zeichnen zu können. Einprägsam war sein Hinweis auf die Bedeutung von Stellen, in denen der Text dem Autor sichtlich entglitten ist, ohne an Qualität einzubüßen, und so mehr sagt und weiß, als sein Urheber bewußt sagen wollte und wissen konnte. Nebenbei gab Hans-Ulrich Treichel einen Einblick in die deutsche Literaturszene und den zugehörigen Markt. In seinem Seminar zu Hans Magnus Enzensberger wurde uns Erstsemestlern am deutlichsten, woran sich die ältere Studentengeneration längst gewöhnt hat: So sehr man am DLL gute Texte zu schätzen weiß, so sehr genießt man es, mangelhafte Produkte zu demontieren, und je prominenter deren Autor ist, desto größer ist natürlich der Genuß. In der Bibliothek des DLL können Kopien der Mappen mit den gesammelten Verbesserungen der Prosa Thomas Manns und der Gedichte Goethes angefordert werden.

Der Gastdozent für Dramatik/Neue Medien, der Drehbuch- und Hörspielautor Alfred Behrens verstand es, die Grundregeln des Drehbuchschreibens durch praktische Arbeit und Filmanalyse so einzuprägen, daß sie einen in den Schlaf begleiteten, und er motivierte uns durch Aussichten auf Verfilmung, deren Reellität ich nicht einzuschätzen vermag, zu Höchstanstrengungen im Drehbuchschreiben. Er vermittelte vor allem die klassische amerikanische Script-Lehre, so daß es durchaus lustig war, daß das Studenten-Drehbuch, welches ihm letztlich mit am besten gefiel, allen klassischen Regeln Hohn spottete. Am Ende dieses ersten Semesters im Drehbuchschreiben steht die Frage, ob denn an dem amerikanischen Film in der Form, in der er hauptsächlich in die europäischen Kinos schwappt, die Postmoderne völlig spurlos vorüberging, und ob das untergetauchte Bedürfnis nach Happy End heute nicht in der Forderung nach Plot und Pointe verkappt wieder auftaucht. Die Gleichgültigkeit gegenüber der glatten Form, die sicherlich einer Unfähigkeit, sie zu schaffen, entspringt, macht den europäischen Film gegenüber dem hollywoodschen zweifellos zum originelleren. Ziel des Seminars in seinem ersten Semester – es wird im Sommersemester '98 fortgeführt – war das Verfassen eines Exposés zu einem Film nach eigenem Stoff sowie einer Dialogszene. Aus den Exposés sollen nun Treatments entstehen.

»Erlebnisreich« möchte ich das Seminar »Über die Freiheit

des freien Verses« der Lyrikerin Ursula Krechel nennen, das sich unter anderem mit Kapazität – Wie paßt ein ganzes Leben in ein Gedicht? – und Geschwindigkeit – Was macht einen Text schnell, was langsam? – von Gedichten beschäftigte. Anfangs überfordert von der Emotionalität, die die Luft in den Seminaren zum Knistern brachte, empfand ich diese Lehreinheiten später als die intensivsten. Ich weiß nicht, welcher Kanäle sich Ursula Krechel zur Vermittlung ihres Wissens bediente, doch die klassisch pädagogischen waren es, glaube ich, nicht. Gerade das verlieh ihren Seminaren etwas Magisches, zumal eine besondere Faszination von ihrer Art zu sprechen ausging: Die Sätze, die sie aussprach, hatten etwas beinahe Plastisches in dem Sinne, daß sie als geistig-akustische Extremitäten der Sprecherin *berührbar* schienen.

Josef Haslinger, als Populär-Autor mit dem Roman *Opernball* bekanntgeworden, zeigte sich in seinem Seminar »Positionen der Ästhetik« als so bewandert in Sachen Walter Benjamin, daß das Seminar – sinnvollerweise – de facto eine Vorlesung war, was es de jure am DLL gar nicht gibt. In seinem Seminar »Genreübergreifende Literatur« entstand unter anderem ein Film mit ihm selbst und dem Gastdozenten Walfried Hartinger in den Hauptrollen, gedreht von den Studenten Anke Stelling und Robby Dannenberg, der im Sommer 1998 Stipendiat des Künstlerdorfes Schöppingen ist, wo er das Appartement direkt gegenüber jenem bewohnt, in dem ich selbst im Sommer 1997 meine Bewerbung für den Studienplatz am DLL verfaßte. Einer der Nachbarn Robby Dannenbergs im Künstlerdorf wird Dieter M. Gräf sein, über dessen Gedichte im vergangenen Semester in Walfried Hartingers Seminar »Literaturkritik« ein Student eine längere Arbeit vorlegte – soviel zur Kleinheit der literarischen Welt.

Im Seminar des Literaturwissenschaftlers und Kritikers Walfried Hartinger ging es um Theorie und Praxis der Literaturkritik. Es wurde debattiert über Sinn und Unsinn derselben in ihrer jeweiligen Form, zum Beispiel der des Literarischen Quartetts, dessen Selbstverständnis als literaturdarwinistisches Organ zur Verhinderung nobelpreisunverdächtiger Literatur mit Unbehagen quittiert wurde. Desweiteren beschäftigte sich das Seminar mit aktuellem literarischen Geschehen, mit Leipziger Kabarett und der Literaturseite einer lokalen Zeitung. Hierbei wurde deutlich, daß nicht wenige Literaturkritiker reiche Menschen würden, wenn die Bild-Zeitung Prämien für die Verbreitung ihres Journalismus in anderen Blättern zahlte: was solche Kritiker unter dem Vorwand einer Buchbesprechung sagen, zielt nicht auf die Literatur des besprochenen Buches, sondern auf die Ausschlachtung der Autoren-Biographie, denn die, heißt es, sei nun einmal das, was den Tageszeitungsleser einzig interessiere, allerdings auch wiederum nur dann, wenn sie irgendwie geprägt ist von Drogen und Sex. Walfried Hartingers permanenter Appell an die Studenten bestand darin, sie zu genauerer, möglichst immer zweimaliger Lektüre aufzufordern, weil er die Bücher, die sie in ihren praktischen Übungen zum Seminar besprachen, häufig nicht richtig verstanden fand – was sicherlich einerseits an der Bequemlichkeit der Studenten, andererseits an der gesteigert komplexen Artifiziellität deutscher Gegenwartsliteratur liegt, die sie mitunter so verständlich macht, wie Artifiziellität aussprechbar ist. Vielleicht könnte man sich darauf einigen, daß die Welt wenigstens stellenweise noch ein bißchen Scheibe sein darf.

Immer wieder diskutiert und nicht geklärt wurde in diesem, aber auch in den anderen Seminaren die Bedeutung der Ironie für die zeitgenössische Literatur. Sie wurde anerkannt als etwas, was Texte heute genießbar macht, weil sie Distanz schafft und Sentimentalität und Pathetik verhindert. Uneinigkeit herrschte darüber, ob Texte, die ohne Ironie auskommen und trotzdem nicht kitschig werden, prinzipiell die größere Leistung darstellen, was der Fall wäre, wenn Ironie grundsätzlich als die bequemere Haltung begriffen würde. Da man sich darin einig war, daß der Betrieb zur Zeit die starke Tendenz besitze, nur ausgewiesene Ironiker in seine heiligen Hallen einzulassen, entschlossen sich die Teilnehmer des Seminars, künftig nach Prüfung einzusendender Manuskripte jedem Autor, der dies möchte und dessen Texte den notwendigen Grad Ironie aufweisen, einen lebenslang gültigen Ironieausweis auszustellen, der ihn vom Zwang ständiger Unterbeweisstellung seiner Ironiekünste befreit.

Abschließend kann zu den Seminaren gesagt werden, daß in ihnen allen ergebnisorientiert gearbeitet wurde, immer mit dem Angebot der Dozenten, veröffentlichungswürdige Arbeiten an entsprechende Stellen in Verlagen, Zeitschriften oder Funk- und Fernsehredaktionen weiterzuleiten.

Zur Darstellung des Deutschen Literaturinstituts gehört auch eine Vorstellung der Aktivitäten in seinem Umfeld. Im vergangenen Semester entstand die Studenten-Zeitschrift für Literatur *Kabeljau*, in der Texte von DLL-Studenten mit Illustrationen von Studenten der gegenüberliegenden Hochschule für Grafik und Buchkunst gedruckt werden. Die erste Nummer erschient im Mai 1998. Aus der Initiative des Studenten Matthias Breitbarth und anderer Studenten entstand im selben Semester die Pop-Literatur-Zeitschrift *Futur 3*, die sich in ihrer optischen Erscheinung an Fanzines im Groschenheftformat orientiert und im Innern Musik-, Film- und Literaturkritik mit zeitgemäßer Grafik und Literatur verbindet. Die erste Nummer dieser Zeitschrift erschien zur Leipziger Buchmesse 1998. Die Leipziger Literaturzeitschrift *eDit* hat Jörg Schieke, ebenfalls Student des DLL, zum Chefredakteur. All diese Zeitschriften haben, im Gegensatz zu bestimmten etablierten Literaturblättern, an deren meterdicker Verstaubung auch keine noch so bunten Covers mehr etwas ändern können, spürbaren Pulsschlag in sich.

In dem von Walfried Hartinger initiierten Projekt »Stadttexte« betreiben Studenten des DLL zusammen mit Fotografiestudenten der Hochschule für Grafik und Buchkunst gleichsam eine künstlerische Phänomenologie des Lebens in Städten. An Aktivitäten einzelner Studenten wären exemplarisch die Filme »Mono« des Studenten Michael Meyer und »Dreckige Hände« der bereits erwähnten Studenten Anke Stelling und Robby Dannenberg sowie die Aufführung des Theaterstückes »Triptychon« des Studenten Jan Kuhlbrodt im Rahmen des in Dresden realisierten Projektes »Die Funktion eines Raumes als ein Gestaltungssystem, um Positionen zu beziehen« von Adam Page und Eva Hertzsch zu nennen.

Mindestens so sehr wie das Erlernen handwerklicher Fertigkeiten interessiert mich an diesem Studium und seiner Atmosphäre ihr Einfluß auf meine Person. Wenige Hausnummern entfernt vom Literaturinstitut befindet sich die Hochschule für Musik und Theater. Eine Studentin dieser Hochschule schilderte mir das Schauspielstudium als eine endlose und enorme Anstrengung, die alle Zeit und alle Kräfte fordert. Mein Studium, das erst wenige Wochen, bevor ich sie traf, begonnen hatte, schien mir keine solche Totalangelegenheit, weshalb ich ihr erleichtert und neidisch zugleich zuhörte, denn insgeheim sehnte ich mich nach der absoluten Beschäftigung mit Literatur. Jetzt, nach dem ersten Semester, könnte ich diese Begegnung als Angebot des Geistes – im castanedaschen Sinne – oder des objektiven Zufalls – im klassisch surrealistischen Sinne – verstehen, einen Blick in meine nächste Zukunft zu werfen: in einen Druckkessel des Lernens nämlich. Was der Druck zuerst auslöst, ist eine Krise, womöglich weil sich der geistige Organismus nicht von einem Tag auf den anderen auf ihn einstellen kann. »Wir«, sagte Joseph Haslinger, womit er das Dozententeam des Literaturinstituts meinte, »wir stürzen jeden in eine Krise. Sie wären eine Ausnahme, wenn Sie in keine gerieten.« Da ich sein wollte wie alle anderen, und da ich fand, es stehe einem Schriftsteller schlecht zu Gesicht, nie in eine Krise zu geraten, war ich stolz, ihm sagen zu können, daß ich bereits im ersten Semester von mir behaupten könne, zumindest mit meiner Lyrik in einer Krise gelandet zu sein. Kurze Zeit später wurde ich zum Musterstudenten: Die Krise erfaßte auch meine Prosaproduktion und war damit vollkommen.

Wieso ist diese Krise so kategorisch? Die Vielfältigkeit des literarisch Möglichen, die einem am Literaturinstitut in Gestalt der Kritik der Dozenten und der Texte der Kommilitonen vorgeführt wird, die Unmenge an Möglichkeiten, besser als bisher zu schreiben, für die man die Augen geöffnet bekommt, weshalb man frühere, vielleicht bereits veröffentlichte Texte mit Schrecken wieder hervorkramt und fieberhaft auf Schwächen liest, die Frage nach dem späteren Auskommen, die vom ersten Tag an in der Luft hängt, dies alles kommt zu heftig, um keine Verunsicherung auszulösen. Wobei der Werdegang des ersten und bisher einzigen Absolventen des DLL, Jo Lendle, zumindest denen Mut macht, die nicht unbedingt oder nicht sofort die freie Autorenschaft anstreben: Er arbeitet bei Christian Döring in der neuen Belletristikabteilung von DuMont.

Diese rauhere Seite des Studiums läßt an eine spirituelle Lehrzeit denken. Zuerst die Desillusion. Und dann muß Buddha zeigen, wie lang er's aushält unterm Bodhibaum. Über

Buddhas Erleuchtung kann ich nichts sagen. Aber ich weiß, was ich über meine Krise erfahren habe: Das Klischee vom krisengebeutelten Schriftsteller stimmt, und das Klischee von der Falschheit der Klischees ist das einzige falsche. Für meinen Teil kann ich sagen: Es ist gar nicht wahr, daß meine Krise erst im Studium begann, und sie ist auch keine rein »berufliche«, sondern eine umfassende. Ohne sie würde ich vermutlich überhaupt nicht schreiben, denn sie beschert mir alle Gründe, die ich dazu brauche. Und was über die Jahre als Ausdauer erscheint, habe ich auch einzig ihr zu verdanken – weil sie einfach nicht aufhört. Ich glaube nicht, daß ich mich sehr täusche, wenn ich beobachte, daß es den meisten meiner Kommilitonen ähnlich geht. Und das gibt mir das Gefühl, am richtigen Ort zu sein.

Leipzig, März 1998

Cornelia Müller
»Heiner Goebbels – ein international renommierter Wort-Ton-Künstler rheinland-pfälzischen Ursprungs«

Seit 1972 lebt Heiner Goebbels in Frankfurt. Sein Wirkungs- und Schaffenskreis geht weit über die regionalen und nationalen Grenzen hinaus. Vom künstlerischen Gesamtwerk entfällt nur etwa ein Viertel auf Hessen, der größere Teil besteht aus europäischen oder gar weltweiten Produktionen. Mit vielen seiner Werke geht er auf internationale Tourneen. Diese hier insbesondere auf die Geographie bezogene Grenzüberschreitung schlägt sich auch in der Struktur seiner einzelnen Werke selbst nieder.

Das Oeuvre reicht von avantgardistischer Musik (insbesondere der internationalen Improvisationsszene) über Kompositionen für Philharmonische Orchester, Theatermusik und Filmmusik in den achtziger Jahren bis hin zu Szenischen Kompositionen, Arbeiten für das eigene Musiktheater, Filmen und Hörstücken in den neunziger Jahren. Die Vielschichtigkeit seines Werks spiegelt sich auch in den Rollen, die der Künstler hierbei selbst einnimmt – sei es als Musiker (Tasteninstrumente und Saxophon), Komponist, Dirigent oder Regisseur.

Trotz der experimentellen Verwendung verschiedener Sprachen (wie englisch, französisch und deutsch), dem Einsatz von exotischen Musikinstrumenten sowie der ungewöhnlichen Bespielung traditioneller europäischer Instrumente und der Einbeziehung von außermusikalischen Gegenständen zur Erzeugung von Klängen und Geräuschen wird Heiner Goebbels im Ausland als spezifisch deutsch wahrgenommen.

Er bekennt sich zu seinen im mitteleuropäischen Kulturkreis liegenden Wurzeln, deren Ursprünge sich bis nach Rheinland-Pfalz zurückverfolgen lassen.

The Roots: Kindheit und Jugend in der Pfalz

Geboren wurde Heiner Goebbels 1952 in Neustadt/Weinstraße. Bis zu seinem Abitur lebte er in Landau. Diese Zeit hat den jungen Menschen und heranwachsenden Künstler besonders geprägt. Schon im Alter von fünf Jahren lernte er im elterlichen Haus das Klavierspiel. Besonders bedeutend waren für ihn aber die musikalischen Veranstaltungen von Weltniveau, die er in der Festhalle von Landau als Schüler auf den billigen Stehplätzen (Karten für nur 2,- DM) miterleben konnte. Dank eines sehr weltoffenen, engagierten Kulturdezernenten wurde Landau damals neben den Metropolen Berlin, München, Hamburg und Düsseldorf in einem Atemzug als Aufführungsort für Musik auf höchstem Niveau erwähnt. Verschiedene Tourneen internationaler Musikergrößen von Weltrang führten durch Landau. Die großen Stars wie Karajan und Solistenpersönlichkeiten wie Svatoslav Richter und David Oistrach erlebte Heiner Goebbels hier hautnah. Diese Erfahrungen schürten quasi das in ihm damals schon lodernde musikalische Talent. Fast wehmütig klingt es, wenn er heute darüber spricht.

Vielfalt der Literaturbezüge im Oeuvre

Das Leitmotiv »Literatur« ist in den Arbeiten von Heiner Goebbels schon früh erkennbar und zieht sich, einem roten Ariadne-Faden gleich, durch sein gesamtes Werk.

1976 gründete er das »Sogenannte Linksradikale Blasorchester«. Blasmusik wurde aus pragmatischen Gründen gewählt. Weil sie im Laufen spielbar ist, war sie leicht auf Demos und Kundgebungen einsetzbar und auch für das Eindringen in Hörsäle durchaus geeignet. Ein besonders spektakulärerer Einsatz dieses Blasorchesters fand z.B. 1979 auf der Rialto-Brücke in Venedig statt. Hier war Heiner Goebbels einer von 18 Musikern, deren Musik irgendwie schräg klang und sich damit in das bizarre Bild der »laufenden Notenständer« fügte: Die Notenblätter waren nämlich mit einer Wäscheklammer am Rücken des Vordermanns befestigt.

Die Musik dieses besonderen Blasorchesters setzte sich

durch ihren Klang von gewöhnlicher Blasmusik in spezifischer Weise ab. Sie wollte weder in die Nähe von schnulzenhaftem Kurorchester noch militärischer Parademusik kommen, sondern sich einmischen in die gesellschaftlichen Ereignisse. Schon der Name zeugt für die Besonderheit dieses Blasorchesters, denn es verbirgt sich hierin ein Sprachspiel, in dem ironisch auf die damals »sogenannte DDR« Bezug genommen wird.

Politikbegriff – Kunst als Einmischung

Der künstlerischen Arbeit von Heiner Goebbels liegt ein weiter, von Skepsis geprägter Politikbegriff zugrunde. Auch heute noch geht es ihm um die Frage des Einmischens – jedoch im Gegensatz zur damals wörtlich genommenen, aktiven Einmischung nun um eine mehr in den Rezipienten verlagerte Aktivität. Seine Ästhetik verlangt vom Zuhörer/Zuschauer aktive geistige Teilnahme. Fertige Lösungen, die nur passiv konsumiert werden müßten, gibt es nicht. Von jeglichem Pädagogisieren ist Heiner Goebbels weit entfernt. Die bewußt von seinen Werken angebotenen »Leerstellen« werden, Puzzle-Teilen gleich, dem Rezipienten angeboten, der sie seinen eigenen Erfahrungen entsprechend zusammensetzen kann.

Auftragsarbeiten reizen Heiner Goebbels, wenn er ihnen inhaltlich und politisch zustimmen kann, wie z.B. eine Hanns Eisler-Arbeit zu dessen 100. Jubiläumsjahr – welches mit Bertolt Brechts Jubiläumsjahr zusammenfällt. Hierbei interessierte ihn auch die Haltung des Komponisten zu Fragen seiner Zeit. Infolgedessen ist viel Biographisches von Eisler mit in die Arbeit eingeflossen – und hiervon untrennbar natürlich auch viele Texte von Brecht.

»Expeditionen in Textlandschaften« – ein Kompositionsprinzip

Heiner Goebbels besonderer Umgang mit Literatur wird bei seinem Kompositionsprinzip deutlich. Er nähert sich der Literatur zunächst von außen, betrachtet die besondere Materialität der sprachlichen Zeichen, bricht diese auf und trennt die normalerweise einem Zeichenkörper beim Lesen zugeordneten Inhalte. In seinem Spiel mit Zeichen werden die gewohnten Zuordnungen zwischen Buchstaben und Inhalt, Ton und Musik, Artikulation und Sinn kräftig durcheinandergewirbelt. Vor der Komposition steht bei Heiner Goebbels eine genaue Textanalyse, aber nicht nur semantischer Qualität, sondern in erster Linie unter formalen Gesichtspunkten. Die Formangebote des geschriebenen Textes, die körperlichen Dimensionen der Schriftlichkeit werden mit einbezogen. Die tieferliegenden strukturellen Schichten von Texten, die zusätzlich neben dem intellektuellen Lesevergnügen existieren, sollen kompositorisch freigelegt werden. Mit dem Aufzeigen der schriftstellerischen Strategie will Heiner Goebbels auch seine eigenen Erfahrungen mit dem Text hörbar machen. Folgendes Zitat verdeutlicht dies: »*Text als Landschaft nehmen und ihn nicht wie ein Tourist oberflächlich zu durchqueren, oder – um im Bild zu bleiben – vielleicht aus dem fahrenden Wagen mitzunehmen, sondern eher wie eine Expedition durchqueren. Oder, wie Walter Benjamin sagt, den Text als ›ein(en) Wald, in dem der Leser der Jäger ist‹ verstehen.*«[1]

Langsam nähert er sich der Gestalt des Schriftbildes an und erhält tiefe Einblicke in die »Architektur des Textes«.

So nimmt er Strukturmerkmale wie Satzlänge, Satzzeichen, Zeilenbrüche, Buchstabenhäufungen, Großbuchstaben ins Visier. Beim Hörstück »Prometheus« löste er z.B. additive Konjugationen kompositorisch heraus. In »Dantons Tod«, einer Inszenierung von Ruth Berghaus, wollte er im Rahmen seiner kompositorischen Mitarbeit jede Interpunktion des Textes hörbar machen gemäß dem Büchnerwort »*wo jedes Komma ein Säbelhieb und jeder Punkt ein abgeschlagener Kopf ist*«.[2]

Seine Text-Expeditionen beschränkt Heiner Goebbels nicht nur auf deutschsprachige Texte. Oft führen sie ihn auch zu anderen Sprachen wie Englisch und Französisch. Gerade das Betrachten eines Fremdsprachentextes bringt ihm oft ganz neue

---

[1] Heiner Goebbels: Text als Landschaft. Libretto-Qualität, auch wenn nicht gesungen wird. In: *Neue Zeitschrift für Musik*, 157 (1996). S.37, Schott-Verlag Mainz
[2] Ebda. S.37

Erkenntnisse. So fielen ihm beim Hörstück »Der Mann im Fahrstuhl« beispielsweise die vielen I's erst bei der kopfüber liegenden englischen Version des Heiner Müller-Textes auf, die ihm bei der deutschen Fassung verborgen blieben. Diese vorangehende Textanalyse führt bei der kompositorischen Umsetzung zu spezifischen Gestaltungen, einem »*Vorgang reflektierter rhythmischer, struktureller, architektonischer Referenzbildung*«, den man sich folgendermaßen vorstellen kann: »*Ich entferne die Worte teilweise voneinander oder vergrößere sie und betreibe regelrecht das Geschäft dieses Lesens auf akustische Weise...*«.

Um für ein solches kompositorisches Verfahren überhaupt in Frage zu kommen, stellt Heiner Goebbels an die Texte besondere Voraussetzungen: Es müssen kurze Texte sein, da praktisch mit der Lupe gelesen/komponiert wird (jede geschriebene Textseite entspricht etwa 45 Minuten Inszenierungszeit). Als weiteres Kriterium muß der Text musikalische Angebote machen auf struktureller, rhythmischer und klanglicher Ebene – was Heiner Goebbels als »Librettoqualität« bezeichnet. In der Regel handelt es sich um nicht-dramatische Texte. Heiner Müller-Texte nehmen leicht die Hürde der inhaltlichen Vorauswahl. Mit ihnen arbeitet Heiner Goebbels gerne, da sie aufgrund ihrer Bauprinzipien und ihrer Schreibweise seiner Musik den nötigen Spielraum geben, um etwas ausrichten zu können. Mit Heiner Müller teilt er die gleiche Auffassung von Sprache, zumindest die Skepsis gegenüber bestimmten Theater- und Funktönen bei Schauspielern. So ist es auch verständlich, daß viele seiner Hörstücke auf Texten von Heiner Müller basieren, mit dem er auch künstlerisch gerne zusammengearbeitet hat.

Textvermittlung auf der Bühne

Lesen begreift Heiner Goebbels als einen in gewisser Weise dem Hören vergleichbaren Vorgang. Denn mit dem Hören von Texten läßt sich etwas von ihrer Schriftlichkeit transparent machen.

»*So kann man vor- und zurückgehen, sich plötzlich verlesen, den Irrtum begreifen, Worte in anderen Worten auffinden...*«

Die Beziehung zwischen dem komponierten Text und dessen Vermittler auf der Bühne charakterisiert Heiner Goebbels wie folgt: »*Literarische Texte sind nicht nur als Futter für die Stimme der Sänger und Schauspieler von Bedeutung.*« Wichtiger ist vielmehr »*der Materialcharakter der Texte und der Anspruch, diesen mit musikalischen Mitteln transparent zu machen.*«[3] Deshalb zielt er darauf, »*die Identität zwischen Sprache und Sprechenden zu irritieren bzw. zu spalten, den Sprechenden aus zwei Gründen verschwinden zu machen: um die Sprache zu retten, autonom das Hören von Sprache zu entwickeln, und um einen Schauspieler zu gewinnen, der nicht nur verdoppelt, was er ohnehin sagt, sondern auch als Körper autonom sich darstellen kann: um letzten Endes zwei Körper zu haben, den Text als Körper und den Körper des Schauspielers.*«[4] Um diesen Effekt zu erreichen und die Autonomie der verschiedenen Ebenen wie Sprache, Musik, Bühnenbild und Lichtregie im transitorischen Prozeß der Aufführung zu wahren, bedient Heiner Goebbels sich einerseits technischer Mittel, wie Microport, oder er trennt die Gestik vom Inhalt (d.h. es werden in der Regel keine illustrierenden Gesten verwendet) und läßt Worte durch Instrumente sprechen. Traditionelle wie auch exotische Instrumente werden nebeneinander verwendet und z.T. auch sehr ungewöhnlich bespielt. Insbesondere seine präparierten Instrumente irritieren die gewohnten Hör- und Sehweisen. Professionelle Elemente mischen sich wie selbstverständlich mit Improvisationen.

Neben literarischen Texten setzt Heiner Goebbels alles Mögliche und Unmögliche kompositorisch ein. Musik wird ähnlich der Literatur als Material genommen. Das bedeutet die Hereinnahme und kompositorische Neustrukturierung von Kitsch, Folk, Rap, Rock, Pop, Klassik, Jazz usw. Die Unterscheidung von E- und U-Musik ist für Heiner Goebbels lächerlich, beide gelten ihm gleichviel.

Die eben gezeigte spezifische Vermittlung der komponierten und inszenierten Textlandschaften erfordert auch von den Akteuren auf der Bühne eine besondere Haltung zum Bühnenereignis.

Heiner Goebbels ist eine »*unbeteiligte Verwaltung eines Textes,*

---

[3] Ebda. S.34
[4] Ebda. S.37

bei der eine Verteilung am ›Schalter‹, an der Ausgabestelle fürs Publikum stattfindet, lieber als die begeisterte Inbesitznahme des Sprechers/Schauspielers, die diese Verteilung ans Publikum ausschließt, weil sie die Erfahrung mit dem Text gepachtet hat.«[5]

Inszenatorische Einblicke in das Musiktheaterstück »Schwarz auf Weiß«[6]

Das Musiktheater von Heiner Goebbels unterscheidet sich wesenhaft von der traditionellen Oper.

Unter Oper kann man eine textorientierte Gattung verstehen, die vorzugsweise der Dichtung musikalisch gerecht werden will. Die Texte werden von Sängern als konventionalisierten Bühnenfiguren vermittelt, die Musik entspricht funktionierenden Klangmustern. Beim Gesang gibt es klare Hierarchien zwischen Rezitativ und Arie.

Im Gegensatz hierzu signalisiert schon die Verwendung des Begriffs »Musiktheater« eine bewußte Abwendung vom traditionellen und starren Opernbetrieb. Im Musiktheater von Heiner Goebbels geht es nicht um Vermittlung einer in Bühnenaktion gesetzten Handlung oder Nachahmung von menschlichem Handeln. Es gibt neue Raumkonstruktionen, die Instrumentalisten werden zu beweglichen Klangkörpern und Musik-Akteuren. Musik wird sozusagen selbst in Szene gesetzt, Klangereignisse werden auf der Bühne sichtbar gemacht.

Besonders wichtig sind die Beziehungen zwischen Szenischem, Sprachlichem (vorzugsweise geht es um die gesprochene und nicht um die gesungene Sprache) und Musikalischem. Sie werden neu gestaltet.

Es geht nicht, wie in der Oper, um eine Verdopplung von Text durch Musik. Musik wird verstanden nicht nur als etwas Illustratives, dem Text Unterzuordnendes, sondern besitzt eine Eigenständigkeit. Die Verwendung von Texten, sei es schriftlich oder mündlich, erfolgt weniger auf der inhaltlichen als insbesondere auf der materiellen und klanglichen Ebene.

---

[5] Ebda. S.38
[6] Uraufführung in Frankfurt a.M. im TAT am 14.03.1996

Beim Musiktheaterstück »Schwarz auf Weiß« handelt es sich um eine szenische Komposition, die von 18 Mitgliedern des Ensemble Modern[7] realisiert wird. Literarische Texte von Edgar Allan Poe (»Shadow – A Parable«, gelesen von Heiner Müller auf einer Tonbandeinspielung), John Webster zitiert nach T.S. Eliot (»Waste Land, I The Burial of the Dead«) und Maurice Blanchot (»L'attente l'oublie«) finden in unterschiedlicher Weise Eingang in die Inszenierung. Sie werden live geschrieben, vom Tonband abgespielt, von Musikern live gelesen oder auf verschiedenste Weise vokalisiert und dabei eng mit der instrumentalen Klangerzeugung verbunden. Es gibt keine erkennbare Handlung oder Schauspieler im traditionellen Sinne. Die verschiedenen »Rollen« werden von den Mitgliedern des Ensemble Modern übernommen, die sich in für Musiker ungewöhnlicher Proxemik durch den ganzen Bühnenraum bewegen. Der spielerische, die musikalischen Mittel selbst reflektierende Charakter der Inszenierung ist auffällig, es findet ein Musik-Spiel im wahrsten Wortsinne statt. So spielt eine Gruppe von Musikern Würfelspiele auf einem umgedrehten Cimbalom-Deckel, die dadurch erzeugten Aufschlaggeräusche gehören zur Komposition. Wie hier deutlich wird, fungieren die Mitglieder des Ensemble Modern nicht nur als Musiker, sondern auch als Subjekte des ganzen theatralen Prozesses.[8]

Eine für den architektonischen Textumgang besonders aufschlußreiche Szene bildet die (von mir so bezeichnete) »Schreibszene«. Die Vermittlung von Literatur erfolgt hier auf außergewöhnliche Weise, nämlich über das Hören des Textschreibens. Der aktive, sich entwickelnde Prozeß des Schreibens, wie er im Romanauszug von Blanchot inhaltlich steht, wird thematisiert. Heiner Goebbels nimmt den Textinhalt wörtlich, indem der eigentliche Schreibvorgang zum Thema wird. Ein Musik-Darsteller sitzt am Cimbalom-Deckel und schreibt live mit Bleistift auf ein dünnes Blatt Papier. Mit Lite-

---

[7] Das Ensemble Modern ist ein in Frankfurt a.M. ansässiges, internationales Orchester, mit dem Heiner Goebbels seit 1988 immer wieder zusammenarbeitet

[8] Cornelia Müller: Eine konstruktivistische Rahmenanalyse des Musiktheaterstücks »Schwarz auf Weiß« von Heiner Goebbels. Unveröffentlichte Hausarbeit zur Erlangung des Akademischen Grades eines Magister Artium, Mainz 1997

ratur geht er hier als Buchstabenmaterial um, als geschriebene Bleistiftstriche. Die erzeugten hölzernen Schreibgeräusche gehen in die Komposition ein. Ein inhaltlicher Sinn kann dem solchermaßen vermittelten Text von niemandem zugeordnet werden.

In diesem Musiktheaterstück verwendet Heiner Goebbels drei Sprachen (Englisch, Französisch, Deutsch), worin sich auch die internationale Zusammensetzung des Ensembles spiegelt. Neben der Wortsprache wird Internationalität auch auf der Ebene der Tonsprache reflektiert. So gibt es neben uns bekannten typisch europäischen Instrumenten z.B. ein altes traditionelles japanisches Instrument, eine Koto.[9] Die Mitglieder der »Letterbrassband« (Arbeitsbezeichnung von Heiner Goebbels, eine Wortschöpfung, bestehend aus dem englischen Wort »brassband« = Blaskapelle und »letter« = Buchstabe, was also in der wörtlichen Übersetzung »Wörterblaskapelle« bedeutet) sprechen Worte in die Instrumente.

Die Musik ist aus Worten komponiert. Aber selbst für Musikprofis dürfte dies kaum herauszuhören sein. Ein Fagott wird ohne Mundstück bespielt, was irgendwie verkehrt aussieht. Lauscht man nach einer Fagott-Stimme, so tut man dies vergebens. Denn auf akustischer Ebene wird die Irritation des optischen Eindrucks noch verstärkt, indem die eigentliche Klangstimme des Fagotts mit einem Tube-screamer[10] elektronisch verzerrt wird.

Bizarr ist auch die »Koto-Maschine«, bestehend aus der Koto und einer über ihr schwebenden Schraube. Diese Schraube ist an einer Schnur befestigt, welche mit einer Sirene verbunden wird. Die Kurbel der Sirene wird einmal gedreht, woraufhin die Schraube beginnt, über die Saiten der Koto zu tänzeln. Durch die leichten Berührungen werden zarte Klänge erzeugt.

Von den vielen Kuriositäten, die unmöglich alle aufzuzählen sind, sei abschließend noch das »Teekesselduett« erwähnt. Auf der Bühne wird auf einem Gaskocher ein Teekessel langsam zum Kochen gebracht. Wenn er pfeift, beginnt der Akteur

---

9 Japanisches hölzernes Zupfinstrument, gewölbt, einer Zither ähnlich
10 Klangverzerrer aus den 60er Jahren, wie er üblicherweise bei Rockgitarren eingesetzt wurde

(der zuvor Teebeutel aufschnitt, anzündete und brennend in die Luft schweben ließ, bis sie dort verglühten), zu diesem Pfeifton auf seiner Piccoloflöte zu spielen. Der Teekessel gibt den Ton an für das »Duett« mit dem Piccoloflötisten. Solche Wort-Ton-Kunstwerke verlangen nicht nur von den Akteuren eine besondere Haltung. Auch auf Seiten der Rezipienten werden ganz besondere Wahrnehmungsleistungen gefordert/gefördert. Neue Möglichkeiten der Wahrnehmung werden hier offeriert, die weit weg von den ausgetretenen Pfaden der Sozialisierung führen, in denen sich gewisse Denk- und Wahrnehmungsschemata ausgebildet haben. Die Werke von Heiner Goebbels sind trotz ihrer Komplexität nicht überfordernd. In erster Linie sollen sie Spaß machen, wach halten und sinnlich ansprechen. Heiner Goebbels ist sehr daran gelegen, daß man seiner Kunst voraussetzungslos begegnen kann.

Ein unbefangenes Publikum ist ihm deshalb auch lieber als ein zu vorgebildetes – welches zu semantisierend an seine Kunstwerke herangeht. Den auf der Bühne angebotenen spielerischen Umgang mit den Semioseprozessen des Alltags spielt er den Zuschauern/Zuhörern wie einen Ball zu.

Aufgrund der Vielschichtigkeit seiner Stücke zieht Heiner Goebbels ein entsprechend heterogenes Publikum an. Dies trifft insbesondere im Bereich seines Musiktheaters zu, wo sich kein festgeschriebenes Publikum zusammenfindet, sondern jene interessante Mischung von literarischem, musikalischem und theatralem Publikum, die sich Heiner Goebbels wünscht.

Ästhetik der Verfremdung

Heiner Goebbels nimmt unsere Wahrnehmungsweisen auf den Prüfstand. Standardisierte Wahrnehmungsweisen werden aufgebrochen und durch Perspektivenwechsel ver-fremdet. Diese Verfremdung ist allerdings eine Ästhetische und nicht im Sinne von Bertolt Brecht zu verstehen. Der Brechtsche V-Effekt ist Heiner Goebbels zu pädagogisch und in der Verwendung zu sehr vorgeprägt und verstaubt.

Eine größere Nähe besteht zur ästhetischen Verfremdung von Robert Wilson. Hier erhält die Ästhetik eine Autonomie, die frei ist von Politik und Pädagogik. Die Atomisierung von Sinn erfolgt nicht auf der Ebene der Totalauflösung und Sinnentleerung. Es geht vielmehr um eine präzisere, erweiterte Füllung der im ästhetischen Prozeß freigelegten tieferen Schichten der Wahrheit, z.B. eines Textes.

Intertextualität – Adaptation der Kunstwerke in andere Medien

Die von Heiner Goebbels für seine Werke postulierte Unabhängigkeit der verschiedenen Ebenen, insbesondere der Musikalischen von der Literarischen, bleibt kein theoretischer Ansatz, sondern findet die praktische Umsetzung in seinen Werken. Als Beweis für die autonom funktionierenden Gesetzmäßigkeiten können die zahlreichen Adaptationen seiner Werke in andere Medien angesehen werden.

Viele seiner Musiktheater-Arbeiten wurden später akustisch bearbeitet und in Hörstücke transformiert. Dabei handelt es sich letztlich um eine Mischung von Live-Aufzeichnungen und nachproduzierten Aufnahmen. Es geht hierbei nicht um die Reduzierung der mehrdimensionalen Bühnenereignisse auf eine akustische Ebene, sondern das Medium des stereophonen Hör-Raums soll selbst thematisiert und transparent gemacht werden. Die Transformation soll den jeweiligen Bedürfnissen des neuen Mediums angepaßt werden. Eine eins zu eins Übertragung würde den Anforderungen nicht gerecht.

Einige Beispiele solch gelungener Adaptationen sind:

»*Schliemanns Radio*« (1992), ein Hörstück, basierend auf dem Musiktheaterstück »*Newtons Casino*« (1990). Es wurde 1992 mit dem Karl-Szuca-Preis ausgezeichnet und erhielt auch den Spezialpreis des Prix Italia.

»*Die Wiederholung*« (1997) basiert auf dem im April 1995 uraufgeführten gleichnamigen Musiktheaterstück und wurde 1997 mit dem Hörspielpreis der Deutschen Akademie der Darstellenden Künste ausgezeichnet. In der Begründung der Jury heißt es u.a.: »*Goebbels spiegelt und variiert Texte und Musik mehrfach und verführt so die Hörer... ›Die Wiederholung – eine Live-Produktion‹ verbindet Film, Theater, Musik, Literatur und Philosophie zu einem stimmigen Gesamtkunstwerk.*«

Motive von Kierkegaard (Philosophie), Robbe-Grillet (Film- und Romanbereich) und Prince (Popmusik) werden hier verbunden. Die Akteure sind international: John King, ein New Yorker Funk-Musiker (Gitarrist und Geiger), Marie Goyette, eine kanadische Pianistin und Performerin und Johan Leysen, ein belgischer Film- und Theaterschauspieler.

»*Schwarz auf Weiß*« (1997) entwickelte sich aus dem gleichnamigen Musiktheaterstück (dessen Uraufführung 1996 war). Neben dem Hörstück entstand im gleichen Jahr auch noch eine Filmversion (eine Produktion von ZDF/ARTE).

»Hörstücke« vs. Hörspiele

Die vielen Preise, mit denen die Hörstücke von Heiner Goebbels ausgezeichnet wurden, würdigen insbesondere die spezifische Verbindung von Text und Musik.

Hörstücke von Heiner Goebbels sind es letztlich auch, die in Rheinland-Pfalz über den Äther gehen und hier den (geneigten) Rheinland-Pfälzer erreichen können. Die Hörspielredaktion des Südwestfunks ist einerseits Produzent seiner Hörstücke. Andererseits bildet S2 Kultur sozusagen den direkten Draht von Heiner Goebbels nach Rheinland-Pfalz.

Auffällig ist der von Heiner Goebbels bewußt gewählte Terminus »Hörstück« in Abgrenzung zum Begriff des »Hörspiels«. Während es sich beim letzteren für ihn um ein gelesenes Schauspiel handelt, soll mit der Bezeichnung »Hörstück« die Unabhängigkeit des akustischen Kunstwerks verdeutlicht werden. Entscheidend ist die mit dieser Begrifflichkeit zum Ausdruck gebrachte Autonomie der Musik, die gerade nicht im Sinne einer spielerischen Illustration bzw. Verstärkung eines dominanten Textes zu verstehen ist, sondern eine eigene, vom Text abzulösende Ebene innerhalb des Hörstücks bildet.

Ausblick

Zur Pfalz pflegt Heiner Goebbels heute hauptsächlich familiäre Kontakte.

Leider fehlt es in Rheinland-Pfalz zur Realisierung der groß angelegten, aufwendigen Musiktheaterprojekte mit ihren speziellen Anforderungen an die Aufführungsräume (Akustik, Licht) an der notwendigen materiellen und finanziellen Ausstattung. Dies ist ein Tribut an die harten Gesetze im zeitgenössischen Kunstmarkt.

Eine künftige Zusammenarbeit mit einem rheinlandpfälzischen Klangkörper, z.B. einer Philharmonie, kann sich Heiner Goebbels durchaus vorstellen.

Es wäre schön, wenn ein solches Projekt einmal realisiert werden könnte, damit ein Werk von Heiner Goebbels in Rheinland-Pfalz auch einmal live zu erleben ist – und nicht nur mittels der Radio-Schall-Wellen über das Land schwappt[11]. Denn es ist ein besonderes Vergnügen, sein Spiel mit all unseren Wahrnehmungsweisen auf der Bühne verfolgen zu können.

---

[11] Alle Hörstücke wurden im S2 Hörspiel-Studio gesendet

Jens Frederiksen
Wilhelm Holzamer und seine Nieder-Olmer Romane

Das Erscheinen seines letzten Romans »Vor Jahr und Tag« hat Wilhelm Holzamer nicht mehr erlebt – und auch den Vorabdruck in der Berliner Familienpostille »Daheim« nicht, der am 5. Oktober 1907 begann. Fünf Wochen vorher, am 28. August, war der Autor im Alter von gerade 37 Jahren in einer Berliner Klinik an Diphtherie gestorben, nachdem er sich während einer Urlaubsreise auf Bornholm angesteckt hatte. Erstmals seit seinem Entschluß, den erlernten Lehrerberuf aufzugeben, Frau und Kinder zu verlassen und als freier Schriftsteller zu leben, hatte Holzamer ein bißchen Geld in der Hand gehabt, erstmals (die Buchausgabe von »Vor Jahr und Tag« war mit dem Berliner Verlag Egon Fleischel fest für das Jahr 1908 vereinbart) hatte es eine Aussicht auf dauerhafte künstlerische Anerkennung gegeben – da beendete eine nur in epidemischen Schüben auftretende, dafür um so tückischere Krankheit alle Blütenträume. Mit Holzamer verlor die deutsche Kulturszene der Jahrhundertwende eines ihrer überragenden Erzähltalente, noch bevor es sich zuverlässig hatte etablieren können.

Es war eine Zeit der politischen und technischen Umbrüche, in die Holzamer hineingeboren wurde – eine Zeit auch der Auflösung jahrhundertealter sozialer Strukturen, wodurch es für den Durchschnittsbürger überhaupt erst möglich wurde, einen anderen als den von Herkunft, Region und Konfession vorgegebenen Lebensweg einzuschlagen. Für Holzamers Werdegang sollte das von großer Bedeutung werden. Am 28. März 1870 in Nieder-Olm als Sohn eines nicht sehr lebenstüchtigen Sattlers geboren und in seinem Heimatdorf frühzeitig selber als Sonderling und Eigenbrötler an den Rand gedrängt, fand er eine Zuflucht und einen Halt in der Welt der Bücher und der Literatur, die ihm durch seinen Großvater, einen Privatschullehrer, nahegebracht wurde. Bereits mit 16 verließ der Junge seinen Geburtsort, um in Bensheim an der

Bergstraße das Lehrerseminar zu besuchen. Und obwohl die weiteren Lebensstationen immer weiter von der rheinhessischen Heimat wegführten, sollte Nieder-Olm in Holzamers literarischem Werk bis zum Schluß eine Schlüsselrolle spielen: Von seinen insgesamt sieben Romanen spielen sowohl der Erstling »Peter Nockler« und das Folgebuch »Der arme Lukas« (beide 1902) wie zu weiten Teilen die ausufernde, durch fiktive Elemente allerdings erheblich verfremdete Autobiographie »Der Entgleiste« (1906) in der Landschaft seiner Kindheit und Jugend. Und auf besonders bewegende Art tut das zu guter Letzt auch noch einmal »Vor Jahr und Tag«.

Die stets neue Rückbesinnung auf seinen Geburtsort ist um so erstaunlicher, als Holzamers kurzes Leben so bewegt und zeitweise dramatisch verlief, daß für Muße und Kontemplation wenig Zeit gewesen sein kann. Der junge Lehrer wurde vom Bensheimer Seminar ins benachbarte Heppenheim versetzt, er heiratete dort 1893 die aus angesehenem Hause stammende Marie Hamel, hatte mit ihr nicht weniger als sieben Kinder und baute 1899 am Ort auch noch ein geräumiges Haus – dann freilich folgte er im Jahre 1900 dem Ruf des kunstsinnigen Großherzogs Ernst Ludwig nach Darmstadt, um dort auf der Mathildenhöhe ein zur Eröffnung der Künstlerkolonie vorgesehenes Theaterfestival zu konzipieren und durchzuführen. Der brave Ehemann als kunsthungriger Bohémien und Flaneur: Einmal den Zwängen gutbürgerlicher Gesittetheit entronnen, brach in Holzamer das bis dahin in die karge Freizeit abgedrängte und von der Ehefrau wohl auch wenig geschätzte künstlerische Wollen hervor. Die Niederschrift der ersten Romane fällt in diese Darmstädter Zeit – und die Bekanntschaft mit einer selbstbewußten Aktrice, der Engländerin Nina Carnegie Mardon, die schnell seine Muse und Geliebte wird.

Der Groll, den Holzamer fortan gegen die ungeistige Familie seiner Frau hegt, aber auch die inneren Kämpfe und Schuldgefühle, die ihn nach diesem Bruch mit seinem bisherigen Leben plagen, sind ausführlich und stellenweise etwas selbstgerecht in dem Roman »Der Entgleiste« dokumentiert. Doch auch die neue Beziehung ist nicht frei von Problemen. Nina Mardon drängt Holzamer, zur Selbstfindung nach Paris überzusiedeln – aber ohne sie, allein. Im Herbst 1902 folgt er dem Rat, man kann aufgrund verschiedener Indizien auch sagen: der Anweisung seiner Lebensgefährtin – und bleibt bis 1905. Als er dann nach Deutschland zurückkehrt, begibt er sich allerdings nicht in das vertraute Umfeld nach Darmstadt oder gar ins Mainzer Land – er entscheidet sich für Berlin. Die Zeit, die ihm dort blieb, reicht allerdings nicht einmal aus, um ihn auch nur in der Stadt selber bekannt zu machen.

Holzamers literarische Produktion von Belang fällt in die Jahre zwischen der Jahrhundertwende und seinem Todesjahr 1907. Die Zeit war günstig für die Kunst. Man muß sich nur vergegenwärtigen, was an wegweisenden Erzählwerken damals sonst noch erschien. 1897 hatte Fontane seinen »Stechlin« geschrieben – ein letztes und vollendetes Beispiel für den chronologisch erzählten psychologischen Roman; 1901 waren Thomas Manns »Buddenbrooks« herausgekommen – Höhepunkt des großen Gesellschaftsromans und zugleich ein erster Schritt zu seiner Überwindung, der sich in der Einführung einer ebenso feinen wie allumfassenden Ironie offenbarte; und 1910 kam mit Rilkes »Aufzeichnungen des Malte Laurids Brigge« der Sprung ins gebrochene Erzählen, der Sprung weg von der nachvollziehbaren Handlung und hin zur radikalen Subjektivität der Moderne. Will man Holzamer in diesem Dreigestirn positionieren – und mit seinen vier Nieder-Olmer Romanen ist das erlaubt, denn sie gehören zum besten, was die Erzählkunst der Jahrhundertwende in Deutschland geleistet hat –, dann gehört er eindeutig in die Nähe Fontanes, in die Nähe des übersichtlichen, die Wirklichkeit abbildenden Erzählens des 19. Jahrhunderts. Zumindest im Ästhetischen befindet sich Holzamer also auf der konservativen Seite – neben seinem unglücklich kurzen Leben sicherlich der wichtigste Grund dafür, daß ihm die Beachtung der Nachwelt verwehrt blieb.

Und doch ist Holzamer keineswegs ein Gefolgsmann oder gar Epigone des großen Chronisten der Mark Brandenburg gewesen. Im Gegenteil. Wo Fontane die seelischen Bedrängnisse seiner Figuren in ein Gesellschaftsgemälde von höchster Eleganz und Konversationsbeflissenheit einsenkt, bringt Holzamer auf fast archaische Weise ganze Gefühlspanoramen eher ländlicher Prägung zu Papier. Wie er das kleine Vernünfteln seiner Figuren liebevoll und wortgewaltig gegen deren überraschende Leidenschaftlichkeiten in Szene zu setzen versteht, wie er in einem unbeholfen anmutenden, tatsächlich aber nur der Erdenschwere einer bäuerlichen Sprechweise angeglichenen Erzählduktus deren Unstetheiten und Treulosigkeiten als unberechenbare Naturgewalten erklärt und rechtfertigt und damit dem vernunftbestimmten »preußischen« Norden das instinktbetonte süddeutsche Lebensgefühl entgegensetzt – das hat Macht und Kraft. Holzamer war zu seiner Zeit auf dem besten Weg, ein ernstzunehmender Antipode zum immer noch nachwirkenden kühleren Fontane zu werden.

Bereits der Erstling »Peter Nockler« enthält das gesamte Holzamersche Programm, verpackt freilich in eine Handlung von Novellenformat. Die Geschichte des Schneiders Peter Nockler, der sich in das Mädchen Elise verliebt, von diesem während eines Besuchs bei deren Eltern im Odenwald mit einem dorfbekannten Großsprecher betrogen wird, am Ende aber trotzdem mit der schon verlorengeglaubten Geliebten und ihrem unehelichen Sohn zu einem selbstgenügsamen Leben in die von den Stürmen der neuen Zeit noch unberührte Oase Nieder-Olm zurückkehrt – diese Geschichte einer gefährdeten, stets von ruppigen Umschwüngen bedrohten Beziehung und einer stillen Rebellion gegen die herrschende Moral wird ohne alle Schnörkel und Umwege vor dem Leser ausgebreitet, in jener schlichten und doch so bildkräftigen Diktion, wie sie für Holzamer kennzeichnend werden sollte. Eingebettet in einen Alltag von unspektakulärer Gleichförmigkeit, stellen hier die Leidenschaften mit ungezügelter Wucht alles geordnet Zivilisierte in Frage. Eine Bedrohung und ein Trost – durch die Liebe treibt das Leben ständig an den Rand der Katastrophe, aber ohne sie wäre es nichts als ein zielloses Vegetieren.

Eng verwandt mit dem »Nockler« ist Holzamers zweiter Nieder-Olmer Roman »Der arme Lukas«, ebenfalls eine Liebesgeschichte mit überschaubarem Personal und mancherlei Einsichten in die Vergeblichkeit menschlichen Glückstrebens – freilich mit weniger Farbe, weniger Sinn fürs Dramatische, weniger Wärme auch in der Figurenzeichnung. Der eigene Vater schnappt dem Titelhelden darin nach dem Tod der Mutter die zögerlich umworbene Freundin weg und holt sie als Wirtschafterin und schließlich als Ehefrau ins Haus. Viel hingebungsvoll beschriebenes Sehnen, doch wenig äußere Handlung – der zweite novellistische Roman des Wilhelm Holzamer läßt den Mangel an Weite und Welt erstmals als schmerzliches Defizit erscheinen.

Die drei Folgebücher – die historische Legende »Der heilige Sebastian« (1902) und die beiden Frauenromane »Inge« (1903) und »Ellida Solstratten« (1904) – haben für die Genese von »Vor Jahr und Tag« keinerlei Bedeutung. Wichtig hingegen ist dafür wieder der von Nina Mardon aus dem Holzamer-Nachlaß herausgegebene Roman »Der Entgleiste«, der 1910, zur Zeit seines Erscheinens, für Holzamers letztes Werk gehalten wurde, der aber von dem Holzamer-Biographen Günter Heinemann in seiner Dissertation »Wilhelm Holzamer – Persönlichkeit und Schaffen« (Mainz 1956) sehr überzeugend vor die Niederschrift von »Vor Jahr und Tag« in die erste Hälfte des Jahres 1906 datiert wurde.

Was den frühen Arbeiten Holzamers völlig fehlte, ist hier plötzlich im Überfluß vorhanden: immer neue Figuren, immer neue Schauplätze gibt es da. Ein Entwicklungsroman. In der Geschichte des Außenseiters Philipp Kaiser, der, beflügelt durch den Ehrgeiz der Mutter, beflügelt auch durch die Widerstände seines Heimatdorfes, die Arztlaufbahn einschlägt, an der Bergstraße heiratet, sich dann aber in eine eigensinnige Patientin verliebt, die in ihm die Lust an der Kultur, am Weltläufigen weckt – in dieser Geschichte steckt unverkennbar Holzamers eigene Biographie. Doch eigenartig: Von Leben erfüllt ist allein der erste Teil des Buches, jener Teil, der die Kindheit in Nieder-Olm schildert. Alles andere bleibt Skizze und angestrengte Kulissenschieberei.

Erst mit »Vor Jahr und Tag« kann Holzamer wieder an die thematische Geschlossenheit und erzählerische Kraft des »Peter Nockler« anschließen – und beides um einen ganz neuen Blick für das Zeitgeschichtliche, einen Sinn auch für das große, figurenreiche Tableau erweitern. Der novellistische Impetus hat sich endgültig zu einem reichen, weit ausgreifenden Fabulieren ausgewachsen. Die Niederschrift des Romans ging, wie stets bei Holzamer, sehr zügig voran, sie dauerte von Weihnachten 1906 bis Ende Januar 1907. Im Frühling des Jahres hat er an den Druckfahnen nochmals, wie Heinemann herausfand, erhebliche Korrekturen vorgenommen, so daß »Vor

Jahr und Tag« als einer der am sorgsamsten durchgearbeiteten und durchkomponierten Texte Holzamers gelten kann.

Erzählt wird die Geschichte der Nieder-Olmer Gastwirtstochter Dorth Rosenzweig, die mit dem kernigen, heute würde man sagen: mackerhaften Jörg-Adam befreundet ist, die dessen poltrige Besitzansprüche aber in dem Moment zurückweist, in dem ihr der junge Dorflehrer Vetterlein den Hof zu machen beginnt. Daraus freilich erwächst keine neue Beziehung, sondern nur ein unentschlossenes Nebeneinanderher, das schließlich den Weg frei macht für die Verlobung mit dem Eisenbahningenieur Kamper, eine Verbindung, die das zaudernde Mädchen zur kläglichen Befehlsempfängerin herabdrückt und die am Ende auch nicht zu der schon fest verabredeten Heirat führt. Zu guter Letzt bleibt nur eine Vernunftehe – mit einem Müller nahe der Saulheimer Gemarkung, der der Dorth gleichgültig ist und der ihr lediglich die Gewähr bietet, in dieser Welt nicht noch ein weiteres Mal mit einem dieser verheerenden Gefühlsstürme konfrontiert zu werden, die sich Liebe nennen.

Ein Slalom der Hoffnungen und Entmutigungen, eine Ballade von der kleinen Suche nach dem Glück und der großen niederdrückenden Einsicht in die Unfähigkeit des Menschen, im richtigen Moment zuzugreifen. Doch so nahe dieser resignierende Befund, überhaupt die melancholische Grundstimmung dem »Nockler«-Duktus auch sein mögen, schon der Kern der Geschichte mit seinen drei Varianten der Partnerbeziehung – der ungestüm burschikosen beim Jörg-Adam, der kultiviert zurückhaltenden, ja zimperlichen beim Vetterlein, der väterlich herablassenden schließlich beim Ingenieur Kamper – zeigt das Differenzierungs- und Abschattierungsvermögen, zu dem Holzamer inzwischen fähig ist.

Hinzu kommt eine Lust am Ausspinnen auch der kleinen und allerkleinsten Begebenheiten am Rande. Der Seitenblick auf die Überlebenskünste der Blume Marie etwa, einer Freundin der Dorth, die sich durch die Heirat mit dem alten Goschel ein sicheres Auskommen schafft, oder die Rückblende auf das Leben der Mutter des Vetterlein, die vom Vater ihres Sohnes schmählich im Stich gelassen worden war und ihm doch ein liebendes Andenken bewahrte, sind Paradebeispiele für die Kunst Holzamers, bis in die zartesten Verästelungen seines Erzählgeflechts hinein sein Hauptthema um immer neue Facetten zu bereichern.

Vor allem aber gelingt es ihm fast mühelos, seinen Roman zum großen Zeitpanorama auszubauen. Der preußisch-österreichische Krieg von 1866 mit all den antipreußischen Ressentiments im Mainzer Land markiert den Beginn der Handlung. Die Reichsgründung 1871 und das Heraufziehen einer ganz neuen, vom technischen Fortschritt und einer wohltuenden Aufgeschlossenheit, aber auch einer beängstigenden Beliebigkeit geprägten Zeit, versinnbildlicht durch den Bau der Eisenbahntrasse von Mainz über Nieder-Olm nach Alzey, stehen am Ende. So erzählt das Buch nicht nur, wie der »Nockler«, von großen Gefühlen und ihren kleinen Opfern, sondern auch von großen geschichtlichen Umbrüchen und ihrem unaufhaltsamen Hineinwirken in den kleinen Gang der alltäglichen Dinge. Doch wo das Gefühl mit der großen Geschichte in Konflikt gerät, kann dem einzelnen nur noch der Rückzug in die Einsamkeit das Überleben sichern. Ziemlich genau das aber ist die Geschichte der Dorth Rosenzweig.

Bleibt noch Holzamers Sprache – diese überwältigend einfache und betörend schöne Sprache, die für alles, selbst das unvernünftigste Tändeln und Wanken, das unerklärlichste Seitwärts und Zurück der Figuren ein ebenso unangestrengtes wie frappierendes Bild findet. Zum Beispiel, wenn er den auf Freiersfüßen wandelnden Vetterlein als jemanden beschreibt, in dem es einmal »still gewesen war wie in einem hochumzäunten Garten, der hinter einer Wand von Bäumen lag« – und nun war »der Wind in den Garten gefahren, und von außen konnte jeder hineinsehen, der nur wollte«. Oder wenn er über die verlegen nach Worten suchende Dorth sagt: »Es war gerade, wie wenn man ein Bild an der Wand aufhängen will und hat keinen Nagel dafür. Und sie fand auch den notwendigen Nagel nicht, wie sie auch suchte.« Oder wenn er über die plötzliche Mattigkeit am Ende des Lebens und das Sichverflüchtigen der Liebe räsonniert: »'s war alles wie das Wasser – was nicht fortläuft, das verdunstet – und eines Tages ist trocken, wo's naß war.«

Am bewegendsten aber sind die Passagen über das lange ereignislose Leben der verheirateten Dorth in der Saulheimer Kettenmühle und ihr kurzes schicksalsergebenes Sterben: »Sie war ausgegangen wie ein Licht; und wie ein Licht brennt, das sich selbst verzehrt, so hatte sie auch gelebt, sie hatte sich selbst verzehrt.« Und nach einem kurzen Zurückblenden in die Rahmenhandlung, die einen fiktiven Erzähler, den alten Golderjahn, eingeführt hatte und die ihn am Ende in einer unmißverständlichen Andeutung als den unglücklichen Dorth-Verehrer Vetterlein identifiziert, folgt dann, als allerletzter Satz des Buches überhaupt, eine Formulierung wie hingemeißelt: »Es ist aber doch ein großes Glück, gelitten zu haben, um frei zu sein von allem, was Leiden heißt.« Der ganze Holzamer ist in diesem Satz – und ein gutes Stück von einer Welt, die uns ohne ihn verborgen geblieben wäre.

Stefan Breuer
Stefan George und der ästhetische Fundamentalismus *

I.

Die Botschaft der Kunst, so der Komponist und Musiktheoretiker Hans Zender, ist sehr einfach: »Der Geist ist in Ton und Rhythmus, in Farbe und Ton, in Wort und Satz – und nicht in davon ablösbaren Inhalten oder Zwecken.«[1] Dieses Verständnis ist in Deutschland, wenn nicht zum ersten Mal, so doch am nachdrücklichsten in den *Blättern für Kunst* formuliert worden, die Stefan George 1892 begründet und z.T. von Bingen aus redigiert hat. »eine kunst für die kunst«, »eine GEISTIGE KUNST«, »eine kunst frei von jedem dienst«, nicht dem Sinn, sondern der Form verpflichtet[2] – so lauteten die Formeln, in denen sich nicht nur das Selbstverständnis einer neuen Generation reflektierte, sondern, nach der Einsicht Max Webers, eine Veränderung der Stellung der Kunst in der Gesellschaft: ihre Ausdifferenzierung zu einem »Kosmos immer bewußter erfaßter selbständiger Eigenwerte«[3]. Obwohl von Anfang an Spiritus rector des Unternehmens, ordnete sich George in den ersten sieben Folgen der *Blätter* (1892–1904) so sehr dem Dienst an der Sache unter, daß man für diese Zeit noch nicht von einem George-Kreis sprechen kann, sondern nur von einem *Blätter*-Kreis. Soziologisch gesprochen handelte es sich dabei um

---

* Erweiterte Fassung der Thesen, die ich am 22.6.1996 auf Einladung der Stefan-George-Gesellschaft bei einer Podiumsdiskussion anläßlich der Einweihung des Stefan-George-Hauses in Bingen vorgetragen habe. Gegenstand dieser Diskussion war mein Buch *Ästhetischer Fundamentalismus. Stefan George und der deutsche Anitmodernismus*, Darmstadt 1995, in dem die nachstehenden Thesen näher ausgeführt sind.

[1] Hans Zender: Rettung der Kunst. In: *Frankfurter Allgemeine Zeitung*, Nr. 125, 1.6.1996

[2] Zit. n. Georg Peter Landmann (Hrsg.): *Der George-Kreis*, Köln-Berlin 1965, S. 15, 21

[3] Max Weber: *Gesammelte Aufsätze zur Religionssoziologie*, hrsg. von J. Winckelmann, Tübingen, 6. Aufl. 1972, S. 555

einen Gesinnungsverein, der von der Pflege emotionaler oder affektueller Interessen weitgehend absah, statt dessen auf wertrational motivierte Interessenverbindung setzte und, obgleich exklusiv, nach außen doch nicht völlig geschlossen war: eine soziale Beziehung vom Typus »Vergesellschaftung« also, in deren Mittelpunkt die Kunst stand.[4]

II.

Das Werk Stefan Georges geht jedoch in dieser Dimension nicht auf. Schon scharfblickende Zeitgenossen wie Rudolf Borchardt und Max Weber erkannten, daß George die Kunst keineswegs nur um der Kunst, sondern – spätestens seit dem Maximin-Zyklus – um etwas anderen willen wollte. »Je länger, je mehr *wollen* diese Gedichte etwas«, notierte Max Weber 1910, und er präzisierte dieses Etwas sogleich: als Streben nach Erlösung, nach einem religiösen Ziel.[5] Befreiung von der »knechtenden Gegenwart«, Wiederkehr der Ruhe, Regeneration, Ende der eigensüchtigen Abschließung, Aufhebung der Zerstückelung: das sind nur einige der Heilsversprechen, die George mit der Gestalt Maximins verknüpfte: »Wir fühlten wie geringfügig alle streite der länder · alle leiden der kasten werden vorm dämmerschauer der grossen erneuungstage: wie alle brennenden fragen der gesellschaften in wesenlose finsternis verblassen wenn nach jeder ewigkeit den irdischen sich ein erlöser offenbart.«[6] Maximin ist ein solcher Erlöser, ein Heilsbringer, mehr noch: Er ist ein Gott, oder doch wenigstens »ein neuer halbgott«[7], und Stefan George ist sein Prophet, ja sogar: sein Erzeuger[8]. Friedrich Gundolf widerspricht dem nur

---

[4] E.E. Starke: Das Plato-Bild des George-Kreises, Diss. phil., Köln 1959, S. 33f.; Max Weber: *Wirtschaft und Gesellschaft*, hrsg. von J. Winckelmann, 5. Aufl., Studienausgabe, Tübingen 1976
[5] Zit. n. Marianne Weber: *Max Weber. Ein Lebensbild*, Heidelberg 1950, S. 500
[6] Stefan George: Vorrede zu Maximin, in: ders.: *Werke. Ausgabe in vier Bänden*, München 1983, Bd. 2, S. 306 (im folgenden GW)
[7] Stefan George: *Der Siebente Ring*, in: GW 2, S. 59, 64; ders.: *Der Stern des Bundes*, a.a.O., S. 130f.; ders.: *Das Neue Reich*, a.a.O., S. 200
[8] Die im *Stern des Bundes* in bezug auf den Gott aufgeworfene Frage: »Hab ich selber ihn geboren« wird von George unmißverständlich positiv beantwortet: »mein traum ward fleisch und sandte in den

scheinbar, wenn er behauptet, es habe George ferngelegen, »Religion zu stiften, Mythus zu machen oder etwa gar einen Maximinkult einzusetzen«[9]. Denn die Betonung liegt hierbei auf den Prädikaten, die allesamt vorsätzliche Handlungen induzieren, aus welchen, wie Gundolf zu Recht bemerkt, noch nie eine Religion, ein Mythos oder ein Kult hervorgegangen ist. George, so die Fortsetzung dieses Satzes, ist zum Propheten, zum Heilsverkünder nicht aus Vorsatz geworden, sondern »kraft ihm innewohnenden Zwanges«, »besessen ganz von *seiner* Not und *seiner* Fülle«[10]. Aus diesen Bedingungen heraus hat George auch nach dieser Sicht eine Religion begründet und der Kunst damit eine neue Aufgabe zugewiesen.

III.

Wie ist es George gelungen, seine lyrische Privatimagination ins Intersubjektive einer Religion zu transponieren? Von außen betrachtet im wesentlichen über drei Wege. George hat, erstens, die rituelle Dimension ausgebaut, die der Lyrik im Unterschied zu anderen Literaturgattungen eigen ist. Durch eine »ganz konsequente, bewußt Monotonie und Strenge evozierende Metrik«, durch eine ebenso ausgeprägte Rhythmisierung und eine Verwendung stereotyper Formeln erzielen Georges Texte Wirkungen, die denjenigen ritueller Gebetsformen vergleichbar sind; nicht wenige seiner Gedichte sind »ästhetische Litaneien«.[11]

---

raum/geformt aus süsser erde – festen schritts/das kind aus hehrer lust und hehrer fron« (GW 2, S. 157, 139).

[9] Friedrich Gundolf: *George*, Berlin 1921, S. 215
[10] Ebd.
[11] Wolfgang Braungart: Ritual und Literatur. Literaturtheoretische Überlegungen im Blick auf Stefan George. In: *Sprache und Literatur in Wissenschaft und Unterricht*, Bd. 23, 1992, S. 2-31, 24. Es liegt nahe, von hier aus Parallelen zum Katholizismus zu ziehen. Aber bei George gibt es auch starke gnostische und mystische Elemente, die vom katholischen Standpunkt aus schlechterdings häretisch sind (vgl. Rudolf Borchardt: Pseudognostische Geschichtsschreibung. In ders.: *Prosa, Bd. IV. Gesammelte Werke in Einzelausgaben*, hrsg. von M.L. Borchardt, Stuttgart 1973, S. 292-298; Gerda Walther: *Phänomenologie der Mystik*, 2. Aufl., Olten/Freiburg 1955, S. 148, 151, 155, 196ff.). Da andererseits bei George jener Haß gegen den Körper fehlt, wie er insbesondere für die Gnosis charakteristisch ist, dürfte die religionsgeschichtlich an-

George hat, zweitens, Praktiken entwickelt, um seine rituelle Ästhetik in Sozialformen zu überführen: allen voran das liturgisch-psalmodierende Lesen von Gedichten, das aus der individualisierenden Selbstversenkung des stillen Lesens einen quasi-öffentlichen Akt macht; den gleichsam sakralen Einsatz der Dichtung zur Herstellung einer »eucharistischen« Gemeinschaft, in der sich der Meister symbolisch an seine Jünger austeilt[12]; außerdem zahlreiche weitere, hier nicht im einzelnen zu schildernde Trennungs-, Umwandlungs- und Angliederungsriten, die die anfangs locker strukturierte Gefolgschaft zu einer Kultgemeinde zusammenschweißen – dem »Staat«, dessen Existenz auf der Durchsetzung von zwei kategorischen Forderungen beruht: der Anerkennung der Göttlichkeit Maximins; und der Anerkennung Georges als des einzigen Meisters und als des Trägers des Gottes.[13]

Zur weiteren Identitätssicherung und Außenabgrenzung dieses »Staates« hat George, drittens, Organe der kollektiven Selbstdarstellung geschaffen, deren eines, die *Jahrbücher für die geistige Bewegung* (1910–1912), den Kampf um eine neue Bildung und Kultur führen sollte, während das andere, die *Werke der Wissenschaft aus dem Kreise der Blätter für die Kunst*, die unausgesprochene Zielsetzung hatte, die geistige Gestalt Stefan Georges und den Maximin-Mythos in die Vergangenheit zurückzuprojizieren: so paradigmatisch Heinrich Friedemanns Platon-Deutung (1914), so Berthold Vallentins *Winckelmann* (1931), so Max Kommerells *Der Dichter als Führer in der deutschen Klassik* (1928).[14] Mit Blick auf dieses Genre hat Rudolf Borchardt etwas boshaft, aber nicht unzutreffend von einem »Kostümfest der Weltgeschichte« gesprochen, bei dem »George als Hannibal die Schlacht bei Cannae schlägt, während George als Scipio bei Zama den Punier abtut, und dann als Cäsar

---

gemessenste Bezeichnung seiner Position die des Synkretismus sein.
12 Vgl. Braungart, a.a.O., S. 26f.; ders.: »Durch Dich, für Dich, in Deinem Zeichen«. Stefan Georges poetische Eucharistie. In: *George-Jahrbuch*, Bd. 1, 1996, S. 53-79, 55. Zur Entwicklung der kultischen Züge bei George ausführlich: H. Linke: *Das Kultische in der Dichtung Stefan Georges*, 2. Bde., Düsseldorf/München 1960
13 Vgl. Starke, a.a.O., S. 39
14 Vgl. Ernst Osterkamp: Das Eigene im Fremden. In: *Akten des VIII. Internationalen Germanisten-Kongresses*, Tokyo 1990, Bd. 10, S. 394-400

ostwärts und als Ariovist westwärts den Rhein überschreitet«.[15]

IV.

Die genannten Merkmale: die Instrumentalisierung der Kunst für erlösungsreligiöse Zwecke und die Schaffung einer Kultgemeinde, erlauben es nicht nur, sondern erzwingen es geradezu, sich dem Phänomen Stefan George *auch* mit außerkünstlerischen bzw. außerliterarischen Methoden zu nähern. Dazu zählen an erster Stelle psychologische Methoden, die vor allem zwei Fragen zu beantworten haben: einmal die Frage, was George dazu bewogen hat, die Maximin-Figur als Inbild des jugendlichen Heros und Erlösers zu kreieren; sodann, was die Mitglieder des Kreises – immerhin im Laufe der Zeit fast 80 Individuen, sämtlich hochgebildet und über beträchtliche intellektuelle Fähigkeiten gebietend[16] – dazu veranlaßt hat, sich dieser Schöpfung Georges und damit der Herrschaft des Meisters zu unterwerfen, wobei sie Beziehungen der Hörigkeit und der Selbstpreisgabe eingegangen sind, deren Studium zu den beklemmendsten Erfahrungen der deutschen Geistesgeschichte gehört.[17] Unter den verschiedenen Deutungsangeboten der Psychologie erscheint die Narzißmuspsychologie Heinz Kohuts mit ihren Konzepten des Größen-Selbst und der Eltern-Imago als diejenige, die den individuellen wie den gruppenspezifischen Pathologien des Kreises am besten gerecht wird. Daß es sich dabei um Deutungen handelt, die einen hohen Unsicherheitsfaktor haben, ist klar, doch gilt dies für alle psychologischen Verfahren.

---

15 Rudolf Borchardt: Pseudognostische Geschichtsschreibung, a.a.O., S. 295, 294
16 Vgl. H.N. Fügen: Der George-Kreis in der »dritten Generation«. In: *Die deutsche Literatur in der Weimarer Republik*, hrsg. von W. Rothe, Stuttgart 1974, S. 334-358
17 Zahlreiche Belege dazu in den Erinnerungsschriften der Kreismitglieder (Edgar Salin, Ludwig Thormaelen, Kurt Hildebrandt, Ernst Glöckner usw.). Einen guten Eindruck vermittelt die Geschichte der Beziehungen zwischen George und Percy Gothein, die Günter Baumann konzise geschildert hat; vgl. ders.: *Dichtung als Lebensform. Wolfgang Frommel zwischen George-Kreis und Castrum Peregrini*, Würzburg 1995, S. 33ff.

V.

Die narzißmuspsychologische Deutung, die hier nicht ausgeführt werden kann, ergänzt sich gut mit einer herrschaftssoziologischen Betrachtungsweise, die um Max Webers Begriff der charismatischen Herrschaft zentriert ist.

Sein einzigartiges Verhältnis zu Maximin als dem Erlöser ermöglicht es Stefan George, psychischen Zwang durch Spendung oder Versagung von Heilsgütern auszuüben und dadurch den anfänglich offenen *Blätter*-Kreis in einen geschlossenen hierokratischen Verband umzuwandeln, dessen Mitglieder statt nach sachlichen oder fachlichen nach charismatischen Qualitäten ausgelesen werden und dessen Führung ebenfalls charismatischer Natur ist.[18] Träger des letzteren ist George als »exemplarischer Prophet«, der anderen an seinem eigenen Beispiel den Weg zum Heil zeigt und kraft dieses persönlichen Vorbildcharakters weitgehend auf die Ausformulierung einer Lehre verzichten kann.[19] »Der urgeist«, heißt es schon in den *Blättern*, »wirkt nicht durch seine lehre sondern durch seinen rythmus; die lehre machen die jünger«[20]. Deren Rang und Bedeutung wiederum bestimmt sich nicht nur durch solche sekundäre Qualitäten, sondern vor allem nach ihrer Eignung als Echo und Spiegel des Propheten. Aus der charismatischen Struktur erklärt sich der schroffe Gegensatz zu allen Alltagsordnungen rationaler wie traditionaller Art; aus der starken Akzentuierung des genuinen (personengebundenen) Charismas auf Kosten der Lehre die geringe Kohäsionskraft des Kreises. Seine Geschichte ist geprägt durch persönliche

---

[18] Vgl. Starke, a.a.O., S. 62

[19] Max Weber unterscheidet den exemplarischen Propheten idealtypisch vom ethischen Propheten, der im Namen eines Gottes Forderungen ethischen und oft aktiv asketischen Charakters an die Welt richtet. Der exemplarische Prophet lebt eine spezifische, vorrangig kontemplative oder apathisch-ekstatische Lebensweise vor und hält seine Jünger an, es ihm innerlich und äußerlich gleichzutun. Er begreift sich nicht als Werkzeug, das den Willen Gottes exekutiert, sondern als Gefäß des Göttlichen, also als jemand, der am Wesen des Göttlichen teilhat – eine Beziehung, die ebenso zur innigen Gottesgemeinschaft des Mystikers wie zur Selbstvergottung führen kann: Max Weber (wie Anm. 3), S. 257

[20] Zit. n. Landmann (wie Anm. 2), S. 63

Querelen und ständige Abspaltungen. Eine »Veralltäglichung« des Charismas ist nicht geglückt.

VI.

Aus religionssoziologischer Sicht erscheint der George-Kreis als eine säkularisierte Version des Fundamentalismus. Dafür spricht seine zwar nicht welt-, wohl aber zeitablehnende Haltung[21], sein Anspruch auf Weltbeherrschung, der auf eine Umwälzung der Alltagsordnungen zielt, seine Neigung zum »mythischen Regreß«, zur (charismatischen) Erlebnis-Zentrierung und zur Organisationsform der männlich dominierten Geheimgesellschaft.[22] Auch in inhaltlicher Hinsicht teilt der George-Kreis trotz seiner betonten Hintansetzung der Lehre so viele gemeinsame Merkmale mit fundamentalistischen Strömungen, daß er hier am besten zu verorten ist: die These von der moralischen Dekadenz, die besonders an der Entprivatisierung der weiblichen Sexualität festgemacht wird, sich darüber hinaus aber auch in sekundären Sozialbeziehungen manifestiert, namentlich im Aufkommen moralisch nicht mehr regulierbarer Großorganisationen in Wirtschaft und Politik; die organische Sozialethik, die im Gegensatz zum modernen Konflikt- und Klassendenken steht; die Ablehnung des kulturellen oder strukturellen Pluralismus; den religiösen »Republikanismus«, der in diesem Fall mit bündisch-hierokratischen Strukturen einhergeht; den Nativismus i.S. der Hinwendung zu den eigenen Wurzeln und der Ablehnung aller als fremd definierten Einflüsse (präsent vor allem in der Entgegensetzung von »Kultur« und »Zivilisation«); schließlich den Messianismus und Millenarismus, der sich in der Fixierung auf den Heilbringer oder in den Phantasien über den »heiligen

---

[21] Am deutlichsten im Vorwort zum dritten *Jahrbuch für die geistige Bewegung*, 1912. Siehe auch Edith Landmann: *Georgika*, 2. Aufl., Heidelberg 1924, S. 51, mit dem Hinweis auf das Grundgefühl, ohne welches Georges Werk nicht zu fassen sei: »die radikale Verneinung alles Gegenwärtigen, aus dem nur ein einziger Weg zum Leben führt: die Erschaffung eines neuen eigenen Reiches.«

[22] Vgl. Martin Riesebrodt: *Fundamentalismus als patriarchalische Protestbewegung*, Tübingen 1990, S. 20ff. Zu Maskulinismus, Antifeminismus und Esoterik finden sich die eindeutigsten Bekenntnisse im *Stern des Bundes*, z.B. GW 2, S. 127, 167, 169.

Krieg« äußert, der wie ein reinigendes Gewitter in die verrottete und verfaulende Zivilisation fahren soll.[23] Derselbe George, der das Kaiserreich wegen seiner allzu zivilisationsverhafteten Züge ablehnt, hat deshalb wenig Schwierigkeiten, von Deutschland,»des erdteils herz«, die Errettung der Welt zu erwarten.[24] Daß das erhoffte »Neue Reich« das »Dritte Reich« sein und damit die an diesen Begriff geknüpften revolutionärchiliastischen Erwartungen einlösen sollte, kann man bereits den Rheingedichten im *Stern des Bundes* entnehmen.

VII.

Gleichwohl handelt es sich nicht um einen *religiösen* Fundamentalismus. Denn obwohl die Kunst zum Medium religiöser Zwecke wird, wird sie doch nicht einfach von der Religion absorbiert; sie unterwirft diese vielmehr ihrerseits ihrem Diktat. Rudolf Borchardts auf die »ästhetische Bewegung« des 19. Jahrhunderts gemünzter Satz, ihr Gott sei die Form gewesen[25], gilt in eminentem Sinne auch für Stefan George und seinen Kreis. Der Geist ist göttlicher Geist allein als geformter, und dies nicht bloß im sprachlichen Ausdruck, sondern in »Gebärde und Haltung«, worunter nach George körperliche Gestik, Lebensführung, ja selbst die Physiognomik zu verstehen ist.[26] Aus dieser Überzeugung leitet sich der absolute Füh-

---

[23] Vgl. Stefan George: *Der Stern des Bundes*, GW 2, S. 141. Zum Messianismus siehe etwa die von George und Wolfskehl verfaßte Besprechung von Wolters' *Herrschaft und Dienst*, in der die in diesem Buch hervortretende Auffassung gerühmt wird, daß die Erfüllung/Erlösung nur von einem Absoluten zu erwarten sei:»möchte es nun ein staatenumwälzender Eroberer oder ein weltenumstürzender Heiland sein« (zit. n. E. Salin: *Um Stefan George. Erinnerung und Zeugnis*, 2. Aufl., München und Düsseldorf 1954, S. 338).

[24] Vgl. Stefan George: *Das Neue Reich*, GW 2, S. 198

[25] Vgl. Rudolf Borchardt: Die Entwertung des Kulturbegriffes. Ein Unglück und ein Glück. In: ders.: *Reden. Gesammelte Werke in Einzelbänden*, hrsg. von M.L. Borchardt, Stuttgart 1955, S. 309-323, 312.

[26] Edith Landmann: *Gespräche mit Stefan George*, Düsseldorf-München 1963, S. 32; Gert Mattenklott: *Bilderdienst. Ästhetische Opposition bei Beardsley und George*, Frankfurt a.M. 1985, S. 287ff. Ob man deshalb in Anlehnung an Foucault von einer Bio-Politik Georges sprechen kann, mit der sich Goethes alte Menschenbildung mittels Geist und Anschauung in physiologisch-technische Menschenzüchtung verwandle

rungsanspruch des Dichters ab, der alle diese Ebenen vereint, »indem er den sprachleib des kommenden geistes schafft«[27], begründet sich der unbedingte Stilwille, der alle Verlautbarungen des Kreises durchzieht, erklärt sich schließlich auch die soziale Begrenzung auf Teile des gebildeten Bürgertums: ist doch die Sprache der Gebärden wegen ihres nichtartikulierten Bedeutungsüberschusses stets auf ein konventionelles Verständnis angewiesen, »auf ein Publikum, das die gemeinten Bedeutungen kennt«[28]. Der Fundamentalismus Georges läßt sich deshalb als ästhetischer Fundamentalismus dechiffrieren, als radikale Anstrengung, die Alltagsordnungen im Hinblick auf einen Primat der ästhetischen Sphäre umzugestalten, als Entgrenzung und Totalisierung der Kunst, durch die diese sich einerseits der Religion assimiliert, andererseits aber auch an deren Stelle tritt.[29] In diesem genuin revolutionären, auf die Herstellung *neuer*, charismatisch legitimierter Ordnungen ausgerichteten Sinn unterscheidet er sich vom religiösen Funda-

---

(so C. Pornschlegel: *Der literarische Souverän. Studien zur politischen Funktion der deutschen Dichtung*, Freiburg 1994, S. 194), erscheint mir allerdings zweifelhaft. Denn: »Charisma kann nur ›geweckt‹ und ›erprobt‹, nicht ›erlernt‹ oder ›eingeprägt‹ werden« (Max Weber, wie Anm. 4, S. 145). In diesem Sinne war George weniger ein Züchter als ein Jäger und Sammler; sein Ziel war, wie es Salin ausgedrückt hat, »selbst die noch heilen Kräfte zu sammeln und für die kleine Zahl der Getreuen das Banner aufzupflanzen, um das geschart sie dem Ansturm des Widerchrist zu begegnen vermöchten« (E. Salin, wie Anm. 20, S. 279). »An eine Möglichkeit, im Pädagogischen, im Staatlichen, im Geistigen nach einem vorgesetzten Ziel zu ›machen‹, zu ›bilden‹, glaubte er nicht.« (L. Thormaelen: *Erinnerungen an Stefan George*, Hamburg 1962, S. 224)

[27] Friedrich Gundolf: Das Bild Georges. In: *Jahrbuch für die geistige Bewegung*, Bd. I, 1910, S. 19-48, 48. Zum Führungsanspruch des Dichters neben vielen anderen: Edith Landmann, *Georgika*, a.a.O., S. 13: »Dem Dichter offenbart sich das Göttliche, in ihm gewinnt es den Leib, und aus ihm zuerst geht es hervor.« Daß damit selbstverständlich nicht alle Dichter gemeint sind, sondern nur die vom Format Georges, wird ebenfalls unmißverständlich ausgesprochen: »Es ist aber klar, daß die Form als der Leib des Geistes nur von den größten Dichtern geschaffen wird und nur so lange lebendig, d.h. des Geistes volle echte Form bleibt, als der Geist lebendig ist, der sie schuf.« (a.a.O., S. 9)
[28] Vgl. Mattenklott, a.a.O., S. 291
[29] Vgl. Borchardt, a.a.O., S. 313

mentalismus, der eher auf die »Wiederherstellung der Allgemeinverbindlichkeit *traditionalistischer*, patriarchalisch geprägter Sozialbeziehungen und Moralvorstellungen in Familie, Konsum- und Freizeitverhalten, Politik, Ökonomie, Recht und Kultur«[30] aus ist.

VIII.

Die genannten Merkmale ermöglichen es, den ästhetischen Fundamentalismus von den verschiedenen Versionen des politischen Extremismus abzugrenzen, denen er häufig zugeordnet wird. Die etwa von Mohler für die sogenannte Konservative Revolution angegebenen Kriterien (Orientierung an Nietzsche, zyklisches Denken) treffen nicht zu[31], dasselbe gilt für Etikettierungen wie Jungkonservatismus oder Neonationalismus, die entweder das revolutionär-traditionsfeindliche oder das antimoderne Element des Kreises unterschätzen. Mit dem Nationalsozialismus hat der ästhetische Fundamentalismus zwar die charismatische Struktur gemeinsam, doch trennt ihn von diesem die entschiedene Zeitablehnung und natürlich auch der Primat der Kunst, der für die »völkische Weltanschauung« unannehmbar war.[32] Beide Merkmale sind so ausgeprägt, daß selbst eine Kennzeichnung wie »präfaschistisch« unangemessen erscheint. Zwar kann man vermuten, daß eine Bewegung, die so sehr auf den »Dichter als Führer« setzt, den Boden für den Aufstieg politischer Charismatiker mit bereitet hat, doch ist und bleibt dies eine Vermutung. Über die exakte Wirkung von Literatur wissen wir nur wenig. Immerhin, das erstaunliche Echo, das Stefan George fand, indiziert eine Bereitschaft zur kollektiven Abdrift, die um so ernster zu nehmen ist, als sie die Bildungsschichten betrifft, die »Mandarine« der deutschen Gesellschaft, die zwar schon längst nicht mehr

---

[30] Riesebrodt, a.a.O., S. 243
[31] Vgl. F. Weber: *Die Bedeutung Nietzsches für Stefan George und seinen Kreis*, Frankfurt a.M. 1989, S. 108; Armin Mohler: *Die Konservative Revolution in Deutschland 1918–1932*, 2 Bde., 3. Aufl., Darmstadt 1989, Bd. I., S. 78ff.
[32] Exemplarisch hierfür die Kritik, die Hans Rößner am Georgekreis geübt hat (*Georgekreis und Literaturwissenschaft*, Frankfurt a.M. 1938, S. 9, 70f.). Zum Kontext vgl. zuletzt: Michael Petrow: *Der Dichter als Führer? Zur Wirkung Stefan Georges im »Dritten Reich«*, Marburg 1995

konkurrenzlos waren, aber immer noch zur Spitze der Sozialhierarchie gehörten. Wer so bereit war, an charismatische Kräfte zu glauben, wie dies für Teile des deutschen Bildungsbürgertums gilt, war wohl auch disponiert, sein politisches Schicksal solchen Kräften anzuvertrauen. Und wenn dies auch nicht bedeuten mußte, daß damit alles weitere, was daraus folgte, als solches bewußt gewollt war, so war es doch gerade die Bereitschaft, Blankoschecks auszustellen, die den Weg in die Katastrophe ermöglicht hat. In diesem Sinne ist die Resonanz Stefan Georges ein Menetekel.

Alexandra Gerhardy
Die Antwort ist Liebe
Porträt der Schriftstellerwitwe Dorothee Andres

Mit einem strahlenden Lächeln begrüßt sie ihre Gäste, führt sie auf die Dachterrasse und läßt sie zunächst den Ausblick auf ihre Stadt genießen. Die Kuppel des Petersdoms, die über die Dächer Roms zu wachen scheint, nimmt den Betrachter gefangen. Die Besitzerin dieser traumhaft gelegenen Wohnung direkt am Vatikan zieht die Aufmerksamkeit der Besucher schnell wieder auf sich. So fesselnd und voller Charme wie Rom ist auch Dorothee Andres, die Witwe des 1970 verstorbenen Schriftstellers Stefan Andres. Seit 1961 lebt Dorothee Andres nun schon in der ewigen Stadt. Nach Deutschland fährt die in Lomnitz geborene Dame nur noch zwei- bis dreimal pro Jahr. Sie besucht dort ihre Familie – sie hat sechs Enkel und sieben Urenkel – oder erledigt Geschäftliches. Ansonsten residiert sie ganz allein in ihrer Wohnung mit dem traumhaften Blick.

Alleinsein bedeutet für Dorothee Andres jedoch kein Rückzug aus dem Leben. Im Gegenteil, sie empfängt gerne und häufig Besuch. Vor allem junge Menschen sind ihr immer willkommen. »Es hält alte Menschen jung, wenn man Freunde und Bekannte um sich versammelt«, lautet eine Überzeugung der mittlerweile 87jährigen, die auch bei den verschiedenen gesellschaftlichen Veranstaltungen ein gerngesehener Gast ist. Einsamkeit kennt die agile Frau nicht: Sie hat ihren Platz in der Gesellschaft gefunden und eingenommen.

Italien spielte erstmals im Januar 1933 eine Rolle im Leben der Familie Andres. Stefan Andres, der damals seit einem Jahr als freier Mitarbeiter für den Kölner Rundfunk tätig war, reiste auf Anraten seines Rundfunkleiters zuerst nach Capri, dann weiter nach Positano, einem kleinen Ort am Golf von Salerno südlich von Neapel, der noch eine große Rolle im Leben der Familie spielen sollte. »Ich nehme an, daß dieser Mann wußte, daß die ersten Verhaftungswellen in Deutschland bevorstanden und er meinen Mann schützen wollte«, ist Dorothee Andres dem Redakteur noch heute dankbar für seine gutgemeinte Weisung. Sie folgte ihrem Mann nach Positano, jedoch schon im Sommer 1933 kehrten beide zurück nach Köln. Dort wurde ihre erste Tochter Mechthild geboren. 1935 verhängte der totalitäre Staat Rundfunk- und Redeverbot über den Schriftsteller. Offiziell begründet wurde das Verbot damit, daß Dorothee Andres mütterlicherseits Halbjüdin sei. Tatsächlich sollte jedoch eine unangenehm systemkritische Stimme zum Schweigen gebracht werden. In der 1936 erschienenen Novelle »El Greco malt den Großinquisitor« arbeitete Andres seinen Gewissenskonflikt literarisch auf: Sollte er sich in seiner künstlerischen Freiheit aus Gehorsam beschränken oder weiterhin wahrheitsgetreu publizieren und sein Leben sowie das seiner Familie in Gefahr bringen? Die fiktive Lösung entspricht idealistischen Erwartungen: Andres läßt den Maler El Greco den erkrankten Großinquisitor vor der Rache eines Arztes mit den Worten retten: »Wißt, es ist umsonst, die Inquisitoren zu töten. Was wir können, ist das Antlitz dieser Ächter Christi festzuhalten.« Der Künstler El Greco wird am Ende durch die Wahrhaftigkeit und Furchtlosigkeit seiner Kunst vor dem Zugriff der grausamen Wirklichkeit geschützt.[1]

Die Realität sah für Andres anders aus. Nach dem Verlust der Pässe zog er sich mit Frau und Tochter zu den Schwiegereltern ins Riesengebirge zurück. Von dort reiste die Familie im September 1935 nach München, wo die zweite Tochter Beatrice auf die Welt kam. Mit Hilfe einer Freundin von Dorothee Andres, die in Verbindung mit einem hohen Nazi stand, erhielten sie neue Papiere und siedelten nach Positano über. Da auch in Italien der Faschismus herrschte, fuhr Andres im Sommer 1938 nach Paris. »Dort ging es den Emigranten aber noch schlechter als in Italien. Der Antisemitismus war dort wesentlich schlimmer. Deshalb kam mein Mann zurück nach Italien«, beschreibt Dorothee Andres die überraschende Erfahrung ihres Gatten. Nach Abschluß des Münchner Abkommens am 29. September 1938 schien der Friede nach Einschätzung Andres zunächst

---

[1] Karl O. Nordstrand, Aspekte zur Interpretation einzelner Werke, »El Greco malt den Großinquisitor« (1936). In: Wilhelm Große (Hg.): *Stefan Andres. Ein Reader zu Person und Werk*, Trier 1980, S. 115-123

noch einmal gerettet. Er reiste nach Berlin und ließ auch seine Familie dorthin kommen. »Dann haben wir die Reichskristallnacht erlebt. Daraufhin sagte Andres zu mir: Zu diesem Volk gehöre ich nicht mehr.« Der Schriftsteller beschloß nach den Ereignissen am 9. November 1938 die endgültige Auswanderung der Familie. Mit einem Koffer pro Person emigrierte er mitsamt Frau und zwei Kindern nach Positano. »Dort hatten wir kein Wasser und keinen Strom, aber der Ort liegt einfach malerisch. Außerdem konnte man dort sehr günstig leben«, erinnert sich Dorothee Andres an ihren Fluchtort. Nach Positau waren zwar noch einige andere deutsche Künstler emigriert, einen geistigen Austausch gab es während der Kriegsjahre jedoch kaum, da sich die Deutschen auch dort mit Vorsicht und politischem Mißtrauen begegneten. Mit Armin T. Wegener pflegte Andres einen lockeren Kontakt, ein ähnliches Verhältnis verband ihn mit dem Maler Kurt Krämer.

In Italien lebte die Familie von Übersetzungen Andres. Eine Festanstellung des Schriftstellers brachte für die Frau an seiner Seite eine besondere Erfahrung: Für ein halbes Jahr erhielt er regelmäßig ein Gehalt. »Es war Wahnsinn, jeden Monat eine feste Summe Geld in den Händen zu halten«, blitzt noch heute die Euphorie auf, die Dorothee Andres beim geregelten Einkommen ihres Mannes verspürte. Erträglich blieb die finanzielle Situation der Familie bis 1943. Solange konnte der Schriftsteller in der *Frankfurter Zeitung* publizieren, obwohl er 1937 aus der Reichsschrifttumskammer ausgeschlossen worden war. In den folgenden drei Jahren wurde es für Andres immer schwieriger, den Lebensunterhalt zu verdienen. Neben den finanziellen Problemen erfuhr die Familie in Positano persönliche Freude, durchlebte aber auch großes Leid. Im Oktober 1939 gebar Dorothee Andres ihre dritte Tochter und nannte sie Maria. Ende 1942 starb jedoch ihre Erstgeborene Mechthild am weitverbreiteten Typhus.

Schon 1944 appellierte Stefan Andres im Alliierten-Rundfunksender an die Deutschen, doch endlich den Krieg zu beenden. Ein Jahr später erfolgte die bedingungslose Kapitulation. Bis zur Heimkehr des Schriftstellers vergingen noch gut vier Jahre. 1948 besuchte er für zwei Monate München. Ein Jahr darauf kehrte die Familie endgültig zurück und bezog 1950 eine Wohnung in Unkel am Rhein.

Elf Jahre später, nach der Hochzeit ihrer jüngsten Tochter, kam Dorothee Andres zum ersten Mal nach Rom. Ihr Mann Stefan lud sie damals ein, einen Winter in der italienischen Hauptstadt zu verbringen. Aus diesem ersten Kontakt entwikkelte sich eine Bindung fürs Leben: Das Ehepaar Andres blieb für immer in der Stadt. »Mit Rom wird man nie fertig. Hier wird soviel geboten an Ausstellungen, Theatervorstellungen, Kultur allgemein. Rom ist die ganz große Anregerin. Jeder Blick zur Kuppel des Petersdoms gibt mir neue Impulse. Es gibt hier so viele Möglichkeiten, sich auszuleben. Außerdem wohnen sehr viele gute Bekannte von mir hier«, schwärmt Dorothee Andres von den Vorzügen ihrer Stadt.

Der Umzug verlief nach dem gleichen Schema, das alle Ehejahre des Schriftstellerpaares hindurch Gültigkeit besaß: Die Entscheidung, in Rom zu leben, fällte Andres, der große Macher im Licht der Öffentlichkeit. Die praktische Umsetzung dieses Vorhabens überließ er seiner Frau. »Wenn er einen Entschluß gefaßt hatte, mußte er sofort realisiert werden. Das war für mich als Hausfrau nicht immer leicht.« Doch auch in diesem Fall setzte sie den Wunsch ihres Mannes in die Tat um. Sie fuhr zur Wohnungssuche nach Rom und entdeckte die traumhaft gelegene Wohnung nahe des Vatikans. Es stand erst der Rohbau, Dorothee Andres wußte jedoch: »Mein Mann würde fasziniert sein vom Eindruck der Weite, den man hier in der Mitte der Stadt durch diesen Ausblick erhält.« Sie griff zu und sicherte sich und ihrem Mann eine Wohnung mit einer wunderschönen Aussicht auf die ewige Stadt.

Bis zu seinem Tod am 29. Juni 1970 reisten Stefan Andres und seine Frau durch die ganze Welt. Zahlreiche Vorträge führten die beiden vor allem nach Asien und in den Orient. »Diese Reisen waren für mich wundervoll. Ich hatte mit Andres einen Handel ausgemacht: Ich habe ihn auf seinen Reisen immer mit dem Auto gefahren. Dafür hat er mich auf seine Kosten mitgenommen«, lautete die Übereinkunft zwischen den Eheleuten. Trotz der Reisen durch die ganze Welt kehrte das Paar immer wieder nach Rom zurück. An Italien fasziniert Dorothee Andres die Leichtigkeit und Sorglosigkeit. Der Charme und die Lebensfreude der Italiener haben sie in ihren Bann gezogen. »Typisch italienisch ist, wenn man – gerade als Frau – dem Autofahrer mit einer kleinen fragenden Geste andeutet, daß man über die Straße gehen will. Ein kurzes Kopfnicken, ein Lächeln, und schon bekommt man das Recht, die Straße zu überqueren.« Mit Deutschland verbindet sie dagegen eher konventionelles und starres Verhalten, das auf strikt eingehaltenen Regeln basiert. »Typisch deutsch ist es, beim Autofahren auf das Gesetz der Vorfahrt zu achten und darauf zu beharren«, dient für sie das Verhalten auf der Straße der grundsätzlichen Charakterisierung eines Volkes. Trotz aller Vorzüge Italiens hat Dorothee Andres ihre Bindung zu Deutschland nicht völlig gelöst, sondern besitzt beispielsweise noch immer das deutsche Wahlrecht. In dieser Hinsicht schätzt sie die angeblich so deutschen Eigenschaften wie Gründlichkeit und Ordnung. »Ich bin sehr froh, daß ich nicht hier wählen muß. Ich wüßte nicht, wem ich in dieser Situation voller Wirren meine Stimme geben sollte«, spielt sie auf die teilweise chaotischen politischen Zustände in Italien an.

Auch nach dem Tod ihres Mannes gehört Schreiben zum Leben der agilen Dame. Sie bringt die Erinnerungen ihres Lebens zu Papier – allerdings nur für ihre Nachkommen. »Meine Enkel haben mich gebeten, meine Erlebnisse, von denen ich ihnen häufig erzählt habe, aufzuschreiben«, nennt sie ihre Motivation für die schriftstellerische Tätigkeit. Eine Publikation ihrer Memoiren verweigert sie jedoch vehement. »Es ist absoluter Quatsch, daß meine Erinnerungen veröffentlicht werden«, steht für sie unumstößlich fest. »Ich habe viel zu große Ehrfurcht vor der Sprache und selbst kein Talent zum Schreiben«, lautet ihre Begründung für die Ablehnung – eine Ansicht, die nicht weiter verwundert, kennt man den Charakter dieser Frau zumindest oberflächlich. Auch nach dem Tod ihres berühmten Ehemannes bleibt sie die bescheidene Gattin im Hintergrund. Eitelkeit, Selbstdarstellung und Inszenierungen, um im Mittelpunkt der Öffentlichkeit zu stehen, sind nicht das Terrain, auf dem sie sich bewegt.

Was Literaturliebhabern und Wissenschaftlern dadurch an interessanten wie heiteren Episoden und Fakten entgeht, vermag ein kurzes Gespräch mit der Witwe schon deutlich vor Augen zu führen. Denn einzigartig sind allein schon die Erinnerungen der Andres an Schriftstellerkollegen ihres Mannes. »Bei einem Besuch von Ernst Jünger, den mein Mann sehr mochte, kritisierte Jünger die öffentlichen Vorlesungen meines

Mannes. ›Daß Sie sich immer so vor anderen Leuten mit Ihren eigenen Werken darstellen müssen. Das würde ich niemals tun‹, meinte Jünger. Daraufhin konterte mein Mann: ›Das würde ich mit Ihrer Stimme auch nicht tun‹ und spielte auf die dünne und fiepsige Stimme von Jünger an«, lautet eine der zahlreichen Anekdoten, die sie zu erzählen weiß.

Immer wieder kehrt das Gespräch zurück zum Lieblingsthema von Dorothee Andres: ihrem Mann, von dem sie selbst immer als Andres, nie jedoch als Stefan redet. Sie lebte und lebt noch heute hauptsächlich für und nach den Bedürfnissen ihres berühmten Ehemannes. Ihr Berufsziel war Ärztin. Da sie von Kindesbeinen an eine sehr pragmatisch eingestellte Frau war, absolvierte sie nach dem Abitur ein kurzes Praktikum im Krankenhaus. »Ich wollte wissen, daß ich beim Anblick von Blut nicht umkippe.« Danach begann sie mit dem Medizinstudium in Jena und lernte dort Stefan Andres kennen. Schon am ersten Tag nach ihrem Kennenlernen machte ihr Andres einen Heiratsantrag, und nach vier Semestern brach sie ihr Studium ab. »Mein Mann hatte mit neun Jahren seinen Vater verloren und mit 19 Jahren die Mutter. Er wollte deshalb früh eine eigene Familie gründen«, nennt sie Andres Motivation für die schnelle Heirat. Ohne zu zögern warf sie ihre Lebensplanung und ihr Berufsziel über den Haufen und folgte dem Wunsch ihres Mannes. Als dessen erstes Manuskript – »Bruder Luzifer« – vom Verlag angenommen wurde, heirateten die beiden im September des Jahres 1932. Auch nach dem Tod ihres Mannes bestimmt dieser ihren Tagesablauf. Sie ordnet seinen Nachlaß, erledigt Geschäftliches und nimmt Verpflichtungen wahr, die ihr durch die Andres-Gesellschaft in Schweich entstehen.

Ein ungewöhnliches Kapitel im Leben dieser Frau ist ihr Glaube. Getauft wurde sie evangelisch. Jedoch schon als kleines Kind zog es sie zum Katholizismus. Häufig besuchte sie den katholischen Pfarrer in ihrem Geburtsort. »Evangelisch zu sein, bedeutete für mich, jeden Sonntag den Gottesdienst zu besuchen. Zu den Katholiken konnte ich immer kommen. Dort habe ich mich zu Hause gefühlt«, beschreibt Dorothee Andres ihre Erfahrungen mit den unterschiedlichen Konfessionen. Bei der Verlobung mit dem katholischen Andres kam ihr zum ersten Mal der Gedanke, den Glauben zu wechseln und zum Katholizismus überzutreten. Dies ließ ihr Mann nicht zu.»Er sagte, die Liebe sei kein Grund zur Konversion. Deshalb habe ich noch zehn Jahre den evangelischen Glauben beibehalten.« Dann konvertierte sie doch.»Ich wollte endlich auch offiziell dazugehören und nicht nur dem Empfinden nach«, begründet Dorothee Andres ihre Entscheidung.

Fragt man diese vielgereiste Frau nach ihrer Heimat, schaut sie zunächst etwas irritiert. Heimat ist ein Begriff, mit dem sich Dorothee Andres schwer tut.»In meiner Generation gibt es keine Heimat. Wir sind zuviel umhergezogen. Zu meinem Geburtsort würde ich nicht gerne zurückgehen, da dort niemand mehr lebt, den ich kenne. Für mich ist Heimat kein geographischer Begriff, sondern hängt in erster Linie von den Menschen ab, die an einem Ort sind.« Mehr gibt es für sie zu diesem Thema nicht zu sagen.

An Literatur ist die selbstbewußte Frau immer noch sehr interessiert. Eine besondere Vorliebe hat sie für die russischen Schriftsteller. Dostojewski gefällt ihr als Erzähler, einen guten Schreibstil bescheinigt sie dessen Frau Anna Gregorevska, die in ihren Augen »ein hervorragendes Werk« verfaßt hat. Ebenso lobt sie Tolstoi für sein starkes Ausdrucksvermögen. Als »ganz herausragende Frau« charakterisiert Dorothee Andres Hilde Domin. Befreundet ist sie mit Luise Rinser, steht deren letzten Werken aber sehr skeptisch gegenüber. Auch der Nachwuchs wird von Dorothee Andres gerne gelesen, besonders die Schriftsteller, die von der Andres-Gesellschaft ausgezeichnet wurden.

Ihr Ehemann Stefan Andres hat sich in seinen Werken hauptsächlich religiösen und autobiographischen Themen zugewandt. Er setzte sich mit Schuld und Sühne sowie den inneren Konflikten jedes Menschen auseinander, so geschehen beispielsweise in der 1943 entstandenen Novelle *Wir sind Utopia*. Sein berühmtestes Werk ist jedoch *Der Knabe im Brunnen*, 1953, das als romanhafte Autobiographie die Kindheit des Schriftstellers bis zu seinem elften Lebensjahr in leicht verschlüsselter Form darstellt. Ausgezeichnet wurde Andres unter anderem 1952 mit dem Kunstpreis Rheinland-Pfalz für Literatur. Zwei Jahre später erhielt er den Großen Kunstpreis des Landes Nordrhein-Westfalen. Ein ganz eigenes Bewertungskriterium hat Dorothee Andres für die Bücher ihres Mannes entwickelt:

Sie unterscheidet sie in solche, die der reinen Phantasie entsprungen sind, und solche, die Realitätsbezug haben. Zwar findet sie Gefallen an allen Werken, seine besten sind für sie jedoch ganz eindeutig diejenigen, die aus reiner Phantasie geboren wurden.

Betrachtet man das Leben von Dorothee Andres als Außenstehender, kann man ihren Lebensmut, ihre Vitalität und ihre Kraft nur bewundern. Sie durchlebte zahlreiche Höhen und Tiefen und meisterte Zeiten größter Enthaltsamkeit gepaart mit kaum zu bewältigenden Problemen ebenso wie glanzvolle Sternstunden in ihrem langen und ausgefüllten Leben. Ganz nachvollziehen und verstehen kann man ihre Lebenseinstellung aus moderner Perspektive nur schwer. Im Leben der Dorothee Andres gab es immer nur ein »wir«. Selbstverwirklichung, eigene Ideen, Pläne oder Wünsche stellte sie immer hinter den Vorstellungen des Mannes an ihrer Seite zurück. Ihr Mann bedeutete und bedeutet ihr alles. »Meine ganze Ehe war sehr schön, und diese Partnerschaft hört auch nach dem Tod nicht auf. Sie ist eine ewige Gemeinschaft.« Dieses absolute Vertrauen in die Liebe des Partners gaben dieser Frau die Stärke, ihr Leben zu meistern. Da für Dorothee Andres die Ehe das höchste Glück auf Erden darstellt, will sie anderen Menschen vor allem eins mit auf den Weg geben: »Ich wünsche jedem, daß er eine lange und intensive Partnerschaft genießen kann, in der Höhen und Tiefen gemeinsam bestanden werden.«

Sigfrid Gauch
Chronologisch Literarisches
1997/98 – Ein Rückblick

Mai 1997. Mit dem belgischen Autor Bruno Kartheuser und seiner Literaturzeitschrift *Krautgarten* bin ich erstmals in der rheinland-pfälzischen Landesvertretung in Brüssel. Der Leitende Ministerialrat Hans-Joachim Günther hat eingeladen, die neueste Ausgabe der ansehnlichen und interessanten Literaturzeitschrift wird vorgestellt. Als Gast aus Rheinland-Pfalz liest der erste Preisträger des Joseph-Breitbach-Preises Peter Kurzeck. Auch die Gespräche in der warmen Nacht auf dem belebten historischen Marktplatz bei einem oder zwei Gläsern Rotwein ändern nichts daran, daß der Dschungel der EU-Literaturförderung aus Brüssel unübersichtlich bleibt und für die Literatur aus Rheinland-Pfalz nach wie vor fast undurchdringlich. – In Bad Bergzabern eröffnet Berthold Roland, früher Literaturreferent im Kultusministerium, dann Direktor des Landesmuseums in Mainz, eine kleine Ausstellung mit Manuskripten und Werken von Martha Saalfeld und Bildern und Graphiken ihres Mannes, des Malers Werner vom Scheidt. In Bad Bergzabern starb die pfälzische Dichterin am 14. März 1976.

Juni 1997. Im LiteraturBüro in Mainz findet ein Gespräch mit den Literaturverbänden am Runden Tisch statt. Das Literatur-Büro, das seit 1987 existiert, arbeitet zunehmend professioneller und effektiver und mit immer größerer Resonanz in der Öffentlichkeit – dennoch, da es weder im städtischen noch im Landeshaushalt fest etabliert ist und sich nur durch Projektförderung finanziert, immer noch im Rahmen der Selbstausbeutung. Regine Meldt als Geschäftsführerin wird von einem Team unterstützt, zu dem Jens Neumann und Matthias Bauer, Christine Ketelhut und Marcus Weber gehören. Letzterer versteht es meisterhaft, nach und nach die Literaturszene im Internet mit eigenwillig schönen Homepages zu etablieren – Bestandteil des Gespräches mit den Verbänden: Man möchte eine Vernetzung schaffen, die sowohl virtuell, im Internet, als auch in der Praxis die ausschließlich ehrenamtlich und daher mit vielen Reibungsverlusten arbeitende Literaturszene attraktiver machen soll, was natürlich auch mit sich bringen würde, daß die knappen Fördermittel besser eingesetzt werden könnten. Die Bereitschaft zur Zusammenarbeit ist da – ein großer Schritt nach vorn (http://home.rhein-zeitung.de.literaturbuero/). – Auch ein großer Schritt nach vorn: Sonja Hilzinger, Mitherausgeberin dieses Jahrbuches, hat sich an der Universität Mainz in Literaturwissenschaft habilitiert und hält ihre Antrittsvorlesung als Privatdozentin.

Juli 1997. Aktivitäten »hinter der Bühne«. Im März wurde dem Ministerium en passant von der Mainzer Akademie der Wissenschaften und der Literatur mitgeteilt, es werde demnächst einen mit »über zweihunderttausend Mark« dotierten Joseph-Breitbach-Preis geben. Wolfgang Mettmann, der Nachlaßverwalter Breitbachs, der seinerzeit (1992) die Erlaubnis gegeben hatte, den Wettbewerbspreis, den Ministerin Rose Götte zusammen mit dem Südwestfunk gestiftet hatte, nach Joseph Breitbach zu benennen, bedankt sich bei Ministerin Götte dafür, »den Namen Breitbachs für Ihren Literatur-Preis gewählt zu haben. Wenn in den letzten Jahren eine breite Öffentlichkeit an den Autor Breitbach erinnert wurde, dann einzig im Zusammenhang mit dem von Ihnen initiierten Preis.« Sowohl im Ministerium als auch beim Südwestfunk besteht aber von Anfang an Einvernehmen darüber, den Preis umzubenennen: Es kann keinen mit zwölftausend Mark dotierten Preis geben und gleichzeitig einen weiteren gleichnamigen, der zwanzigmal höher dotiert ist, viermal so hoch wie der Büchner-Preis.

August 1997. Ferienzeit. Für mich selbst heißt dies: den Jahresurlaub nehmen und daheim am Laptop den Roman *Winterhafen*, den ich mit ersten Notizen, Tagebucheintragungen und Recherchen 1982 begonnen habe, abzuschließen. Dreihundert Seiten, nach der 1978 begonnenen Erzählung *Vaterspuren* und dem Roman *Zweiter Hand* das dritte große Prosamanuskript in genau zwanzig Jahren – nicht eben viel, aber typisch für einen »nebenberuflich« arbeitenden Schriftsteller.

September 1997. Die Literarischen Gesellschaften aus dem gesamten deutschsprachigen Raum treffen sich in Bad Bertrich; allein zu Rheinland-Pfalz zählen rund ein Dutzend, die sich dem Leben und Werk von Schriftstellerinnen und Schriftstellern wie Anna Seghers, Stefan Andres, Elisabeth Langgässer, Carl Zuckmayer oder Clara Viebig widmen.
In Edenkoben wird das neue Künstlerhaus von Ministerpräsident Kurt Beck eröffnet, die »Bergelmühle«. Für Stipendiatinnen und Stipendiaten aus den Bereichen Literatur, Malerei und Bildhauerei bietet sich das in dem wunderschönen Ambiente der Südpfalz gelegene Gebäude mit Blick auf das Hambacher Schloß und die Villa Ludwigshöhe als ideale Arbeitsstätte für jeweils fünf Monate an. In einer Landschaft übrigens, die nicht nur Maler wie Max Slevogt und Hans Purrmann hingerissen hat; manch einer und manch eine der Künstlerhaus-Stipendiaten sind anschließend »hängengeblieben« – zum Beispiel für viele Jahre die Schriftsteller Wolfgang Hilbig und Natascha Wodin, die es erst nach der deutschen Vereinigung zurück nach Berlin (auf den Prenzlauer Berg) zog. Das neue Künstlerhaus Edenkoben, da sind sich alle einig, bietet die Erfüllung aller Wünsche, die bisher, da man andernorts nur Mieter war, offenbleiben mußten.

Oktober 1997. In Speyer findet das dritte deutsch-israelisch-palästinensische Autorentreffen unter dem Motto »Heimat« statt, initiiert von Hans-Georg Meyer, dem Direktor der Landeszentrale für politische Bildung Rheinland-Pfalz. Es ist das einzige dieser Art. Anläßlich der Vorstellung eines in einer deutschen und einer englischen Ausgabe erscheinenden Readers zu diesem Treffen mit den Beiträgen der Teilnehmenden (*Heimat: Das allen in die Kindheit scheint und worin noch niemand war*, nach einem Zitat von Ernst Bloch) am Stand von Brandes & Apsel auf der Frankfurter Buchmesse trafen – zum erstenmal überhaupt – der palästinensische Gesandte und der israelische Botschafter zusammen und stellten gemeinsam dieses Buch vor – könnte es eine bessere Begründung für die Notwendigkeit derartiger Treffen geben, auch wenn Yoram Kaniuk in seinem aufsehenerregenden *Zeit*-Beitrag ganz anderer Meinung war? Mein Eröffnungsvortrag ist in diesem Jahrbuch nachzulesen.

Unumstritten dagegen die Verleihung des Pfalzpreises für Literatur an Werner Laubscher. Rechtzeitig dazu erschienen seine Bücher *Die Germansviller Dokumente* bei Gollenstein und *Winterkassation* bei Wunderhorn. – Zum Landesjubiläum »50 Jahre Rheinland-Pfalz« bietet in Trier Josef Zierden das *Lese-Zeichen* an, ein Literaturjournal zum Herbstthema »ZeitReisen« des AutorenForums Trier. Man möge darin, schreibt er im Editorial, das literarische Rheinland-Pfalz entdecken: die Büchergipfel ebenso wie die einladenden Seitentäler mit ihren kräftigen Erzählflüssen.

November 1997. Rose Götte verleiht den großen Staatspreis des Landes, der offiziell »Kunstpreis Rheinland-Pfalz« heißt, für den Bereich Literatur an Ror Wolf. Auch dies eine unstrittige Entscheidung. Ror Wolf dankt mit freundlichem Schmunzeln – es ist in diesem Band nachzulesen. Vor ihm erhielten den Preis, der auch an Musiker, Maler und Theaterschaffende vergeben wird, die Schriftsteller Carl Zuckmayer (1957), Martha Saalfeld (1963), Ludwig Berger (1967), Joseph Breitbach (1975), Nino Erné und Peter Jokostra (1979) sowie Hans Bender (1988) und zuletzt Erwin Wickert (1997). Ein preiswürdiger Monat. Auch die Martha-Saalfeld-Förderpreise werden verliehen: an Monika Köhn, Barbara Krauß, Anke Velmeke und an Marcus Braun.

Dezember 1997. Ein weiteres Mal wird Marcus Braun ausgezeichnet: Als jüngster Autor ist er Preisträger des (letzten) Joseph-Breitbach-Preises – gerade erst sechsundzwanzig Jahre alt geworden. Die Jury (Ludwig Harig, Sonja Hilzinger, Hedi Klee, Ursula Krechel, Dagmar Leupold, Joseph Zierden und Sigfrid Gauch) ließ sich nicht davon beeindrucken, daß er bereits einen Landespreis erhalten hat. Sonja Röder erhält den Förderpreis. – Bei Gelegenheit der Preisverleihung geben Südwestfunk-Studiodirektor Dieter Lau und Ministerin Rose Götte bekannt, daß sie den Preis umbenennen werden. Die Bekanntgabe des neuen Breitbach-Preises, der jetzt mit 250.000 DM dotiert ist, hatte enormes Aufsehen erregt; die *Frankfurter Allgemeine* fragte sich verwundert: »Wer ist der Stifter des höchstdotierten deutschen Literaturpreises?« Und die Redaktion der Satirezeitschrift *Titanic* legte noch zu und rief wahllos

Prominente an, die den Preis angeblich erhalten hätten; genüßlich druckte sie deren teilweise recht eitle Reaktionen ab. Die Umbenennung in Georg-K.-Glaser-Preis ab 1998 wurde allgemein begrüßt, auch von Glasers Verleger KD Wolff (Verlag Stroemfeld/Roter Stern), ebenso von Glasers Witwe Anne Glaser und dem Nachlaßverwalter Michael Rohrwasser. Näheres zu Georg K. Glaser in diesem Buch.

Januar 1998. Rechtzeitig zum 15. Januar, dem hundertsten Geburtstag von Martha Saalfeld, wird der erste Band einer Werkausgabe fertig, *Die Gedichte*. Berthold Roland, der Nachlaßverwalter und Herausgeber der Gesammelten Werke, ist es zufrieden, zumal die *Frankfurter Allgemeine* schreibt, mit diesen Gedichten gehöre Martha Saalfeld »in die Geschichte der deutschen Poesie«. – Die Carl-Zuckmayer-Medaille wird von Ministerpräsident Kurt Beck an Harald Weinrich verliehen, den großen Romanisten und Linguisten, dessen Buch *Lethe – Kunst und Kritik des Vergessens* kürzlich erst die Spalten aller großen Feuilletons beherrscht hat.

Februar 1998. Die Jury zum Elisabeth-Langgässer-Literaturpreis der Stadt Alzey entscheidet sich, im nächsten Jahr, zum hundertsten Geburtstag von Elisabeth Langgässer, Christa Wolf mit dem Preis auszuzeichnen. Christa Wolf benötigt nicht sehr lange, sich für die Annahme des Preises zu entscheiden: Die Unterschiede zwischen beiden Autorinnen sind zwar vielfältig und unübersehbar, aber es gibt doch Anknüpfungspunkte, wie sie schließlich auch Ursula Krechel gefunden hat, als sie im Februar 1997 den Langgässer-Preis verliehen bekam.

März 1998. In Deidesheim wird der elsässische Autor André Weckmann als »Turmschreiber« eingeführt. Er erhält eine Wohnung im Stadtturm, ein tägliches Quantum Wein und die Aufgabe, kommunikativ zu sein und einen literarischen Text zu verfassen. André Weckmann nimmt es mit Humor und Gelassenheit und will das beste daraus machen.

In Leipzig findet erstmals die Buchmesse in den neuen Messehallen statt. Sie sind um so vieles zu groß, wie die alten historischen Hallen im Zentrum zu klein waren. Jedermann und jede Frau vermissen zwar die Möglichkeiten, zwischen zwei Messeterminen in einem hübschen Café zu sitzen, den Fingerübungen des Organisten in der Thomaskirche zu lauschen oder sich im nahegelegenen Restaurant in die Warteschlange einzureihen, bis ein ermatteter Angestellter einen Sitzplatz zuweist. Statt dessen sind die Stände übersichtlich, die Gänge breit, die Raumtemperatur gemäßigt und die Wege vom einen zum anderen Termin kurz. Der erste Bekannte, dem ich begegne, ist der junge Autor Tobias Hülswitt. Er studiert am dortigen Literaturinstitut – einer der wenigen, die aus einer großen Schar von Bewerberinnen und Bewerbern ausgewählt worden sind, hier das Schreiben zu erlernen. Er verspricht mir einen Erfahrungsbericht – und hat sein Versprechen gehalten (nachzulesen in diesem Jahrbuch).

April 1998. Am »Welttag des Buches« stellt Ministerin Götte in einer Pressekonferenz die inzwischen vernetzten öffentlichen Bibliotheken vor – jetzt kann man am häuslichen Computer recherchieren, welches Buch in welcher Bibliothek in Rheinland-Pfalz enthalten ist.

Mai 1998. Kultursommer-Eröffnung in Ludwigshafen. Ministerpräsident Kurt Beck kommt, noch heiser von der Begeisterung, zur Eröffnungsansprache pünktlich zurück vom »Betzenberg« in Kaiserslautern, wo sich der Bundesligaufsteiger 1. FCK zur deutschen Meisterschaft vorgearbeitet hat. – Wenige Tage später finden in Speyer zum zweiten Mal die Literaturtage der bibliophilen Verlage statt. Alles, was im Bereich des Bleisatzes und der Handpressendrucke Rang und Namen hat, schart sich wieder einmal um Artur Schütt, den Wort- und Satzkünstler, der auch im Künstlerhaus Edenkoben eine Druckwerkstatt betreibt. – Bald danach zieht der deutsche P.E.N. in München die lange erwarteten Konsequenzen aus der Vereinigung Deutschlands. Die bedeutendste internationale Schriftstellerorganisation, seit dem Kalten Krieg in einen P.E.N. West und einen P.E.N. Ost getrennt, beschließt, sich zu einem P.E.N. Zentrum Deutschland zusammenzuschließen. Was seit dem Mainzer P.E.N.-Kongreß 1995 nur mit Häme in den Feuilletons als unnötige Vereinsquerelen unzutreffend wiedergegeben wurde, war in Wirklichkeit ein ernstes Problem: Da sollten aus der damaligen DDR ausgebürgerte Autorinnen und Autoren wie Günter Kunert, Sarah Kirsch oder Reiner Kunze Seite an Seite in einem gemeinsamen P.E.N. mit den Kollegen sitzen, deren Namen sie als Denunzianten in ihren Stasi-Akten entdecken mußten – da war erst ein mühsamer Klärungsprozeß nötig, der sich an demokratische Spielregeln zu halten hatte. Karl Otto Conrady hat dies als P.E.N.-Präsident großartig gemeistert – und viel Porzellan wieder kitten können, das vor seiner Amtszeit zerschlagen wurde. Jetzt kann man sich endlich wieder vorrangig dem widmen, was zu den vornehmsten Aufgaben des Clubs gehört: sich für die inhaftierten Schriftstellerinnen und Schriftsteller in allen undemokratischen Ländern der Welt einzusetzen. Das »Writers In Prison Committee« ist eine P.E.N.-Initiative, die vor allem hinter den Kulissen wirkt und schon viele Menschenleben gerettet hat.

Juni 1998. Der Friedrich-Bödecker-Kreis in Rheinland-Pfalz ist endlich wieder handlungsfähig: Christine Ketelhut übernimmt die Geschäftsführung, die jetzt im LiteraturBüro in Mainz angesiedelt ist. Damit können wieder Autorenlesungen in Schulen und Bibliotheken vorbereitet, organisiert und erfolgreich durchgeführt werden. – Im LiteraturBüro in Mainz gibt Ministerin Götte eine Pressekonferenz mit enormem Echo in den Medien zu einem neuen Literaturprojekt, für das die Landesregierung im Haushalt 1998 und 1999 jeweils hunderttausend Mark zur Verfügung gestellt hat: Schreibwerkstätten für Jugendliche, die unter Anleitung von professionellen Autorinnen und Autoren zu kreativem Schreiben angeregt werden sollen. Die Werkstätten finden an verschiedenen Stellen im Land in Jugendhäusern und Bibliotheken statt – und gleichzeitig auch virtuell im Internet. *Little Artur im Schreiberspace* hat das LiteraturBüro als Organisator dieses Projekt der »Literarischen Qualifikation von Jugendlichen« genannt, wobei Little Artur eine Verballhornung von *Liter-atur* sein soll... (http://home.rheinzeitung.de/literaturbuero/LittleArtur/) – Über das *Kulturland Rheinland-Pfalz*, ein Internet-Projekt der Landesregierung, kann man sich auch in die Homepage zu diesem Literaturprojekt einwählen (http://www.kulturland.rlp.de), desgleichen in Hinweise zu vielen Initiativen der Kulturszene, zu Veranstaltungsterminen oder etablierten kulturellen Einrichtungen; das Projekt ist kostenlos und steht auch Einrichtungen der Freien Szene offen.

Juli 1998. Fast insgeheim entstand eine neue Literaturzeitschrift für die Pfalz, die den Titel *Chaussee* trägt und im neugegründeten Verlag K. F. Geißler in Edenkoben erscheint. Das erste Heft ist vorwiegend Martha Saalfeld gewidmet. Auch Autoren, die aus der Pfalz stammen und bei Suhrkamp veröffentlichen, haben eine Chance bekommen: Dieter M. Gräf und Wolfgang Stauch. Allerdings: Ute-Christine Krupp aus Börsborn (Pfalz), die ebenfalls in der *edition suhrkamp* ihr erstes Buch *Greenwichprosa* vorgelegt hat, sucht man trotz dieser subtilen Kriterien vergeblich – oder liegt es daran, daß in dem Heft außer von der verstorbenen Martha Saalfeld nur Texte von Männern publiziert wurden?

Die Mainzer Akademie der Wissenschaften und der Literatur gibt bekannt, wer den ersten neuen Joseph-Breitbach-Preis bekommen wird. Das Erstaunen ist groß: Ganz offensichtlich hat die Jury »den deutschen Literaturnobelpreis« (*Allgemeine Zeitung,* Mainz), der einen Büchner-Preis in den Schatten stellen würde, nicht gewollt. Sie hat gleichberechtigt Friedhelm Kemp, Hans Boesch und Brigitte Kronauer ausgewählt. Die *Frankfurter Allgemeine* kommentiert: »Mit ihrer Entscheidung, den Preis zu dritteln, und ihrer Ankündigung, dies auch in Zukunft beizubehalten, hat die Jury nun die publizitätsträchtig geweckten Erwartungen enttäuscht und ist der zunächst angestrebten Aufgabe ausgewichen, das Lebenswerk eines einzelnen Schriftstellers zu ehren.«

Wenige Tage danach hat die Jury zur Verleihung des ersten Georg-K.-Glaser-Preises getagt. Aus zweiundsiebzig Einsendungen waren ein Haupt- und ein Förderpreis auszuwählen. Wie noch nie zuvor war sich die Jury über den Preisträger einig. Die eigentliche Sitzung war nach Minuten beendet. Zum sechsten Mal hat sich dabei die Jury – vier Frauen, drei Männer – für einen männlichen Preisträger entschieden. Gegen starke und auch prominente Konkurrenz setzte sich der Wettbewerbsbeitrag eines Autors durch, der noch keinen einzigen literarischen Text veröffentlicht hat. Aber das ist schon ein Thema für das nächste Jahrbuch. Nur: die oft diskutierte Frage, ob man anonym einsenden solle, hat sich hier wieder einmal erledigt. Immer schon hat sich die Jury für den besten eingereichten *Text* und nicht für den am besten bekannten *Namen* entschieden.

Biobibliographische Angaben

Ferdinand Blume-Werry, 1956 in Sinn geboren, in Mainz aufgewachsen, Studium der Philosophie und Indologie, lebt in Hamburg; 1995 Nikolaus-Lenau-Preis für Lyrik, 1996 Arbeitsstipendium der Stadt Wolfsburg; Einzelausstellungen als Maler; Gedichtbände u. a. *Entlang der Lahnung*, 1992; *Barfüßige Bilder*, 1995; *Tungklat*, 1996; *Zitronenwald*, 1997.

Marcus Braun, 1971 in Bullay an der Mosel geboren, lebt in Berlin; Publikationen in Zeitschriften und Anthologien in Deutschland und Polen; veröffentlichte *Zett – Neues vom Untergang des Abendlandes*, Theaterstück, 1994; *Ohlem*, Kleine Prosa, 1995; Literatur-Förderpreis der Stadt Mainz 1993; eingeladen zu »Interplay«, Treffen junger Dramatiker in Townsville, Australien 1994 und zum Ingeborg-Bachmann-Preis 1997; Martha-Saalfeld-Förderpreis und Joseph-Breitbach-Preis 1997.

Stefan Breuer, 1948 in Bad Ems geboren, Professor für Soziologie an der Hochschule für Wirtschaft und Politik in Hamburg; veröffentlichte u. a. *Anatomie der Konservativen Revolution*, 1995 und *Ästhetischer Fundamentalismus – Stefan George und der deutsche Antimodernismus*, 1995.

Manfred Etten, 1959 in Hillesheim in der Eifel geboren, lebt in Mainz; zahlreiche journalistische und essayistische Veröffentlichungen.

Jens Frederiksen, 1955 geboren, Feuilleton-Chef der »Allgemeinen Zeitung« in Mainz; Mitveröffentlichungen in Anthologien; Herausgeber u. a. von *Mainz-Lesebuch*, 1992; *Literaturschauplatz Rheinhessen*, 1993; *Mainz – Ein literarisches Porträt*, 1998.

Simone Frieling, 1957 in Wuppertal geboren, lebt als Malerin und Autorin in Mainz; veröffentlichte im vierten Rheinland-pfälzischen Jahrbuch für Literatur *Unterwegs* und den Literaturzeitschriften *Krautgarten*, *neue deutsche literatur*, *Das Plateau* und *Neue Sirene*; *Mutproben und andere Erzählungen*, 1997; 1999 erscheint im Insel-Verlag die von ihr herausgegebene Anthologie *Mancherlei Regen*.

Sigfrid Gauch, 1945 in Offenbach am Glan geboren, Promotion in Germanistik, Ministerialrat im rheinland-pfälzischen Kulturministerium, Mitglied des P.E.N.; veröffentlichte zuletzt *Goethes Foto*, Erzählungen, 1992; *Vaterspuren*, 5. Auflage 1997; *Zweiter Hand*, Roman, 1997; *Winterhafen*, Roman, 1999. Mitherausgeber der *Rheinland-pfälzi-*

schen Jahrbücher für Literatur 1-5 sowie der Anthologien *ZeitVergleich*, 1993 und *Vom Verschwinden der Gegenwart*, 1992.

Alexandra Gerhardy, 1973 in Simmern geboren, studiert in Mainz Geschichte, Publizistik und Germanistik.

Georg K. Glaser, 1910 in Guntersblum geboren, 1995 in Paris gestorben, Namensgeber für den 1997 von Kulturministerium und Südwestrundfunk (SWR) gestifteten Georg-K.-Glaser-Literaturpreis; Biographie und Bibliographie siehe im Schwerpunktteil dieses Bandes (S. 180 ff.); die dort veröffentlichten Texte aus: *Georg K. Glaser. Zeuge seiner Zeit. Schmied und Schriftsteller. Guntersblum 1910 – Paris 1995*, Hrsg. von KD Wolff u. a., Frankfurt am Main 1997. Abdruck mit freundlicher Genehmigung des Verlages Stroemfeld/Roter Stern (Holzhausenstr. 4, 60322 Frankfurt am Main), bei dem Informationen über die Glaser-Werkausgabe angefordert werden können.

Ursula Heinze de Lorenzo, 1941 in Köln geboren, wohnt und schreibt seit 1968 in Santiago de Compostela in Galicien; veröffentlichte Romane, Kurzgeschichten, Essays, Kinder- und Jugendliteratur in galicischer Sprache; Gedichtband *Wassersprache*, 1997; Übersetzerin deutschsprachiger Autoren (Böll, Johnson, Heck, Lobe, Ende, Grass) ins Spanische und Galicische; übersetzt regelmäßig Gedichte rheinland-pfälzischer Autorinnen und Autoren für eine galicische Tageszeitung; Gründerin des galicischen und Vizepräsidentin des internationalen P.E.N.

Sonja Hilzinger, 1955 in Offenburg in Baden geboren, Literaturwissenschaftlerin, Privatdozentin an der Universität Mainz; Veröffentlichungen u. a. zur Exil- und DDR-Literatur, zu moderner Lyrik und deutsch-jüdischen Autorinnen, Mitherausgeberin dieses Jahrbuchs und des dritten Rheinland-pfälzischen Jahrbuchs für Literatur *Horizonte*.

Tobias Hülswitt, 1973 in Hannover geboren, Abitur und Steinmetzlehre in Kaiserslautern, 1997 Stipendiat im Künstlerdorf Schöppingen, seit 1997 Student am Deutschen Literaturinstitut in Leipzig; veröffentlichte den Gedichtband *So ist das Leben*, 1997 und zusammen mit Sargon Boulus, Wjatscheslaw Kuprianow und Axel Schulz *Babbelon*, 1998.

Monika Köhn, 1946 in Viernheim geboren, lebt als Malerin und freie Journalistin in Baden-Baden und Bad Dürkheim; veröffentlichte u. a. *Cézanne ist verschwunden*, Gedichte, 1989; Lyrik in *Akzente, manuskripte, Die Zeit* u. a.; Martha-Saalfeld-Förderpreis 1997.

Sabine-M. Krämer, 1972 in Trier geboren, lebt in Margetshöchheim bei Würzburg; veröffentlichte *Hurensohn*, Text, 1996; Martha-Saalfeld-Förderpreis 1995; Förderpreis zum Kunstpreis des Landes Rheinland-Pfalz 1997.

Barbara Krauß, 1961 in Speyer geboren, lebt in Freisbach in der Pfalz; veröffentlichte im Rheinland-pfälzischen Jahrbuch für Literatur 1 *Fremd in unserer Mitte*; Martha-Saalfeld-Förderpreis 1997.

Jürgen Kross, 1937 in Hirschberg geboren, Ausbildung zum Fernsehredakteur beim ZDF, lebt als selbständiger Buchhändler in Mainz; zahlreiche Veröffentlichungen im In- und Ausland, u. a. in der Schweiz, den USA, in Österreich, Italien, Belgien, Luxemburg und Frankreich; Gedichtband *On The Glacier*, USA 1997; neue Gedichte in *Akzente* und *ndl*; letzte Gedichtbände *Brandstätten*, 1993, *Sichtwechsel*, 1995, *schattenwurf*, 1997, *totenhag*, 1997 und *sonnengeflecht*, 1998; Mitherausgeber der Anthologien *ZeitVergleich*, 1993 und *Vom Verschwinden der Gegenwart*, 1992.

Ute-Christine Krupp, 1962 in Börsborn in der Pfalz geboren, lebt in Köln; Hörspiele »Ruhestörung«, »Schritte für Kellner«, »Strom/Strömun« und »Grammatik/dieser wirkende Sommerton« im Saarländischen Rundfunk; 1997 erschien in der edition suhrkamp *Greenwichprosa*; Joseph-Breitbach-Förderpreis, Martha-Saalfeld-Förderpreis und Rolf-Dieter-Brinkmann-Stipendium der Stadt Köln 1994; Förderpreis zum Kunstpreis des Landes Rheinland-Pfalz 1997.

Cornelia Müller, 1965 in Hermeskeil geboren, lebt in Mainz; studierte Theaterwissenschaft und Romanistik und schrieb ihre Magisterarbeit über das Musiktheater von Heiner Goebbels.

Inge Reitz-Sbresny, 1927 in Mainz geboren, lebt in Mainz; zahlreiche Mundartbücher seit 1955; *Besuchszeit*, Erzählung, 2. Auflage 1991.

Sonja Röder, 1964 in Hermeskeil geboren, Presseleiterin in Düsseldorf; schreibt Prosa und Theaterstücke, Veröffentlichungen in Literaturzeitschriften und Anthologien; eingeladen zum Ingeborg-Bachmann-Preis 1996; Martha-Saalfeld-Förderpreis 1994; Joseph-Breitbach-Förderpreis 1997.

Michael Rohrwasser, 1949 in Freiburg im Breisgau geboren, Professor für Neuere deutsche Literatur in Oppeln (Opole) in Polen; Veröffentlichungen zur Literatur des 19. und 20. Jahrhunderts und zu Psychoanalyse und Literatur, u. a. *Der Stalinismus und die Renegaten. Die Literatur der Exkommunisten*, 1991; *Coppelius, Cagliostro, Napoleon. Der verborgene politische Blick E. T. A. Hoffmanns*, 1991; *Freuds pompejanische Muse. Beiträge zu Wilhelm Jensens Novelle »Gradiva«*, 1996 (Mithrsg.).

Ulrike Schuster, 1959 in Altenkirchen im Westerwald geboren, Studium der Philosophie und Ökonomie, lebt in Berlin; veröffentlichte *Schwarz und Weiß unversöhnt,* Essay, 1991; *Gegend,* Gedichte, 1993; *Abendland, mein lieber Fetzen. Eine Poesia,* 1994; *Hinüber denn. Weiter,* Gedichte, 1998; die Veröffentlichung der Gedichte aus dem inzwischen bei Klett-Cotta erschienenen Gedichtband erfolgt mit freundlicher Genehmigung der Autorin.

Wolfgang Stauch, 1968 in Contwig geboren, lebt in Saarbrücken; *Eine schlechte Geschichte,* Roman, 1992; »Der Vogelbaum«, Hörspiel, 1995; Förderpreis des Bezirksverbandes Pfalz 1994; Martha-Saalfeld-Förderpreis 1996; Förderpreis zum Kunstpreis des Landes Rheinland-Pfalz 1997. – Der Kriminalroman mit dem Arbeitstitel *Brubecks Echo* wird 1999 im Suhrkamp Verlag, Frankfurt a.M. erscheinen.

Anne Stegat, 1959 in Zschopau im Erzgebirge geboren, Promotion in Musikwissenschaft, Kulturredakteurin der Tageszeitung *Die Rheinpfalz;* journalistische Tätigkeit für verschiedene Zeitungen, Mitherausgeberin dieses Jahrbuches; lebt in Hanhofen in der Pfalz.

Clas DS Steinmann, 1941 in Gießen geboren, Studium an der Hochschule für Bildende Künste Berlin, seit 1972 Professor für Zeichnen und Gestaltungsgrundlagen an der Fachhochschule Trier; Einzel- und Gruppenausstellungen, Kunst im öffentlichen Raum; mehrere Preise; Gestalter des Buches *Eine ganz falsche rechte Hand – Bilder von greifbaren Dingen,* Brandes & Apsel 1996, der Umschläge der Literaturjahrbücher 4 und 5 sowie des *LiteraturLexikon Rheinland-Pfalz.*

Anke Velmeke, 1963 in Olsberg geboren, Studium in Mainz, Germersheim und Mons in Belgien, Sprachlehrerin in Mainz, lebt als freie Übersetzerin in Geisenheim; 1989 Preisträgerin beim Jungen Literaturforum Hessen; Literatur-Förderpreis der Stadt Mainz 1995; Martha-Saalfeld-Förderpreis 1997; Prosaveröffentlichungen in Anthologien und Literaturzeitschriften.

Gabriele Weingartner, 1948 in Edenkoben geboren, lebt und arbeitet als freie Kulturjournalistin und Literaturkritikerin in Sankt Martin; *Schneewittchensarg,* Roman, 1996; *Frau Cassirers Brust,* Erzählungen, erscheint 1999; Martha-Saalfeld-Förderpreis 1996; Mitherausgeberin des ersten und vierten *Rheinland-pfälzischen Jahrbuchs für Literatur.*

Eva Weissweiler, 1951 in Mönchengladbach geboren, Promotion 1974, Rundfunkredakteurin und Filmemacherin, schrieb Hörspiele und Theaterstücke; Buchveröffentlichungen u. a. *Clara Schumann: eine Biographie,* 1990; *Gejagt von der Liebe,* Roman, 1993, *Der Sohn des Cellisten,* Roman, 1996.

Klaus Peter Wolf, 1954 in Gelsenkirchen geboren, lebt in Bruchertseifen im Westerwald; schreibt Romane, Kinder- und Jugendbücher, Drehbücher und Hörspiele, veröffentlichte bislang rund fünfzig Bücher mit einer Gesamtauflage von mehr als acht Millionen Exemplaren in zwölf Sprachen; u. a. die Romane *Dosenbier und Frikadellen,* 1979; *Zoff ums Jugendheim,* 1979; *Vielleicht gibt's die Biskaya gar nicht,* 1981; *Die Abschiebung oder Wer tötet Mahmut Perver,* 1984; *Traumfrau,* 1989; *Kapuzenmann,* 1992; *Samstags, wenn Krieg ist,* 1994; Drehbücher für rund fünfzig Filme und Fernsehspiele, u. a.»Samstags, wenn Krieg ist«, 1994;»Svens Geheimnis«, 1996;»Feuerball«, 1997; zahlreiche Auszeichnungen, u. a. Förderpreis für Literatur des Landes Nordrhein-Westfalen 1978; Anne-Frank-Preis Amsterdam 1985; Literaturpreis der Stadt Würzburg 1986; Rocky Award for best TV-movie, Kanada 1986; Erich-Kästner-Fernsehpreis 1996. – Der abgedruckte Text ist eine Arbeitsprobe aus einem neuen Romanmanuskript, das voraussichtlich 1999 im Scherz Verlag, Bern, in Buchform erscheint.

Ror Wolf, 1932 in Saalfeld in Thüringen geboren, lebt in Mainz; veröffentlichte Prosa, Balladen, Hörspiele und Fernsehfilme; seine *Gesammelten Werke* sind in der Frankfurter Verlagsanstalt erschienen; zahlreiche Auszeichnungen, u. a. Hörspielpreis der Kriegsblinden, Bremer Literaturpreis, Frankfurter Hörspielpreis; 1997 Kunstpreis des Landes Rheinland-Pfalz für Literatur; Lothar Baier (Hrsg.): *Über Ror Wolf,* 1972; *Anfang & vorläufiges Ende. 133 Ansichten über Ror Wolf,* 1992.

Rheinland-pfälzische Literatur im
Brandes & Apsel Verlag

**Hans-Georg Meyer/
Klaus Wiegerling (Hrsg.)
Heimat:
Das allen in die Kindheit scheint und
worin noch niemand war**
*Deutsch-israelisch-palästinensisches
Lesebuch*
172 S., Pb.,
ISBN 3-86099-147-7 (dt. Ausg.)
160 S., Pb., 3-86099-148-5 (engl. Ausg.)
AutorInnen aus Deutschland, Israel und Palästina greifen das vielschichtige Thema »Heimat« im Zusammenhang mit der spezifischen historischen, sozialen und politischen Situation ihrer Länder und den eigenen Lebenserfahrungen auf.
Das Buch zeigt, wie notwendig diese Vermittlung zum wechselseitigen Verständnis bleibt.

Clas DS Steinmann
Eine ganz falsche rechte Hand
108 Blatt, jap. Br., ISBN 3-86099-452-2
Steinmann hat ein Buch geschaffen, das zum Betrachten wie zum Lesen gleichermaßen einlädt. Auf reizvolle Weise wird hier Literatur in ein Gesamtkunstwerk verwoben.
Texte von R. Bielefeldt, U. Krechel, F. Morweiser, Th. Weißenborn, R. Wolf.
»Es ist eine sehr persönliche, neu geschaffene Wirklichkeit, in der sich die Dinge... präsentieren. Gerade dadurch werden sie zu subtilen Zeugnissen eigenen Erlebens.« (R. Terner, *Rheinlandpfälzisches Jahrbuch für Literatur 2*)

Sigfrid Gauch
Vaterspuren
144 S., Engl. Br., ISBN 3-86099-450-6
In den drei Tagen zwischen Tod und Beerdigung des Vaters erlebt der Sohn die Wiederbegegnung mit der eigenen und der Vergangenheit des Vaters. Durchzogen ist die Erzählung von dem Widerspruch, den Vater lieben zu wollen und in ihm zugleich einen Mann sehen zu müssen, der vom Hauptankläger im Eichmann-Prozeß als ein geistiger Urheber der Judenvernichtung genannt wurde.
»Eines der faszinierendsten Beispiele aus der Reihe der Vater-Bücher.«
(*Südwestfunk*)

Gerty Spies
Bittere Jugend
Hrsg. von Hans-Georg Meyer
192 S., vierf. Pb., ISBN 3-86099-456-5
Der Roman einer Generation, die im Nationalsozialismus aufwuchs, geprägt von den Erinnerungen an den Wahn, »der ihre Jugend vergiftet hatte«. Der Autorin gelingt es, jene Jahre eindringlich zu schildern. Aus weiblicher Perspektive bietet der Roman jüngeren wie älteren LeserInnen die Möglichkeit, sich intensiv mit den Schrecken der Nazi-Zeit auseinanderzusetzen.

Sigfrid Gauch
**Goethes Foto
und andere Erzählungen**
128 S., geb., ISBN 3-86099-130-2
»Geschichten ohne sentimentalen Beigeschmack«, deren Themen sich »aus dem Mark der Zeit destillieren«. (Ludwig Harig, *Süddeutsche Zeitung*)

Jürgen Kross
Schattenwurf
96 S., vierf. Pb., ISBN 3-86099-457-3
Jürgen Kross, von der Presse »als einer der eigenwilligsten Lyriker der Gegenwart« bezeichnet, fordert ein Publikum, das sich auf eine schwierige, aber außergewöhnliche Lektüre einläßt.

Jürgen Kross
Brandstätten
Gedichte, 84 S., Pb., ISBN 3-86099-427-1
Die Zeit der Postkutschenidylle ist vorbei. Die Technik ging andere Wege. Bauteile von mikroskopischen Ausmaßen und Formelsprachen beherrschen die Szene. Verkleinerungen und Konzentrate ähnlicher Art sind diese Gedichte.

Jürgen Kross
Sichtwechsel
Gedichte, 92 S., Pb., ISBN 3-86099-444-1
»... Sprachsplitter, deren kühler Präzision man sich kaum entziehen kann.«
(*Mainzer Allgemeine Zeitung*)

**Brandes & Apsel Verlag
Scheidswaldstr. 33
D-60385 Frankfurt a.M.**

Rheinland-pfälzische Literatur im *Brandes & Apsel Verlag*

Rheinland-pfälzische Jahrbücher für Literatur

»... für Freunde der Sprachkunst in Rheinland-Pfalz.« *(Rhein-Zeitung)*

Sigfrid Gauch/Gabriele Weingartner/ Josef Zierden (Hrsg.)
Jahrbuch 4: Unterwegs
316 S., vierf. Pb., ISBN 3-86099-459-X
»Lebendige Literaturlandschaften in Rheinland-Pfalz. Die Vielfalt dokumentieren und Talente entdecken.« *(Die Rheinpfalz)*

Sigfrid Gauch/Sonja Hilzinger/ Josef Zierden (Hrsg.)
Jahrbuch 3: Horizonte
320 S., vierf. Pb., ISBN 3-86099-451-4

G. Forster/S. Gauch/H. Klee (Hrsg.)
Jahrbuch 2: FluchtPunkte
288 S., vierf. Pb., ISBN 3-86099-446-8

M. Bauer/S. Gauch/ G. Weingartner (Hrsg.)
Jahrbuch 1: Fremd in unserer Mitte
240 S., vierf. Pb., ISBN 3-86099-437-9

✂ ✂ ✂ ✂

Josef Zierden
LiteraturLexikon Rheinland-Pfalz
*360 S., vierf. Hardcover
ISBN 3-86099-458-1*
Fast 500 AutorInnen und ihre Werke werden übersichtlich und anschaulich präsentiert. Ein einmaliges Standardwerk für alle an rheinland-pfälzischer Literatur Interessierte.

✂ ✂ ✂ ✂

Sigfrid Gauch/Jürgen Kross (Hrsg.)
**ZeitVergleich
Rheinland-pfälzische Anthologie**
*304 S., vierf. Hardcover
ISBN 3-86099-430-1*
Über 70 AutorInnen tragen zu dieser lebendigen Anthologie bei.

Sigfrid Gauch/Jürgen Kross (Hrsg.)
**Vom Verschwinden der Gegenwart
Mainzer Anthologie**
256 S., vierf. Pb., ISBN 3-86099-424-7
Ein umfassender Querschnitt durch die Mainzer Literaturszene.

Ernst Heimes
Schattenmenschen
128 S., vierf. Pb., ISBN 3-86099-449-2
Ernst Heimes' Erzählung führt uns in das Räderwerk der nationalsozialistischen Vernichtungsmaschinerie.
»Einer, der allerhand ausgräbt und bearbeitet, Vorgänge, die andere am liebsten verdrängt hätten...« *(SWF)*

Heinz G. Hahs
Grübelungen
112 S., vierf. Pb., ISBN 3-86099-447-6
Literatur als Experiment: Episches, Lyrisches, Dramatisches, Essayistisches und Mythisches, virtuos ineinander verwoben.

Heinz G. Hahs
**Spatenstiche
241 An- & Ein- & Aus-Reden**
104 S., vierf. Pb., ISBN 3-86099-436-0
Hahs erzählt hintersinnig und anteilnehmend zugleich von dem, dem das Leben die Antwort schuldig bleibt.

Gerd Forster
Lesarten der Liebe
*Roman, 176 S., vierf. Hardcover
ISBN 3-86099-442-5*
»Spannend ist das Buch, experimentell angelegt, mit kleinen philosophischen Aperçus angereichert und von liebenswertem Humor umspannt.« (*Die Rheinpfalz*)

Irina Wittmer
Die Sonntagsreisen eines Landarztes
80 S., vierf. Pb., ISBN 3-86099-435-2
Die Gratwanderung eines jungen Landarztes zwischen Anspruch und Abstumpfung.

Franco Biondi
In deutschen Küchen
*Roman, 272 S., vierf. Hardcover
ISBN 3-86099-455-7*
»Brot für die Zähne« – ein Sittengemälde der unruhigen 60er Jahre aus der Sicht eines jungen »Gastarbeiters« aus Italien.

*Bitte fordern Sie
unser Gesamtverzeichnis an:*

**Brandes & Apsel Verlag
Scheidswaldstr. 33
D-60385 Frankfurt a. M.**